記憶治療

放你的記憶枷鎖，讓創傷轉化成生命的奇蹟

Healing Life's Hurts

Healing Memories through the Five Stages of Forgiveness

林瑪竇・林丹尼斯——合著
Matthew Linn　Dennis Linn
朱怡康——譯
吳伯仁——審訂

CONTENTS

CONTENTS

謹以感恩之心，將本書獻給
聖若瑟修女會的瑪莉·珍·林修女，
她以生命祈禱的榜樣，
大大鼓舞了我們的生命。

導讀

傷口痊癒後，再多走幾哩路！

鄭玉英

記憶像冰山，無條件的愛像陽光。
當陽光以其溫暖融化層層結冰，記憶中的事物輕柔地浮上表面，
在人神共同關照下，冰山終將化為璀璨甘美的活水，灌溉生命。

記憶是根深柢固存於人的深處，加以檢視處理才能去蕪存菁、調整留下的影響。一個人若要整理自己的記憶、料理其中的情緒，一般看來，當然是有專業人士陪伴諮商輔導或有受過訓練的教會人士提供祈禱服事最為穩妥周到。然而，若在一本好書陪伴下自助進行也是可行之道，本書是達到此目的一本很難得的適用書籍。

這是一本天主教心靈醫治的經典書籍，作者有豐富的實務臨床經驗，由慈悲寬厚的角度切入，結合心理治療和宗教情操，充滿柔和溫潤的愛。讀者在閱讀中進行生命經驗整理時，氛圍是舒緩而安全的。即使對基督宗教並不十分熟悉的人也有參考價值。在基督教會裡，聖靈的醫治可以是快速而強烈的。作者卻將之變為溫婉緩慢的過程，並以伊莉莎白·庫伯勒—羅絲提出

的臨終五階段，作為框架進行情緒轉化的歷程，非常平易而好應用。

本書可以說是在靈修氛圍中，心理學與心靈醫治的相遇和整合，寫成在信仰和心理學不相容的時代，初版之時曾遭教會人士批評。現今時代大不相同，科際整合正是趨勢，心理諮商開始重視靈性處遇，基督信仰取向的心理諮商、哲學諮商、靈修學、內在醫治正在積極整合以圖有效幫助信者成熟。本書重新翻譯出版有其時代性意義。

內在醫治基本上是以神的愛和能力為基礎，給受傷的記憶注入嶄新的精神而帶來改變。例如因性別而不受母親重視的女孩，在祈禱中體會到是天父為自己挑選的性別，是神所喜愛的，而能自我接納；因貧窮骯髒受盡欺侮的兒時回憶，在耶穌陪伴之下回顧時，主同在的聖潔光輝除去了那歧視貧窮的狹隘觀點，甚至也有力量寬恕了當年無知的同學；被遺棄的孩子聽到神對他細訴不離不棄而找回安全感。受虐兒在心象中發現耶穌站在他這一邊，並在施虐者面前為他強力平反，終於相信自己有價值，平安的感覺取代了當年的恐懼。在聖靈帶領之下，被天父肯定、有耶穌陪伴的被愛經驗，使得當事人得釋放、有轉變。

心靈醫治的基本概念相類似，卻也同中有異，有諸不同取向與門派。強烈靈恩取向的教會人士對心理歷程的細膩有些不耐或覺得不必，有些臨床工作者讓案主一直在病人角色或受害者標籤中，成了弱化的羊群；有些心靈醫治方式則太過甜蜜而顯得膚淺。本書的醫治模式雖然十分柔軟、不見爭戰氣息，但在靈修的柔韌厚度上顯出人性價值，又挑戰著當事人的靈命成長與德行發展，是其特色。

宗教靈性發展因為考慮罪過因素而比心理學多出嚴肅層面，也比非宗教或泛宗教性的靈性有深度而不可能只是甘貽舒適；宗教信仰超越死亡、關乎永生的幅度更讓人凜然敬畏卻又處在神的濃郁愛中。文中所說：「是神的愛在審判」，發人深省。話說回來，人要理解權威中的慈愛、敬畏中的深情，還真需要經過心靈醫治來過濾生命歷程中的雜質和滌清創傷記憶帶來的扭曲才行。

醫治可以在神的大能中瞬間發生，卻也可慢慢吸收滋潤；當傷痛在被神的同理安慰中舒緩時，也有神的期許和要求，基督宗教的心靈醫治一方面讓人在愛中療傷，一方面在靈中成長，期盼由一名受害人或受傷小孩轉變成為有修養的成熟人。除了使傷口痊癒，還要多走幾哩路，長出信心、盼望、愛的超性德行，擁有幸福豐盛的生命與生活。

本書可以單獨閱讀，也可以用來操練。使用本書得到心靈醫治的方法，是特別留意作者提出的五個階段中三個步驟的操練方法。作者建議在每一種情緒階段都反覆進行下面三步驟：

先是跟耶穌訴說心情，然後透過聖經聆聽耶穌的觀點和態度，最後理解耶穌的期望而朝之轉變。

第二步驟中所謂耶穌的眼光和態度包括：祂怎麼看我？祂在我的創傷場景中如何反應？祂說了什麼？做了什麼？還有耶穌祂自己在類似經驗中示範了什麼精神與態度？

到了第三步驟是要問問耶穌對自己的期許為何，以便跟隨。那不是奴僕心態的歸順，卻是被愛之後自然而喜樂的想要回愛。因此**在這過程中不只是療傷，更是成長和提升；不只是醫**

治，也是靈修。在愛中得到療癒，也學習自愛、寬恕、愛人、善活、樂活。

至於否認、憤怒、討價還價、沮喪、接受五個階段，那是一個地圖，能讓我們對照而知道自己走在哪裡。這五階段有次序性，但是地圖不等同真實疆域，每個人仍可視情況調整。也許由憤怒開始，也許正陷於沮喪。但這五個項目是檢視的框架，也是醫治途中的驛站。

除了本書，還要預備一本聖經；若有一本筆記寫下重要心得，一點安靜音樂作為背景也很好。如果有一個夥伴，各自進行、偶爾分享更是上策。此外，就是決定一個地點、計畫一些時間，因為是自助方式，定時定點是為最佳，因為回顧和省視要有節制，不要深陷其間，這也是靈修的精神。

日後，你將會發現有些創傷使你因禍成福，或培育了某些值得欣賞的能力。康復之後，盼望你寬恕而遺忘（forgive and forget）——不是忘記曾經發生的不愉快事件，而是漸漸淡忘細節和其中苦痛，取而代之的是寬厚的心和平安喜樂。你甚至會為這些創傷記憶而讚美上主、喜愛自己。正如〈創世紀〉五十章二十節若瑟（約瑟）所言：「你們原有意對我作的惡事，天主卻有意使之變成好事，造成了今日的結果。」

（本文作者為前懷仁全人發展中心主任）

專文推薦

邁向全人健康生活

吳約翰

常言道：「人生不如意的事，十有八九。」可以說，人的一生是由一連串壓力與挫折交織而成。所幸，每個人在傷心時，都有自己的防衛方式來保護，但若使用不當，則會影響生理的正常運作，如：頭痛、胃痛、過敏反應、女性的生理週期異常……等，而我們大多忽略或否認情緒上及人際關係上的困擾，只治療肉體上的症狀；或者，若有情緒障礙，只接受精神科治療，這種局部診治的結果，使多數人受制於藥物，那麼，會快樂不起來，也就不奇怪了。

本書作者為天主教神父，在神學學術訓練與信仰體認上具有豐厚素養，又接受身心醫學的臨床訓練，親身經歷身、心、靈被療癒，因此嘗試將耶穌會依納爵《神操》的靈修方式與精神醫學大師庫柏勒—羅絲的「臨終五階段」結合，來協助有需要的人們。書中除了作者現身說法外，也提到所幫助過的案例，是一本寫給願意面對自己困擾或從事助人專業工作者的實用書籍。

作者在序言中提到，本書初版寫於一九七八年，單單初版就發行過幾十萬本，且被翻譯成約十多種其他語言。如今修訂出版，增添了女性特質的觀點及後記一文，並以此來提醒讀者閱讀此書的方法。由此可知本書受到讀者喜愛的程度，也能看到作者在這領域不斷的努力。

本書建議讀者邊閱讀邊進行治癒（請務必循序漸進，按作者提醒您思考的項目進行，切勿囫圇吞棗或跳頁，所需的時間約二十天），如此便會有意想不到的經驗；若您具備相關知識及基督信仰等經歷，將更容易體會，從「焦慮、恐懼、憤怒、罪惡感」等情緒中釋放出來。緊接著，原有的疾病也將得到舒緩甚至療癒，以及在這過程中和耶穌不斷地對談，而和天父上帝建立起更親密的關係，使身心靈得治癒並邁向全人健康生活，是可以期待的！

關於本書第五部〈感恩聖事〉及其所提到的「苦路」，對沒有天主教信仰背景的朋友是陌生的，但若您的住家附近有天主堂，可以請教神父，或上網查相關資料，即使都沒有，我還是鼓勵您在閱讀本書的同時，不斷向這位又真又活的主耶穌開啟您的心門，歡迎祂藉著聖神進入您心中，因為今天已經是聖神降臨的時代，只等您向祂開口，也可以藉以下的話語對主耶穌說：

主耶穌，我奉祢的名向祢禱告，雖然我還不太清楚感恩聖事或苦路，請藉著聖神開啟我的心竅，越過我認知的藩籬來領受祢的愛，並領受祢在十字架上饒恕的能力來饒恕傷害我的人，同時也奉祢的名饒恕自己、接納自己、鼓勵自己，走在祢喜悅的道路上。主耶穌我謝謝祢、讚美祢！

本人與譯者素昧平生，但從譯本中看到其用心與獨到之處。譯文中，天主教聖經各卷或人物名稱，都加上基督教的譯名，使基督教讀者易懂。又在注腳中說明或提供相關資料，供讀者進一步探究。譯文中用了很多時下口語化的語詞，如「小瑪竇」以及其他生動的語詞，肯定讓讀者與我一樣，不禁莞爾一笑。

一九八九年第一次與故王敬弘神父見面交談後，就持續跟他學習「心靈治癒禱告」，並運用在協談工作上。二十幾年來，陪伴來談者在連續多次的禱告中，經歷了這位主耶穌基督，祂在來談者身上所做的奇妙工作。簡單歸納幾點：(1)治癒與傷害他的人之間的關係，且比以往更親密，尤其是親生父母，病痛也隨著消失；(2)更渴慕親近主耶穌，進入靈修生活的操練；(3)喜愛閱讀聖經；(4)成為教會牧者的好同工。願榮耀歸給三位一體的上帝！

一九九六年，王神父介紹《治癒生命中的創傷》給我，從中獲得相當助益，因出版社與作者、譯者都屬天主教會背景，較適合該教會人士閱讀。今有「啟示出版社」再度翻譯該書，中文書名為《記憶治療》，採一般通用甚至現代用語，相信更能造福天主教會外的華文讀者，特別是基督教會的讀者們，在相近的信仰背景下，若加上對「心靈治癒」有興趣或正在從事此工作的讀者，必定大有幫助，所以在該社編輯的邀約下，欣然為文推薦，並祝您早日獲得全人健康的生活。

（台南全人健康教會創辦人）

專文推薦

光照與祝福

郭約瑟

◆案例一　祝福之夢

「很不好意思，我對你們夫妻完全不熟，今天前來拜訪，雖然內心很掙扎，但聖靈的催促，我還是來到你家，要向你們訴說我的夢境。在夢中，你們家的孩子闖了大禍，之後衍生了許多的風風雨雨，對你們造成很大的傷害與痛苦……。夢醒之後，聖靈啟示我，這對你們家雖然是災禍，之後卻會帶來極大的祝福。於是，我無法再入睡，只能為你們家祈禱祝福，直到天明……現在，我雖帶著忐忑不安的心來到這裡，卻是為了傳達聖靈賜平安予你們的意旨。」

聽完我霎時明白，耶穌藉由這位有做異夢恩賜的姊妹，光照了我暗中所行的惡事，非但不是傳遞懲罰的訊息，反而是祝福，這對我心中的罪惡感，帶來完全的療癒。

這類似的情景，在聖經當中也有明白的記載。撒瑪利亞的婦人在耶穌直接道出她心中秘密的醜事之後，說出：「你們來看啊！有一個人說出了我所做過的一切事，莫非他就是基督？」（約翰福音4:29）

耶穌更直接說：「我是世界的光。跟從我的，就不在黑暗裡走，必要得著生命的光。」（約翰福音8:12）耶穌復活昇天之後，降下聖靈（聖神），同樣執行觸摸與療癒門徒心中秘密與痛苦的任務：在聖神降臨之後，神還是常常透過夢境，對我們訴說療癒的話語。[1]

◆案例二　靈性療癒

「『回憶你覺得深深被愛的一次，重新經驗這幕情景，將愛再一次吸進你的心中。』牧師如此引導我。於是我回想起母親最愛把我抱在懷裡，邊唱歌、邊幫我綁辮子的那一刻，充滿母愛的溫情，這時間有超過十分鐘之久。

『好，現在，我們一起回到案發現場，當你看到孩子吊掛在樹上的那個場景，荒涼、悽慘，孩子面無血色……』回到這個場景，我依然痛苦，全身發軟，還好母愛的溫暖，還繼續和我同在，我因此並沒有如往常昏厥過去。

『接下來，你開始想像，耶穌出現在你的身旁，祂身上的光也溫暖了你的心。同時，你看到耶穌會怎麼做？』『我看到耶穌來到我孩子的身旁，祂抱著我的孩子，撫摸他的臉，也碰觸他脖子的傷口，為他做醫治禱告。』『我聽到耶穌對我的孩子說：你辛苦了，來到我的懷中安息吧！我的世界，不再有死亡、也不再有悲哀、哭號、疼痛、因為以前的事都過去了。』（啟示錄21:4）

『盡情去感受耶穌的溫暖，吸入耶穌對世人無盡的愛意，將所有的悲傷、痛苦、怨懟都一併把他給呼了出去。』牧師持續對我這麼說。

沒想到，在這次的靈療經驗，我的心得到極大的釋放與安慰。我終於安心地看著耶穌將我的孩子給帶走了。」

完成治療之後，桃姨心靈復甦的腳步逐日加速，一年後，她內心竟然醞釀出巨大的智慧與能量，積極參與社區協會的運作，並且順利擔任理事長的職務。從極大痛苦深淵爬出來的人，所散發出慈悲與行善的力量，竟然是那麼地強大且具說服力。[2]

「你們該懷有基督耶穌所懷有的心情：他雖具有天主的形體，並沒有以自己與天主同等，為應當把持不捨的，卻使自己空虛，取了奴僕的形體，與人相似，形狀也一見如人；祂貶抑自己，聽命至死，且死在十字架上。」（腓立比書2:5-8）

具有天主形體的基督耶穌，足以把人類所有的高傲給比下去；卻甘心委身成為最卑微的形象，裸身被釘死在十字架上，把人類所有最慘烈的苦痛，也給容納進去。這樣的角色，足以治死人類的傲慢，也能療癒人類所有的創痛。

本書是我所讀過，將心理學理論與基督教信仰緊密結合在一起，最精采的一本著作。

根據伊莉莎白・庫伯勒–羅絲的長年觀察，臨終之人在處理情感傷口時，通常會經歷五個階段：「否認、憤怒、討價還價、沮喪、接受」，這不僅是臨終之人都可能會經歷的階段，任何

1 細節請見〈使徒行傳〉（宗徒大事錄）2章17節。

2 案例二摘自《下一個轉彎處，遇見微笑》（郭約瑟著，原水出版，2012）。

經歷過重大失落（失去愛情、親情、財富或地位）的人，對這樣墜落人生谷底的過程，應該不會感到太陌生。

能夠自發順利地走到接受階段，就算幸運。因為，有太多的人面對人生數不清的重大失落，往往陷落在這之前的四個階段，只能如保羅．田立克（Paul Tillich）所言：「藉壓抑來完成的遺忘，卻不能讓我們擺脫束縛、獲得自由，反而只是硬生生地斬斷讓我們受苦的東西。這時，由於記憶只是被埋葬在我們之中，並持續影響著我們的成長，因此，我們其實並未擺脫它的束縛。有些時候，它甚至能衝破牢籠，直接、兇狠地攻擊我們。」

這是心理治療師典型的任務，陪伴與協助當事人，共同去面對潛藏的各種情緒，教導他們：「唯有尊重自己的真實樣貌及一切情感，寬恕才能帶來療癒，強顏歡笑只能暫時否認、埋藏憤怒及其他需要，讓傷害繼續蔓延。」最終，逐漸將這些強烈的負面情緒釋放，期待能因此順利走到「接受」的階段。

然而，在靈性療癒的領域，「接受」還不是最好的階段或選項，因為「苦難是化妝的祝福」。如書中所言：「治癒記憶的關鍵也在於此。當我們能像神寬恕我們一樣，全然、無條件地寬恕傷害我們的人之時，過去的創傷將不再讓人傷痛，反而能成為成長的跳板。」、「除非我們變得更愛基督，也更讓祂透過我們愛世人，否則我們不算真正獲得治癒。」、「在原諒別人、原諒自己，甚至將傷痛視為恩賜時，我們便是在效法基督的榜樣，無條件地為他人犧牲，不管那人是伯多祿或猶達斯，基督都願意為他們獻上自己。」

有基督信仰的人，才能在人生谷底認出耶穌，因為耶穌在世上總是與娼妓、稅吏、病人、最弱勢的人為伍，特別是那「最小的兄弟們」。集中營倖存者彭柯麗（Corrie Ten Boom）說：「療癒這世界的關鍵，既不是我們的寬恕，也不是我們的善行，而是上主的寬恕、上主的良善。在祂告訴我們要愛仇敵時，不只給了我們誡命，更同時給了我們愛。」

「誰能使我們與基督的愛隔絕呢？是患難嗎？是困苦嗎？是迫害嗎？是飢餓嗎？是赤身露體嗎？是危險嗎？是刀劍嗎？……但靠著愛我們的那一位，我們在這一切事上就得勝有餘了。」（羅馬書 8:35-37）因此，面對人生無數的苦難，靈性治療癒的目標，不僅是要藉由寬恕來跨過苦難、完成療癒，還要從耶穌身上汲取力量，獲得豐碩的成長與智慧，甚至還能因而造福他人、造福世界。

作者們將靈性療癒的階段，明示如下：⑴把自己的感受告訴基督；⑵透過聖經，傾聽基督的感受；⑶滿心狂喜，依基督的指引而行。他們鉅細靡遺地帶領讀者，慢動作、一步一步地經歷「人生向下墜落的過程」，並且在耶穌光照的指引之下，負責任地帶領讀者反彈爬升，遠超過原本人生的智慧高度，並獲得滿滿的祝福。

（本文作者為羅東聖母醫院資深精神科醫師）

專文推薦

齊來聆聽治癒大師的教誨

彭德修

因著諸多挫折引發了心臟病，意外地讓我認知到情緒傷害及其來龍去脈，熱心地宣講情緒傷害，把握任何機會分享所得，不但吸引了不少目光與掌聲，許多人也反應說得到了啟發與幫助，其實受益最多的是我自己！身心靈都漸漸恢復健康，人人都說我愈來愈年輕，甚至戲謔地問我：「你真的曾得了心臟病嗎？」回憶起來，正應驗本書作者所言：那些彷彿受詛咒的事物，從神的眼光看來，其實都是祝福。

由於欠缺這方面的學經歷，我在從事宣講、甚至摸索著輔導情緒受創傷的人時，內心著實惶恐不已！得到本書、先睹為快之後，才發現自己的經歷正符合大師所言的得到治癒的過程，讓我放心不少、知道自己不曾誤導別人，同時不免遺憾沒能早日受教於諸位大師，否則不是能更具體、更深入地幫助更多人嗎？

作者說，大多數身體疾病都跟情緒壓力有關，因為始終把恐懼和憤怒深藏起來，會比一般人更容易生病，甚至是崩潰、得心臟病的主因！醫生常將心臟病視為「匆忙症」：趕著在很少時間裡做很多事。這種性格的人總是在生氣、總是在與時間或別人競爭。我相信這就是「完美主義」與因情緒傷害而來的「輸不起」心態所造成的。大師又說，情緒壓力也是引發癌症的主要原因，它會產生「壓力賀爾蒙」，從而阻礙身體消滅癌細胞的正常過程。總之，減低情緒壓力，就是避免生病與恢復健康的重要步驟。

怎樣降低或解除情緒壓力呢？作者說，一旦開始面對或處理焦慮、恐懼、憤怒與罪惡感，情緒壓力便能漸漸獲得解決。關鍵在於，用「許多愉快的回憶」取代那些惱人的回憶。有如我發現，鑽牛角尖會加重惱人的情緒壓力，就該逆向思考、想想光明面。既然萬事都有上主的美意，那麼，想想自己遇到的事有何正面的價值呢？這樣，你就不會繼續鑽牛角尖了。而答案一旦找到，壓力自然降低或解除了。若發現挫折是「天（主）將降大任」的前兆，豈不是要歡喜跳躍嗎？不然，〈雅各書〉為何叫我們「落入百般的大試煉要引以為大喜樂」呢？

一位醫師提到，癌症病患有四個特質，主要的是難以寬恕別人、也難以寬恕自己。可見，學會寬恕別人與自己，是降低或解除情緒壓力的最重要秘訣。我一開始就發現，不但是我、所有的人都有情緒傷害，連那些傷害我的也一樣。既然大家都是受害者，不是應當彼此憐憫、互相原諒嗎？所以很快就原諒了傷害我的人！我又得了亮光：主已經原諒我了，為何不能原諒自己呢？我甚至領悟到，罹患情緒傷害與心臟病都是上主的安排與恩典，心中反而充滿喜樂。拜讀大師們的教誨，才發現這就是我快速得醫治的契機！感謝主。

作者提到，有兩位醫師協助病人為自己的憤怒與罪惡感「找出創造性的出口」。例如媽媽在孩子長大離家後，因而感到寂寞、自覺一無是處，這時，她可以收養孩子或去當照顧孩童的志工。找出創造性的出口後，情緒壓力有了宣洩口，憤怒與罪惡感就不再能傷害身體了。回想我自己，心臟病發生後，人生轉向去宣講情緒傷害，不但得到肯定，也幫助不少有情緒傷害的人。情緒壓力因此找到出口，身體就愈來愈健康了。

就像嚴重的挫折或創傷，會讓人開始有否認、憤怒、討價還價、沮喪、接受等五個階段，面對死亡更是這樣，因為那是人生最大的挫折啊！怎麼辨呢？大師們教導我們一套「治癒記憶」的策略。認真拜讀後，深感基督徒最有福氣了，因為相信神會無條件地愛我們，而且祂一直都愛著我們，所以能透過心理學與靈修的合作，讓情緒得以克服、來尋求主的祝福。這個策略就是在靈修祈禱中：(1)把一切的感受告訴基督；(2)透過聖經中類似的案例，傾聽基督的感受；(3)依基督的指引、即聖經的教導而行。這一部分，作者用了大量的篇幅，非常仔細地分析每一階段的現象，也用許多案例詳細地解說，真是用心良苦。

你有一顆渴望得醫治的心嗎？可以照著試一試，以尋求神的醫治。祝福你！

（本文作者為情緒傷害講師、牧師）

審訂者序

重獲心靈的健康和人格的重整

吳伯仁

接到出版社編輯的電話邀請，要我為兩位耶穌會神父的一本內在醫治的書籍寫推薦序。由於先前的默契，就爽快地答應。當接到此書時，覺得作者和書名十分熟悉。從書架上找到該書的英文原著和已有的中文譯本《治癒生命中的創傷》（上智，1995），內心納悶這到底是怎麼一回事？隨即向雙方的出版社詢問，才知上智出版的中譯本已絕版不再印行，而啟示總編覺得此書內容不錯，就此絕版非常可惜。遂取得中文譯本的發行版權，重新翻譯、更正原書的錯誤，並且增加注解，為使一般的普羅大眾，尤其是第一次接觸基督信仰的讀者，能夠登堂入室，對身心靈的整合有所助益。我遂欣然地接受此一邀請，為之作序。

對在天主教會從事心靈內在醫治的弟兄姊妹而言，大概對本書的作者林瑪竇（Matthew Linn）和林丹尼斯（Dennis Linn）兩位兄弟，不會感到陌生。他們兩位和莎拉依．法布里肯特．林（Sheila Fabricant Linn）後續還著有《心靈治癒：生命的八個階段》（上智，1996）及《心靈的奧秘與治療》（上智，2000）。

當代對天主教會最大的影響，大概是梵蒂岡第二屆大公會議的召開（1962-1965），促使天主教會不再故步自封、與世界相對，而是敞開門戶與世界接軌，以及肯定和尊重人類文明和各門科學的研究與發展成果。另外，則是基督新教靈恩運動的興起和復興，於一九六七年也進入天主教會，以美國匹茲堡杜肯大學的師生在當年二月所舉行的週末退省，而後稱之為「杜肯週末」（Duquesne Weekend）為主要的關鍵點[1]。

在這樣的氛圍下，林瑪竇和林丹尼斯於一九七四年就他們作醫院駐院神師和沃爾心理診所（Wohl Psychiatric Clinic）治療師、以及避靜神師親眼所見的治癒過程，完成了他們共同創作的第一本出版《*Healing of Memories*》。因著那本書的影響，他們兩位被耶穌會省會長派遣全心投入心靈醫治的服務。寫作這本書《記憶治療》的時候，他們也汲取了醫學、靈修和精神病學上的寶貴洞察。本書就是以伊莉莎白・庫伯勒－羅絲（Elisabeth Kubler-Ross）提出的臨終五階段（否認、憤怒、討價還價、沮喪和接受）為框架，促使生命中的重大創傷，轉化為情緒、心理和靈性的治癒機會。

一九八一年，治療師莎依拉・法布里肯特加入他們的團隊。他們依據艾瑞克・艾瑞克森（Eric Erikson）的人格發展理論，認為成長是一個持續終身進行的過程，並以耶穌的愛作為人格修補的機制，使得生命的導正和創傷的治癒成為可能。後來出版的《心靈的奧秘與治療》特別偏重治療喪失親人的悲傷，並為亡者祈禱。現今林瑪竇神父仍然繼續他的神職工作，林丹尼斯則離開了神職，與莎依拉和他們的孩子若望一起生活在科羅拉多[2]。

其實，當林瑪竇和林丹尼斯一九七四年出版《*Healing of Memories*》時，曾遭受天主教神恩復興運動領袖的質疑。他們認為那本書「太心理化」，不可能透過心理學和靈修的協同合作，經由處理內在的創傷和情緒來尋找神。但他們經由實際的經驗證實這是可能的，而這個問題為今日的我們而言，已不成問題。無論是在天主教會或基督新教的神恩性團體，都有為人進行心靈內在醫治的個人或團體。

現今在台灣有關心靈醫治的書籍汗牛充棟，值得提起的是王敬弘神父的《心靈的治癒》（光啟，1980），以及它的姊妹作《生命的新創造》（光啟，1983）。在《心靈的治癒》裡，王神父特別提起心靈的創傷是如何造成的，也指出從基督信仰的觀點而言，每一個都是罪人，而且也生長在一個有罪的境遇中，因此每一個人在成長的過程，或多或少受到一些心靈的傷害，都需要接受心靈治癒的祈禱，解除心靈的負擔和桎梏，重新恢復內在的平安和喜樂。在《生命的新創造》中，王神父特別指出為人作心靈醫治祈禱，並不需要什麼特別的神恩，大部分的基督徒都可以為作，只要對心靈受傷的經驗有正確的認識，不但自己接受心靈治癒的祈禱，並且也願意嘗試為其他需要的人服務。王神父也在該書說明各種基本的心靈醫治方法，可供參考。

本書不僅闡述以伊莉莎白．庫伯勒－羅絲所提出的臨終五階段作為治癒生命中重大創傷的歷程，並且也提供實際的操練方式和祈禱文，不僅為個人單獨祈禱時可以運用，在與他人祈禱

1 王敬弘，《神恩與教會：從格林多前書十二章談起》（光啟文化，1998），頁9。

2 參照Sheila Fabricant Linn, William Emerson, Dennis Linn and Matthew Linn, *Remembering Our Home: Healing Hurts & Receiving Gifts from Conception to Birth*（Mahwah, New Jersey: Paulist Press, 1999）, p. 146.

時，也同樣獲得治癒。

本書作者在書中也指出，他很少領受知識的言語，正如大多數的基督徒一樣，很少領受這神恩性的恩賜。當他要用記憶的治癒祈禱時，常求上主的光照和引導，他發現要為身體的健康祈禱，以及祈禱這疾病所能帶來的救贖意義。而情緒的健康不僅能用記憶治癒的祈禱，也能用默想天主經（主禱文）來處理四個核心情緒（焦慮、恐懼、憤怒和罪惡感）而成長。

特別值得提出的，在第十六章談到「創造性想像」（creative imagination）的祈禱與記憶治癒的祈禱結合時，與所謂「圖像式心靈醫治祈禱」有相似之處。在心靈醫治中，上主會用人的心靈圖像與人往來，使人經驗到主的愛和心靈創傷的醫治。所提的三個步驟：想像一個畫面，讓主耶穌走入那個畫面作治癒的行為，而後效法主耶穌的行動。這種祈禱方式無論是對過去的創傷記憶經驗或對未來的恐懼，實有很大的療效。

如今樂意見到此書的重譯出版，願本書所描述的一切，能夠幫助我們更深地體會到天父在耶穌基督內藉著聖神對我們的愛，經由臨終和寬恕五階段的操練，能夠治癒我們生命中的重大創傷。耶穌說：「我來，卻是為叫他們獲得生命，且獲得更豐富的生命。」（若望／約翰福音10:10）由於天父無條件的愛，使我們能夠重獲心靈的健康和人格的重整，恢復天主子女的生命。

（本文作者為輔大神學院信理神學、靈修學教授）

作者序

本書自一九七八年由美國保祿出版社（Paulist Press）出版以來（此指英文版），十五個年頭已匆匆而逝。承蒙讀者不棄，本書的中心論點獲得了廣大支持，僅英文版即銷售數十萬本，並已譯為十多國語言。這些日子以來，我們受到諸多專業組織邀請，舉辦了數百場「治癒生命創傷」討論會，邀請單位包括美國醫學會（American Medical Association）及許多大學院校。在此同時，我們也為未受正式教育的農夫、受刑人舉辦了許多次講座。遠赴四十餘國參加會議的經驗，讓我們能肯定地說：對聖路易市的沃爾心理診所患者有效的寬恕過程，同樣適用於瓜地馬拉、非洲、澳洲或是韓國。這段寬恕的歷程放諸四海而皆準。

我們（丹尼斯與瑪竇）在一九七五年動筆撰寫本書時，原本預設的讀者是沃爾心理診所的病患，以及當地祈禱會的信友，因為心理診所患者和祈禱會信友遇到的問題其實非常類似：他們通常明白，若是能寬恕曾經傷害自己的人，一定可以活得更加健康，可是，他們常常不知道該怎麼寬恕，於是卻步不前，一直在原地打轉。不過他們覺得，既然我們出身耶穌會、信仰虔誠，又剛好在心理診所工作，應該能多少幫幫他們吧。

我們注意到，無論是輔導心理患者，或是以依納爵（St. Ignatius）的《神操》（*Spiritual*

Exercises）帶領祈禱會做三十天避靜，要寬恕傷害自己的人，通常會經歷一段可預測的固定過程。我們逐漸發現，創傷其實就像小型的死亡，原諒傷害自己之人的過程，和伊莉莎白・庫伯勒—羅絲（Elisabeth Kubler-Ross）醫師提出的「臨終五階段」非常類似。在我們的患者或避靜者進入「寬恕五階段」後，他們不再停滯不前，也漸漸治好了創傷。於是，我們合寫了名為《記憶治療》的本書，希望能與大家分享這個發現。

過去十五年裡，許多不同文化、背景的人告訴我們兩件事：第一，書中講到的五階段，的確是他們經驗到的創傷痊癒過程；第二，進入每個階段時，總會有新方式讓他們對此一階段體驗更深。為了與讀者們分享這些新方式，我們在新版中增加了後記及這篇序。

我們對五階段的新認識，有些歸功於基督徒女性主義，這是莎依拉（Sheila）在一九八一年加入我們之後所帶來的新視野。舉例來說，我（丹尼斯）有一次和莎依拉一起為遭到性虐待的琳達祈禱。琳達因為自己始終無法寬恕加害者而有罪惡感，但我愈想幫她走向寬恕，她就變得愈加憤怒。最後，莎依拉對琳達說：

> 我覺得耶穌最在意的，不是妳有沒有原諒那個人，而是祂對妳的遭遇也深感憤怒。耶穌氣那些人玷污聖殿[1]，但祂更氣那個人玷污聖神的殿——妳的身體。妳感受到的憤怒，正是神對妳遭到虐待的憤怒。

聽到這些之後，接受了十四年心理治療的琳達，才第一次放聲大哭。我們問她為什麼哭，她說：

我這才知道耶穌會為我憤怒……我這才知道祂有多愛我，多願意分擔我的一切。我生氣，祂就生氣；我哭，祂也哭。

在這次祈禱裡，耶穌給了琳達她最需要的東西：知道自己即使受傷、憤怒，也仍被深愛著；知道自己的憤怒，其實也是耶穌的憤怒。

與莎依拉和琳達的這次經驗，讓我學到了兩件事：第一，我過去的重點，都放在改變、確保某些事。在琳達的例子裡，我以為只要改變她的憤怒，就能確保她會寬恕。但我這樣做的時候，其實忽略了一個很重要的面向，也就是試著讓他們正視自己的感受。於是，我沒有幫琳達好好面對自己的憤怒，讓她知道神的生命亦在其中。好在莎依拉補救了這點，她讓琳達正視自己的憤怒，既不強求改變、也不試著確保什麼，於是奇蹟發生，琳達自然而然地邁向了寬恕階段。

其次，莎依拉和琳達也讓我知道，不僅得到神的肯定很重要，得到人的肯定也很重要。我

1 出自〈若望福音〉（約翰福音）2章13-17節。

們剛認識琳達時，她似乎還停留在幼年時期，也就是她被性虐待得最嚴重的時期。她剛開始來找我們時，總是穿得邋邋遢遢，頭髮削得跟男生一樣短，也常常一語不發縮在牆角，看起來像個嚇壞的小孩。後來琳達請莎依拉幫她營造一個友善、能幫她肯定自己的環境，好讓她能重新發展之前錯過的人格發展階段。之後，只要琳達換個髮型或打扮，莎依拉都會大加讚美，在此同時，莎依拉也幫助琳達和異性建立健康、正常的關係。現在，琳達不但發展出健康的女性意識，也能自在地與異性交往。

簡單說來，琳達和莎依拉帶我們認識了更女性的存在方式。在後記裡會更詳細地討論這點，現在先簡單提一下：男性觀點通常會強調神的超越性，祂「高高在上」，不斷敦促我們改變、成長（比如說，敦促琳達原諒虐待她的人）。但相反地，女性觀點更為強調神的內在面向，相信無論我們感受到什麼，祂都與我們同在（因此，神也在琳達的憤怒之中）。另一個對比是，男性觀點較強調獨立，女性觀點較重視連結。所以我們發現，當初在寫這本書時，我們泰半只談到歸向上主，卻忽略了人有多需要得到他人的肯定。沒錯，過度在意別人怎麼看待自己的確不健康，但女性觀點提醒了我們：大多數人都是透過別人對自己的愛，才認識了神。就像琳達藉著莎依拉的關懷經驗到神一樣。

因此，如果我們三個要重寫這本書，一定會加入女性觀點。可惜這本書一開始不是那樣寫的，所以你一定會在裡面發現一些男性中心或是神職人員中心的段落，它們可能把獨身和誓願講得太理想化，或是窄化了「呼召」的意義，好像只能用在宗教上似的。

剛開始修訂這本書時，我們打算加進來的東西，比上面提到的多很多。我們本來想把我們三個這十五年來學到的東西全補進去，也想多談談為什麼要這樣修改。但後來還是決定不這麼做，讓讀者自己發現我們可能會改掉哪些部分。這樣做的理由有兩個：首先，自己發現的東西，更有可能變成你的一部分；第二，身為作者，我們非常明白自己隨時都在成長，因此無論是哪一本書，在歷經校對、排版、印刷，終於出版之時，裡面的觀點從某種意義來看其實都已「過期」。在重看自己的作品時，總是會想著當初應該怎麼寫才對。也因為這樣的自覺，我們在閱讀任何一本書或文獻（包括聖經在內）時，都會謹記那是在特定時代、特定文化中寫成的。因此，真正應該思考的問題其實是：「要怎樣才能把我現在讀的東西，契合進我目前的生活經驗裡呢？」

在本書結尾，我們添加了後記（別跳過去先看那邊！）。希望讀到那裡時，你已經擁有了我們都沒料到的改變，如果你得到一些新經驗，請不吝寫信與我們分享。更新是持續不斷的過程，我們也需要你的協助，才能不斷成長、改變。

瑪賓、莎依拉與丹尼斯

一九九三年一月

治癒的收獲

痛苦的記憶啊，
你是種子，亦或頑石？
你是黑暗死寂的墓穴，
亦或孕育生命的種子？
除非我接受你，
答案才會揭曉。

萌芽的種子啊，
那黑暗、悶熱的土壤
是否激怒了你？
你柔弱的枝苗
為何所阻？為何所拒？
除非我寬恕你，
答案才會揭曉。

柔弱的枝苗啊，
你在討價還價嗎？

想在成長前得到陽光？
亦或你想成為陽光
四處灑下溫暖的愛？
除非我先寬恕你，
答案才會揭曉。

錯綜糾結的根啊，
你為何沮喪不語？
你在苦苦渴求淚水
亦或等待陽光曬乾眼淚？
除非我請你寬恕我，
答案才會揭曉。

金黃的麥子啊，
你可願接受種子的恩賜？
你是麥子或麵包？
亦或基督臨在於你？
除非我說：謝謝你，
答案才會揭曉。

一粒麥子
若不落在地裡死了，
仍只是一粒；
如果死了，
才結出許多子粒來。

——〈若望福音〉（約翰福音）12章24節

第一部

治療記憶的過程

回想一下你的小學。你走上台階、推開大門，穿過又長又暗的走廊，無可奈何地走進教室，準備上最討厭的那門課。這天正好天氣很熱，你嘆了口氣坐下，簡直如坐針氈。你百無聊賴地東張西望，發現地上滿是紙團，黑板積了層厚厚的粉筆灰，布告欄上居然還貼著你的作文，但最讓人不舒服的，還是那個成天整你的男生正不懷好意地衝著你笑。抽屜裡的課本更讓人開心不起來：數學、歷史、地理、拼字、閱讀、科學、英文……最後，你認命地抽出了你最討厭的那本。

回過神來，發現老師正在問你問題，你不負眾望地答了個蠢答案，全班也毫不客氣地哄堂大笑。同學們開心得很，老師倒是一臉不快。班上的第一名撥撥頭髮，準備漂亮地講出正確答案，而那個一早就在等你出糗的小子呢？他不知道跟旁邊的人講了什麼，總之他們全都笑得很開心……這時，你有什麼感覺？

每個人都有這種想到就不舒服的經驗，如果可以，沒人想要再講一遍、或再想一遍。這種經驗不僅重創我們的自我形象，還常常在考試時冷不防刺我們一下，讓我們對某些科目恨之入骨，直到現在都餘怒未消。或許直到今天，你還是忘不了那群小鬼的訕笑，讓你每次要上台講話時，都覺得渾身不自在。

其實，這些痛苦的記憶不一定只會傷害我們，它們也能被治癒，轉化成生命的禮物（詳見第一章）。它們能讓我們變成更好的老師，不去傷害、譏笑別人，反而能去陪伴、接近心懷困惑的人。這些痛苦的記憶能讓我們做好準備，不再脆弱無助，不再盲目地向會傷害我們的人尋求支持，而是懂得向神尋求幫助。

該如何治癒記憶，並獲得這生命的禮物？基督治療我們痛苦記憶的方式，其實很像一位母親教導她的小孩不必怕黑。我三歲大的表弟保祿在深夜聽到怪聲時，嚇得六神無主，要跑到爸媽房裡才敢睡覺。隔天早上，小保祿的媽媽牽著他的手，一起回到那個「鬧鬼」的房間。他們一起看遍所有可疑的角落，床底、衣櫥……無一遺漏。接著，她就在他房裡陪他玩、講故事給他聽，讓他覺得這個房間很安全、很平安。到了下午和晚上，她繼續去房裡陪他玩，講故事給他聽，她還跟小保祿玩一個遊戲：把巧克力糖放到床底下和衣櫥裡，讓他去找。如此一來，小保祿在房裡有了無比快樂的時光，也因此不再排斥自己一個人待在那裡了。

在治療記憶時，我們就像跟神一起做這些事。我們牽著祂的手，跟祂一起到我們曾經受傷、最不想再去的地方。但是這一次，我們可以從祂的角度，見到滿室陽光，我們能在祂的陪伴下，找到那裡的美好之處，正如小保祿找到了巧克力糖一樣。在我們牽起祂的手的時候，記憶就獲得治癒，舊有的恐懼與感受一掃而空，而基督的感受注入其中。

不過，牽起基督的手治癒記憶，並不只是感到「沒事了」而已，而是要突破重重關卡，真正地原諒曾經傷害我們的人。這段掙扎突破的過程，就像臨終之人要經歷否認、憤怒、討價還價、沮喪等歷程，才能不再為自己哀竭的生命怨天尤人，學會寬恕上主、他人以及自己（詳見第二章）。「治癒」不僅僅是說「我沒事了」，而是能由衷地說：「謝謝你傷害我，因為這讓我成長，我深深地感謝曾經遭遇這樣的事。」

聽起來不錯，對吧？如果這本書是一份點心，請你不要囫圇吞棗、匆匆吃下。請好好地咀嚼、品味、吸收它，讓它成為你思考的一部分，幫助你改變生命。

第1章　何謂治療記憶？

凌晨三點，鈴聲大作。誰會在這種時間打電話來？應該是打錯了吧？我睡眼惺忪地想。

「神父，我真的撐不下去了，請告訴我自殺會怎麼樣？」

我睡意全消，喉嚨發乾，專心地聽瑟西莉亞講下去。她說她一個人住在陰暗的公寓裡，恨透了孤獨，也恨透了教書這份苦差事。她沒有朋友，生活重心全在學校，可是家長們成天打電話來疲勞轟炸，不是質疑她的決定，就是抱怨為什麼小孩在家裡明明很乖，從學校回來卻破了衣服少了牙齒？她很晚下班，常常下課後還待在學校，跟同事準備隔天要用的教材，甚至有時候精疲力盡回到了家，還得繼續備課。

瑟西莉亞一直過得很苦。當她還是個孩子的時候，下課回家就得幫忙農務，還常被嫌東嫌西。媽媽過世時她才四、五歲，而接下來的十五年，她不僅要小心翼翼地跟她那酗酒、暴躁的父親相處，還得想盡辦法貼補家用。她很少有機會跟朋友出去玩，從沒約過會，也從沒有人特別關心她。

我們就這樣在凌晨三點講著電話。我向她保證我關心她，而且很願意馬上跟她見面，或是第二天早上就去找她。講到後來，她說她已經累到講不下去了，我暗自鬆了一口氣，因為我那時也已精疲力盡，而且，我真的不知道該怎麼幫她。

我小睡了一下，但是當瑟西莉亞到我家時，我還是不知道該怎麼辦。她一臉倦容，雙肩下塌，面容憔悴，神色緊張。當我們繼續談她的種種難處時，我漸漸覺得，換作我是她，可能也會想自殺。我忍不住問她，這些年她到底是怎麼撐過來的？她說她不知道。於是我請她祈禱片刻，也想想在過去幾年中，最珍惜、最感謝的是什麼事。接著，我去打了幾通電話。

其實在回到瑟西莉亞身邊之前，我不只打了幾通電話而已——同一時間我也在不斷祈禱。我甚至跟神打賭，說瑟西莉亞的情況大概連祂也處理不了。還好我賭輸了。在我回到瑟西莉亞身邊時，她告訴我有幾個時刻她特別珍惜、感恩：有三個人在臨終之時，請她陪在他們身邊。

對我來說，瑟西莉亞會珍惜這樣的時刻相當合理，因為在面對臨終之人時，她會感受到他們的一切恐懼與痛苦。臨終的人有時會憤怒地追問：「神啊！為什麼是我？」他們很難去寬恕，不僅難以寬恕自己沒有更盡力去活，也難以寬恕別人未能滿足自己、甚至拋棄自己。也因此，他們常常覺得自己再也無法掌控自己的人生了，不管是依賴護士或是依賴牧靈人員，他們現在都非得依賴別人不可。

臨終之人的種種感受，瑟西莉亞都曾親身經歷。她大半輩子都在憤怒不解地追問：「神啊！為什麼是我？」而且她一直在努力寬恕，寬恕自己始終感到低潮、寬恕他人不斷打擊自己、寬恕她的酒鬼父親、寬恕蠻不講理的家長……此外，她也瞭解無法掌控人生、非得依賴別人是什麼感受，畢竟她也會依賴同事、依賴我。接下來幾個月，瑟西莉亞漸漸發現，正因她曾受盡苦楚，才培養出她對奮力掙扎之人的纖細同理心，讓她成為他們的良伴，慢慢地，瑟西莉亞也走出了低潮。

現在，瑟西莉亞不僅不再沮喪到想自殺，還能在醫院帶領團體，訓練人們如何陪伴臨終病人。瑟西莉亞現在相當感謝那段痛苦不堪的日子，因為那段經歷讓現在的她能細心地陪伴數百名臨終病患。

當我們能像瑟西莉亞一樣，發現慘痛的過去不再能凌遲自己，反而能祝福我們的時候，便是記憶已經被治癒了。如果我們能發現每時每刻都是恩賜，並對此感恩，就是找到了那把靈性與心理的治癒之鑰。

每時每刻都能成為恩賜

像羅洛・梅（Rollo May）這樣的心理學家認為，生命中的每時每刻都有兩面，你可以把它當作成長的祝福，也可以把它當成殘酷的詛咒。[1] 當我在聖路易市的沃爾心理診所工作及帶領

1 Rollo May, *The Art of Counseling* (Nashville: Abingdon, 1967), 35.

避靜[2]時，羅洛．梅的看法讓我感觸良多。記得在沃爾診所時，有一次我負責治療三名憂鬱症患者。第一位抱怨股價暴跌，賠了很多錢；第二位剛跟第四個男友分手，害怕自己將單身一輩子；第三位則說她恨透了生產線的單調工作，覺得自己跟奴工沒兩樣。這些不順遂讓第一位患者想自殺，第二位想逃家，第三位想辭職不幹，但她如果真的辭職，她家將會陷入經濟困境。

差不多同一時期，我在週末帶領避靜時，遇上了另外三位情況類似的人。但他們對困境的反應跟上述三位很不一樣，他們不僅沒有陷入憂鬱，還藉著困境展開新生。

參與避靜最年長的那位太太說，一九二九年的經濟大恐慌幫了她家一個大忙。雖然財務損失不少，可是在此之前，她跟兩個哥哥冷戰了好多年，現在卻不得不每天一起商量，設法不讓家裡的生意垮掉。結果，他們不但讓生意繼續下去，還存下一筆錢讓另一個弟弟讀完大學，她自己也買了房子。

另一位女士說，她最感謝的是她十六年前選擇不婚，還邀請了殘障者來自己家住。這些殘障者讓她發現，原來許多自己習以為常的東西，都是極為珍貴的恩賜。比方說，當她帶著兩位盲人散步、幫他們準備餐點的時候，她覺得更有力量，也更能進入他們那個只有嗅覺、觸覺與聽覺的世界。

最後一位避靜者說，他很感謝丟了大公司業務員的差事，轉行當修路工人。在上工第一天，他就明白自己不能再依賴老同事跟過去的工作經驗了。他感到茫然無助，於是開始更認真地祈禱。若非仰賴基督，他根本看不出日復一日的沉悶工作有何意義。如今十六年過去了，他仍堅守崗位，樂觀工作之餘，他也讓自己跟其他工人開始認真思索一個問題：是什麼讓生命值得去活？

你看，明明這兩組人遇到了類似瓶頸，但對沃爾診所的病人來說，它們是詛咒；對三位參加避靜的人來說，反倒是祝福。同樣地，在舊約裡讓人一蹶不振的諸多苦難，對矢志侍主的基督徒來說，卻是祝福。在舊約及沃爾診所的病患眼中，失去財富、淪為奴隸、死而無後，是多麼可怕的詛咒！然而，誓願貧窮、服從、獨身，對基督徒來說又是多大的祝福！而事實上，這三個誓願其實也可以成為前者的祝福。

在以色列人（如約伯）失去土地、牲畜、財產時，他們就跟我那股票慘跌的病人一樣，感到痛不欲生；在以色列人淪為埃及、巴比倫的奴隸時，他們的心情跟那位痛恨生產線的病患又有什麼兩樣呢？最後，以色列人也是個重視子孫綿延的民族，不孕對他們來說是極為嚴重的詛咒[3]，而那位四段戀情告吹、深怕孤獨度過餘生的病患，面臨的恐懼豈不是跟以色列人也差不多？然而，誓願貧窮、服從、獨身的基督徒，卻不認為這些事情是詛咒，反倒把它們當成祝福。決志貧窮的傳教士們，在放下一切財物、遠赴他鄉之後，見證了身無長物的祝福；許多神

2　譯注：避靜，亦稱退省。參與者暫時抽離俗務，在神師或靈修輔導員帶領下進行祈禱、省察或其他靈性操練。理想上最好以日為單位，於避靜院或靈修中心等清靜之地進行，但考慮現代人生活忙碌，目前許多教會已開設退省課程，提供日常生活的靈修指引。

3　見〈創世紀〉30章1節；〈依撒意亞〉（以賽亞書）4章1節；〈路加福音〉1章25節。

父、修女矢志服從，無私地照料彼此、照料窮人，見證了做僕人的祝福；最後，許多誓願獨身的男男女女，雖然放棄建立家庭，卻見證了沒有子女的祝福。這些誓願給我們挑戰，讓我們去祝福那些讓舊約人物與沃爾診所患者痛苦不已的事物，讓我們有機會治療記憶。

天父知道以色列人多怕失去土地、後嗣以及自由，所以祂慈愛地與以色列人立約，應許他們土地、子孫，以及不受奴役的自由[4]。但在另一方面，天父也知道，失去土地、後嗣與自由，亦是祝福。所以當祂將祂的愛子賜給我們時，聖子連枕頭都沒有，因此祂屬於所有國度（瑪竇／馬太福音 8:20）；聖子沒有子嗣，因此祂屬於所有家庭（若望／約翰福音 17:21）；聖子也取了奴僕的形體，因此祂願意為愛世人而死（斐理伯／腓立比書 2:7、羅馬書 5:7）。天父之所以應許祂的選民土地、子嗣與自由，卻完全沒給祂的獨子這些東西，正是因為祂深知每時每刻、萬事萬物皆為祝福，都是生命的禮物，沒有任何事能將我們與神的愛隔絕（羅馬書 8:39）。

我們的人生：每時每刻都能成為禮物

聖經不僅記載以色列人在無子嗣、無土地、無自由時如何奮鬥，也記載了他們的信仰歷程。聖經的作者們不斷回溯五段記憶，將它們視為信仰歷程的核心：呼召亞巴郎（亞伯拉罕）、在埃及受奴役、在曠野流浪、西乃山（西奈山）頒佈律法、神應許土地（聖詠／詩篇 105；申命紀26:1）。其中有些記憶（例如土地的應許），他們當下便認為是恩賜的禮物。[5]

在回顧自己的信仰歷程時，有些記憶也像應許之地一樣，我們當下便知道那是一種恩賜，例如畢業典禮、與好友重逢。這些記憶讓人回味無窮，我們甚至會希望時間永遠停留在那一刻——事實上，在以色列人終於抵達應許之地時，他們歡欣鼓舞的心情也是如此（若蘇厄書／約書亞記4:14）。不過，以色列人的回憶並非每個都像應許之地那樣甘美，至少對於其餘的四則回憶，他們當時毫不感恩，要到很久之後，他們才懂得珍惜。

同樣地，我們現在也一定有些不堪回首的回憶。比方說去異鄉工作或服役的時候，我們的感受可能和七十五歲還無子無女、帶著老妻離鄉背井的亞巴郎差不多（創世紀12:14）。當你寒窗苦讀、賣命工作或手頭拮据時，會不會覺得自己像埃及奴工呢？還有些時候，你可能被叫進辦公室裡挨罵，讓你滿腹牢騷，這時的心情是不是跟西乃山下的以色列人非常相似（出谷記／出埃及紀32:19）？當你進入新學校、離家參加營隊、出國前跟死黨道別時，是不是也跟曠野中流浪的以色列人一樣茫然呢？

很多回憶一開始看來似乎痛苦不堪，例如與親人、朋友生離死別，但時機成熟之後，我們

---

4 土地、子孫、不受奴役的自由，分別出自：〈創世紀〉12章15節、〈耶肋米亞〉（耶利米書）31章17節；〈撒慕爾紀下〉（撒母耳記下）7章12節；〈厄則克耳〉（以西結書）34章27節、〈撒慕爾紀〉下7章11節。

5 關於治療扭曲我們心中的上主形象的傷害，請參考Matthew & Dennis Linn and Sheila Fabricant, *Healing the Eight Stages of Life*（Mahwah: Paulist, 1988）. 中譯本為《心靈治癒：生命的八個階段》（上智，2011）。

可能就能體會祝福亦在其中，就像貧困之後更懂得珍惜物資和家人、和朋友分開之後更珍惜彼此友誼一樣。有些人我們可能原先憎惡、後來感恩，而以色列民族的五個關鍵時刻，正是發人深省的極佳借鏡。無論是瑟西莉亞、我遇到的那三位避靜者，或是以色列人，都已領悟了一個可貴的事實：在痛苦的回憶痊癒之後，我們終將發現，原來，那些原本看來一無是處、只是不折不扣的詛咒的事物，從神的眼光來看，都是深切的祝福。

第2章　治療記憶就像經歷臨終

為什麼有些人一開始治療記憶似乎頗有成效，後來卻仍舊為其所困？為什麼有些人祈禱之後，還是覺得很不好受？我在醫院當駐院神父的時候，見過肉體的傷痕漸漸痊癒，也見過末期病患如何面對死亡，這些經驗，幫助我找到了這些問題的部分答案。

吉姆來院時滿腹苦水，他說小女兒凱倫從一流大學輟學之後，就蹺家、未婚懷孕，讓家裡覺得很沒面子，而最近她居然還問能不能帶男朋友和孩子一起回家！發了一肚子牢騷之後，吉姆問我能不能和他一起禱告，好讓自己能寬恕這個女兒。過了幾天，吉姆的女兒回家了，吉姆說自己感覺就像聖經裡那個回頭蕩子（浪子）的父親一樣[1]，感謝上主讓他跟女兒變得比以前更親近。他覺得在原諒凱倫之後，他們兩個變得更親了。

1 譯注：參考〈路加福音〉15章11-32節。大意為蕩子在分家產後離家，荒唐度日，終至一貧如洗。後來蕩子痛悔前非，只求返家當父親的幫傭，不料父親極為歡迎他的歸來，不僅仍認他為子，還贈予戒指、新衣，並為其大宴賓客。本書後續章節，將對此寓言做出更多詮釋。

然而，這種滿心感激的感覺才持續了一個月，吉姆就又開始抱怨自己深受這段記憶困擾。不過，吉姆這次不是氣他女兒，而是氣他自己。他覺得就是因為自己一直是個工作狂，沒多花時間關心女兒，她才會蹺家另找愛她的人。也就是說，如果吉姆想完全治好「女兒蹺家」的痛苦記憶，他就必須也原諒自己，正如他一個月前原諒了女兒一樣。

治療痛苦記憶的過程，其實很像治療肉體創傷。我們都知道，在受傷之後，傷口不會一下子痊癒。要等血小板漸漸聚合，讓血慢慢凝固，然後傷口結痂，好讓皮膚細胞逐漸生長，最後結痂掉了，傷才算好。而治療記憶就像處理情感的傷口，它就像身體傷痕一樣，必須一步一步才能慢慢痊癒。

面對自己的死亡，是情感受傷最重、痊癒步驟也最明顯的歷程。根據伊莉莎白・庫伯勒—羅絲的長年觀察，臨終之人在面對死亡時，通常會經歷五個階段：**否認**、**憤怒**、**討價還價**、**沮喪**，以及最終的**接受**。[2] 她也發現，在處理其他重大情感創傷時，通常也會經歷這五個階段。[3] 而我們認為，在治療痛苦記憶時，人們同樣會經歷這五個階段。雖然有些記憶只要祈禱一次就能痊癒，就像有些人可以馬上接受死亡一樣，但一般說來，處理痛苦記憶與面對死亡都需要時間，也都會經過這五個階段。從這個角度來看，吉姆並不是「治療（記憶）失敗」，而是那個月他好不容易處理完對女兒的「憤怒」，接下來就走進對自己的「沮喪」裡了。

我的另一位朋友瑪格麗特，在發現自己罹患癌症、面對死亡，以及治療一段關於印度的不愉快回憶時，都經歷了上述五個階段。瑪格麗特在印度教了三年書，對那裡極為眷戀，很想在印度度過餘生，但是她的學校卻拒絕續聘，這讓她既焦慮又沮喪。有好幾個月，她每晚都焦慮地在屋裡踱來踱去，難以成眠；到了白天，她仍舊沮喪得食不下嚥，什麼人都不想見，一個人關在房裡閉門不出。她在焦慮、沮喪中過了整整一年，接著，六個不同的醫生都診斷出她已罹癌，且時日無多。接下來兩年，醫生們用盡各種治療方式，卻全不見效，她也始終臥病在床。但是在這段期間，她開始試著治療自己的痛苦記憶，特別是關於印度的心結。在這一章裡，我們會看到瑪格麗特在面對死亡和治療跟印度有關的記憶時，是如何經歷了上述的五個階段。

臨終五階段

瑪格麗特臥病兩年之後，我問她是否想過自己來日無多。她說，她覺得自己就像最近被報導的那位女泳者一樣：那位泳者計畫由救生艇陪同，橫渡英倫海峽，但游到一半時，救生艇的一位成員突然心臟病發，於是其他成員忙著照顧他，一時不察就沒跟上這名泳者，等救生艇找到她時，她已經游到海岸邊一哩半了。其他人趕忙詢問她的狀況，她說自己狀況不錯，也想趕快游完全程，但她也說，要是救生艇早一點找到她，她可能會選擇放棄，因為她剛才嚴重抽筋。

瑪格麗特說，她也想趕緊游完全程，踏上生命的彼岸。但我倆心裡都清楚，在此之前，

---

2 Elisabeth Kubler-Ross, *On Death and Dying* (New York: Macmillan, 1969).

3 Elisabeth Kubler-Ross, *Questions and Answers on Death and Dying* (New York: Macmillan, 1974), 31.

瑪格麗特從不想死，而且只要一有機會，她都會拼命爬上救生艇。然而此時的她，已走過了否認、憤怒、討價還價、沮喪等階段，不再執著於尋找救生艇了。經歷了這些階段之後，她現在願意接受死亡，並把所有的精力放在抵達生命彼岸上。

在逐漸走向生命尾聲的時候，她清楚地記得自己曾經否認一切，曾經很鴕鳥地拒絕探視一位罹患腦癌、時日無多的朋友，因為她不敢面對自己也會以同樣的方式死去。她也曾經深感憤怒，責怪護士限制訪客、責怪醫師沒找到治療癌症的方法，而且一想到朋友們能健健康康地外出度假，她就一肚子火。她也成天用各種「如果」討價還價：如果她可以死在印度，那她就願意死；如果那兩個護士被炒魷魚，換另外兩個更貼心的護士陪她走過最後一程，那她就願意死……等等。她也同樣經歷沮喪，責怪自己沒體驗更多生命歡愉，責怪自己為印度的事如此傷神，以致生病。臥病在床那兩年，瑪格麗特不斷想起那些否認、憤怒、討價還價、沮喪的時刻，那些她想奮力爬上救生艇的時刻。但現在，她知道自己終於接受了死亡。她期待那一天的到來，正如那名泳者期待踏上海岸一樣。

這五階段如左方列表所示：

階段	面臨死亡時	治療記憶時
否認	拒絕承認自己會死	拒絕承認自己受傷
憤怒	責怪別人讓死亡傷害、摧毀自己	責怪別人打擊、傷害自己

討價還價	設下種種條件，只要滿足就願意死	設下種種條件，只要滿足就願意寬恕
沮喪	自責於為什麼讓死亡吞噬自己	自責於為什麼讓這些打擊傷害自己
接受	期待死亡的到來	期待從傷害中獲得成長

治療記憶的五個階段

從瑪格麗特得知自己無法重返印度的那天起，她也開始了另一段五階段的旅程。那是她一生中最心痛的一天。當初是因為去了印度，她才找到生命的意義，在那裡教書三年之後，她更渴望能將餘生奉獻給那裡的人。然而，由於她的上司彼此勾心鬥角、嫉妒她的能力，瑪格麗特未獲續聘。

在遭受嚴重心理創傷時，我們通常也會經歷臨終五階段，無論這創傷是死亡、無法去印度或其他因素皆然。首先，我們會忙不迭地否認自己受傷，或是拒絕承認自己為創傷所困。其次，我們會開始憤怒，不斷責怪別人傷害自己。接著，我們會設下種種條件，告訴自己要是這些條件可以滿足，就寬恕那個傷害自己的人。然後，我們會開始沮喪，轉而自責為什麼要讓這些打擊傷害自己。最後，我們終於進入第五個階段——接受，誠心祈願能從傷害中獲得成長。

在敘述瑪格麗特如何走過這五個階段、治癒她的痛苦記憶之前，我們先來好好探討一下第二和第四階段。庫伯勒—羅絲指出，憤怒與沮喪階段的最大不同，在於憤怒階段的箭頭指向別人，沮喪階段的箭頭指向自己，前一階段生別人的氣，後一階段生自己的氣。憤怒階段的人會責怪護士、醫生，沮喪階段的人則會責怪自己，因為到了這時，他們的關注焦點會變成自己過去錯失了多少機會、還有多少想做的事沒做。因此在本書中，為了便於區分，當我們提到「沮喪」時，指的是罪惡感、或是對自己的憤怒；在提到「憤怒」時，指的則是「憤怒」這個階段，或是對別人的憤怒。一般口頭上說的「他很沮喪」、「他很憤怒」其實不夠精確，因為其所指涉的對象可能是在憤怒階段，也可能是在沮喪階段，甚至可能是同時身處兩個階段——怨天尤人時，處於憤怒階段；自怨自艾時，處於沮喪階段。

在瑪格麗特回顧自己的否認階段時，她想起了一件事：當她打包行李、準備回美國度假時，旁人建議她把所有東西都打包。當時，她就隱約覺得自己不想回美國，但她否認了這些感受，也沒追根究底。一個月後，當她因為不續聘的通知而心痛不已時，她才發現原來在離開印度之前，自己其實有機會面對、處理這樣的打擊。

回憶憤怒階段時，瑪格麗特記起自己讀信時的滿腔怒火，他們說：「考慮到您可能罹患瘧疾，我們無法同意您重返印度。」但事實上，她已接受了最好的醫生的檢查，證明她的身體狀況極佳，而他們竟敢這樣睜眼說瞎話！她覺得怒不可遏，不禁開始想像寫信者的嘴臉，她覺得他們真正想講的其實是：「妳這乳臭未乾、目中無人的小鬼，竟敢妄想爬上我們的位子，滾一邊去吧！」瑪格麗特想起她精心編纂的教學講義，想到原本能開枝散葉的美好果實，現在都因為這個心懷嫉妒的小人毀於一旦。在當時，她腦中也響起自己獲知罹癌時所說的同一句話：「為什麼是我？為什麼是我！」

在討價還價階段，瑪格麗特也想了很多讓自己寬恕他們的「如果」——如果他們可以改變想法，我就原諒他們；如果他們終於發現自己鑄下大錯，我就原諒他們；如果他們不再做這麼卑劣的事，我就原諒他們；如果……。不過，那些人依然故我，沒有改變想法，也不覺得自己做錯了什麼，而可以想見的是，他們會繼續做這種事、繼續傷害下一個人。

到了沮喪階段，瑪格麗特開始意識到自己把這件事看得太重，她原本不會受傷這麼深，但因為自己反應過度，這件事才對她打擊這麼大。她開始發現，要是這件事發生前後，她的做法能稍加改變，自己其實不會傷得這麼重，幾乎成了個廢人。為什麼要鑽牛角尖覺得自己只有在印度才有價值，從未想過無論身在何處，天父永遠會把自己捧在掌心？為什麼在離開印度之前，沒先跟上司做好溝通？不過，最讓她沮喪不已的，莫過於發現自己跟傷害她的人沒什麼兩樣：在被印度學校拒於門外之後，她得到了一份宣教團主任的工作，但她發現自己老是心存嫉妒，不斷刁難來面試的志工，還故意以種種法規為藉口，退回他們的申請。

在這段痛苦記憶即將痊癒之際，瑪格麗特再次體驗到那位泳者的心情，在經歷否認、憤怒、討價還價、沮喪的過程中，她覺得自己就像那位嚴重抽筋、在海中茫然四顧尋找救生艇的泳者一樣，軟弱無助，只能祈禱。但也就像那位泳者一樣，瑪格麗特最後也發現了打擊背後的祝福。在接近海岸時，那位泳者恍然大悟，原來與救生艇失聯隱藏著祝福：若非如此，她一定會半途而廢，請救生艇載她上岸。同樣地，瑪格麗特也發現，原來無法回到印度，背後也隱藏著祝福：因為這個傷害，她經驗了與神、與人更深的關係，在此之前，她從未有過這樣的經驗。

這個傷害也讓她明白了另一件事：她的價值並不取決於自己做了什麼，或別人怎麼看她，而是取決於神。她說，在意識到這件事之後，她感到相當震撼，於是趕忙找神父辦告解。她的告解很簡單：「天父啊，我很抱歉離開了祢那麼久。」從那一刻起，一個讓她永生難忘的經驗發生了：她覺得自己能更愛天父，因為天父寬恕了她更多。雖然那位聽她告解的神父英文很差，幾乎聽不懂瑪格麗特跟他說什麼，但她仍然感到一股「寧靜、堅定」的力量充滿全身。

此外，這個傷害不僅加深了她與神的關係，也加深了她與人的關係。她變得更能察覺自己的嫉妒，尤其在拒絕志工申請時，她更能意識到自己在嫉妒別人。不過，她最大的禮物可能還是對茫然無助之人的體貼。就在幾個月前，她深情擁抱了一名頹喪的女性，那位女士也因為無法回印度工作而難過不已，瑪格麗特對她深深地感到同情。然而這整件事最特別的地方在於，當初就是這位女士，拒絕讓瑪格麗特回印度教書！

痛苦的記憶終於痊癒，不僅讓瑪格麗特開啟了新關係，也讓她重拾健康。前面已提到，由於各種治療全部無效，瑪格麗特有兩年的時間只能臥病在床，唯一的幫助便是朋友們對她無限的愛。也就是在這段時間，她努力地治療自己的痛苦記憶。當初，有六名癌症專科醫師判定瑪格麗特時日無多，但現在，在接受了眾人的愛、也成功地治療記憶之後，瑪格麗特已重回職場一年了。她現在是癌症病患諮商師，每天工作八小時。

雖然瑪格麗特的身體尚未完全痊癒，但她還是持續進步。只要她活著一天，她就會對癌症病患伸出援手，他們就像當年的瑪格麗特一樣，對未來徬徨、茫然無助。即使有一天瑪格麗特仍然死於癌症，她也一定會走得更為無懼，因為她已走過了臨終五階段——在面對癌症時走過，在面對痛苦回憶時也走過。現在她很清楚地知道，無論是面對死亡，或是被印度拒於門外，背後都隱藏著祝福。

瑪格麗特是個成功的案例，在苦苦掙扎之後，她發現了隱藏在死亡、失落背後的恩賜。然而，有許多情況與她類似的人，卻始終佇足不前，未能跨入「接受」階段。原因何在？庫伯勒—羅絲醫師和她的同事發現：如果一個人願意表達自己的感受，而他所重視的人也能接受這些感受，那麼這個人就能更快地接受死亡。[4] 在接下來，我們要繼續來看瑪格麗特的故事。她與死亡和痛苦記憶搏鬥時發現，每天與朋友、基督一同分享自己的感受，是相當重要的一件事。

和朋友分享感受

在賴瑞．山繆斯醫師（Larry Samuels）對瑪格麗特說「我覺得妳很生氣」之前，她的焦

4 Mwalimu Imara, "Dying as the Last Stage of Growth," *Death: The Final Stage of Growth* (Englewood Cliffs: Prentice-Hall, 1975).

慮、沮喪以及癌症病情始終毫無進展。賴瑞短短的一句話，讓瑪格麗特開始宣洩累積了兩年的恐懼與憤怒。事實上，因為她要宣洩的東西實在太多，接下來好幾個禮拜、好幾個月，她都要將自己的恐懼和憤怒錄進錄音帶裡，把這些錄音帶寄給賴瑞，然後隔上幾天再打長途電話給他。賴瑞也鼓勵瑪格麗特寫日記、寫詩，後來更找自己的朋友拜訪她——這也是我認識瑪格麗特的契機。

接下來兩年，隨著瑪格麗特越來越願意跟朋友分享她的感受，她的身心狀況也越來越好，我親眼見證了這一切。如果賴瑞當初不是說「我覺得妳很生氣」，而是說「看看妳多蒙福啊！神竟讓妳受這樣的苦」，我想，瑪格麗特大概到現在都還在否認階段——如果她活得到現在的話。不過，好在事情沒這樣發展，相反地，在向朋友訴說感受的過程中，瑪格麗特很自然地進入了下一階段。在她終於到達接受階段時，她開始跟朋友談到自己的死亡，甚至跟他們說自己的葬禮想怎麼舉辦。她希望那能像一場歡樂的慶祝會，因為自己即將與故人再次團圓。

和基督分享感受

對瑪格麗特來說，不僅跟賴瑞及其他朋友分享感受很重要，跟基督分享這些感受也很重要。在這段時間，基督讓她心安，變成她生命中不可或缺的一部分，基督就跟她其他的朋友一樣，變得越來越讓她信賴、依靠。

瑪格麗特不是一夕之間就能告訴賴瑞「我準備好要迎接死亡了」，也不是一夕之間就能跟基督說「我可以原諒印度的上司了」。在賴瑞幫忙瑪格麗特處理憤怒時，她也開始向基督傾訴她的憤怒。一開始時，瑪格麗特跟基督說，她絕不原諒那個「善妒、卑劣的傢伙」。而事實上，要是她不先處理好對那個「善妒、卑劣的傢伙」的感受，忙不迭地就說「我原諒妳」，她可能永遠都會對那位上司懷恨在心，一步也跨不出來。但是現在，縱使她有一堆「負面」感受，基督還是無條件地接受了她，瑪格麗特伸出雙手擁抱她的前上司，將基督對自己的愛忠實地傳遞給她。

看到瑪格麗特跟基督分享感受，情緒也變得越來越健康，我對自己的種種感受也越來越感恩。在以前，我如果發現自己能分享的盡是憤怒、沮喪這種「負面」感受，我會對自己相當失望。但瑪格麗特的經歷讓我學到，其實並沒有所謂「負面」感受，感到憤怒、沮喪，其實就像感到接受、感恩一樣健康。

只要是聖神（聖靈）讓我們經驗到的，都是最健康的階段、最健康的感受。舉例來說，即使瑪格麗特在祈禱中不斷碰觸自己的怒火，她的身心狀態卻依然能逐漸改善。她越憤怒地跟基督抱怨護士冷漠，便讓自己離醫院更遠了一步；她越是氣別人對自己不聞不問，就越清楚地聽見基督的呼召，要她走下病床、關心別人，特別是那些癌症患者。

不僅走過憤怒很重要，每個階段對瑪格麗特的治癒也都同樣重要。傷口復原的每個步驟都不能跳過，要是我們太過心急，在結痂自然剝落前就去撥它，那整個合口過程就得重來一遍。

無論是基督或其他朋友，都不急著把我們趕向下一階段，我們可以和他們分享感受，自然而然地邁向下一階段，而那些情感傷口，也終將獲得治癒。

每天與基督、朋友分享感受，讓記憶漸漸痊癒

有些記憶就像重度創傷，必須花上好幾個禮拜、甚至好幾個月，才能漸漸痊癒。透過每天跟基督、朋友分享感受，瑪格麗特不僅從容地走過每個階段，也讓每個階段都走得深刻。舉例來說，在進入接受階段的那三年，瑪格麗特的體悟越來越深。剛開始時，她接受死亡，是因為這能讓她拋下關於印度的不愉快回憶及其他的種種痛苦。但是到了後來，特別是在親眼見到兩個朋友平靜離世之後，瑪格麗特不再將死亡當成逃避，反而當成追尋，更正面地接受了死亡。

瑪格麗特也發現，不僅在面對死亡時，她每個階段都走得越來越深刻，在治療印度的痛苦記憶時，也是如此。舉例來說，在治療情緒創傷的過程裡，瑪格麗特反反覆覆地在沮喪、憤怒、討價還價三個階段之間遊移，但每次重回沮喪階段，她都覺得自己看得更深了一層：第一次進入沮喪階段時，她對自己因為反應過度而生病這件事深感罪惡；再次進入沮喪階段時，她是為自己的反應傷害到別人而感到罪惡；之後又進入沮喪階段時，她則是為自己的反應傷害到神與自己的關係而感到罪惡。就像她一樣，在記憶逐漸痊癒的過程中，我們不僅會一一度過各個階段，在我們能從神的眼光看待自己的經歷之後，也將能更深刻地發現每一階段的意義。

在祈禱中運用臨終五階段

雖然臨終五階段能讓我們以神的眼光看待創傷、治療創傷，但祈禱未必要固守此一框架。無論是完全不睬這五個階段，或是嚴格要求自己一定要按順序來，兩種做法都過於極端。這五個階段雖然點出了聖神治療創傷的一般程序，但祂也常極具創意地帶我們走捷徑。就像有些人會一下子跳過好幾個階段，馬上接受死亡一樣，聖神也可能帶我們跳過好幾個階段，馬上接受創傷。在本書中，我們之所以引介庫伯勒－羅絲醫師的五階段模式，是因為梵蒂岡第二次大公會議指出，心理學洞見能幫助我們活得更加成熟：

為人靈牧者，在領導信友度更成熟、更純粹的信友生活時，不獨應教以神學原則，而且應熟悉並運用現代科學，尤其應利用心理學和社會學的發明。[5]

庫伯勒－羅絲的研究成果之所以能讓我們活得更成熟，是因為她所歸納的，就是人類在歷史上不斷經歷的過程。舉例來說，聖經裡深刻談到寬恕的段落，通常也會談到創傷經過五個階段逐漸痊癒的過程。在後面幾章，我們會以五階段的角度重讀蕩子回頭的故事，我們會看到，

5 中譯本為《梵蒂岡第二屆大公會議文獻》〈論教會在現代世界牧職憲章〉（天主教教務協進會出版社，1975，中國主教團秘書處編譯），62號，頁275。

即使是那名蕩子，最後也會發現離家出走未必是傷害，因為這讓他跟父親的關係更為親密；而那位偉大的父親，也不自覺地以臨終五階段做總結，描述了孩子幡然悔悟的過程：「我這兒子死而復生了！」（路加福音15:24；15:32）此外，無論是〈天主經〉（主禱文）這樣的傳統禱詞、類似《神操》的靈修活動，或是感恩聖事（即聖體聖事，新教諸宗稱為聖餐禮）等等的聖事禮儀，其實也都隱含了這五個階段。[6]它們都與治療記憶、治療創傷有關，也都能帶我們走過這五個階段。

該怎麼開始這五個階段，治療我們的創傷？本書的後面五部，將討論我們該怎麼去體驗瑪格麗特已體驗到的一切。接下來的第二部將提到，人人都有可能獲得身心健康，像瑪格麗特一樣充滿活力地生活，不再焦慮、沮喪。不過，由於瑪格麗特是因為開始每天分享她的感受，才能向前邁進、度過五個階段，所以在第三部，我們會接著談談如果熱愛上主，我們將願意與祂分享一切感受，從而為自己打好痊癒的基礎。本書的第四部能幫助我們認識與度過這五個階段；第五、六部則會建議一些實用方式，讓我們能在日常生活中，逐漸治療記憶。

6 關於〈天主經〉與五階段的進一步解釋，請參考第三章；感恩聖事與五階段的進一步解釋，則請參考第十二章。此外，只有在傷害受到治療時，操練《神操》的避靜者才能自由地追隨基督進入第三級謙遜，因為直到這時，避靜者才親身體會基督確實能從羞辱及貧困中帶出生命。請參考Ignatius Loyola, *The Spiritual Exercises*, tr. George Ganss (St. Louis: Institute of Jesuit Sources, 1992).中譯本為《神操新譯本：剛斯註釋》（光啟文化，2011，台北依納爵靈修中心校訂）。

第二部

身心治癒

我實在不懂，我媽媽是怎麼知道我把弟弟的紅球捐給了救世軍（Salvation Army）的。那時他們兩個都游泳去了，我追上一台救世軍的貨車，把我弟弟最寶貝的東西給了司機。我弟弟進門沒多久，就發現球不見了，而我更是以迅雷不及掩耳的速度，跟媽媽保證我不知道它在哪裡。

雖然我媽媽沒有測謊機，但她還是斬釘截鐵地認為一定是我做的。我的雞皮疙瘩跟冷汗似乎都沒逃過她的法眼，她知道我緊張、害怕。要是她盯著我更久一點，一定會看到她叫我去找那司機的時候，我氣得滿臉通紅。大家都知道，焦慮、恐懼、憤怒和罪惡感都會引發生理反應，而無論是測謊機或一位敏感的母親，都偵測得出這些身體訊息。

現在，醫生們也會注意這些身體訊息，並且發現小至胃痛，大至癌症、心臟病，都可能由這四種情緒引起。這四種情緒不僅可能導致身體疾病，美國精神醫學會（American Psychiatric Association）所列的十大精神官能症，也都與它們息息相關。此外，我們日常生活中的大多數情緒問題，也跟它們脫離不了關係。

我們手邊有近三千五百則案例，證明心理治療與身體治療息息相關，其中大多數個案，都透過治療記憶克服了焦慮、恐懼、憤怒和罪惡感。在第三章中，我們會集中討論治療記憶如何讓人心理健康；在第四章裡，則將分別從基督宗教傳統、醫學以及我的個人經驗等三種角度，探討治療記憶（特別是克服四種情緒）如何帶來身體健康。透過這些章節，我們將能分享瑪格麗特的美好經驗：在治療記憶之後，她不再焦慮、沮喪，身體也變得越來越健康了。

第3章 以治療記憶來治療心理

瑪格麗特漸漸學到，像被印度學校拒絕這樣的創傷，可能讓她難過得徹夜不眠，也可能讓她對旁人充滿同理心——像現在，她就很能體會癌症病患茫然無助的心情。近三千五百名與瑪格麗特有類似經驗的人告訴我們，治療記憶為他們帶來了心理的健康。在這些治癒的人當中，有人說他們的婚姻恢復正常、有人說他們不再酗酒，也有人說他們不再為不理性的恐懼或衝動所綑綁。

有些人的故事，我們會留到後面的章節再談，例如菲爾，他終於擺脫了二十三年來對牙醫的恐懼；還有安妮特，她雖然接受了長達十一年的治療，每晚還是會驚醒九次，一一檢查門鎖、電爐、衣櫥。[1]

現在，我們要來談談：為什麼治療記憶，對心理健康這麼有幫助？

1 菲爾和安妮特的故事，請見第七章。

心理健康的關鍵：治療焦慮、恐懼、憤怒、罪惡感背後的創傷

從心理學的角度來說，瑪格麗特、菲爾、安妮特、還有無數的人，都透過治療記憶治好了創傷、得到了心理健康。他們可能都曾以種種不同的心理療法，經年累月地治療過同一創傷。粗略來看，佛洛伊德療法著重於治療過去的創傷；現實療法（reality therapy）著重於處理當前的創傷；理情療法（rational emotive therapy）則傾向預防未來的創傷。此外，每個心理學派都有其特殊的切入面向，例如佛洛伊德較關注於性心理創傷，阿德勒（Adler）則著重於與權力競爭有關的創傷，例如瑪格麗特被印度學校拒絕，對他來說便是很好的例子。[2]

心理學家認為，對創傷反應不當，會造成情緒不穩，無論是瑪格麗特的焦慮、沮喪，菲爾的牙醫恐懼症，或是安妮特的強迫症，皆肇因於此。多數心理學家也都同意，焦慮、恐懼、憤怒和罪惡感不僅與十大精神官能症息息相關，也是我們平時情緒不穩的元兇。因此，無論我們是罹患精神官能症、恐懼某人，或是恐懼自己的感覺，都可以從克服焦慮、恐懼、憤怒和罪惡感著手，來治療自己的創傷[3]。這些情緒就跟其他感受一樣，本身並無好壞可言，雖然它們受到壓抑時可能會造成心理問題，但只要能好好處理，卻能為我們帶來健康。正如瑪格麗特的領悟一樣，當她壓抑這些感覺時，她沮喪得想自殺；但在她克服它們之後，卻得到了幫助別人的力量。

以五階段來克服焦慮、恐懼、憤怒與罪惡感

在徹夜不眠的某些夜裡，瑪格麗特甚至弄不清自己為什麼會焦慮。在否認階段，焦慮的作用就像疼痛一樣：就像痙攣是警告我們肌肉出了問題，焦慮也是警告我們情緒已經超載。所以，瑪格麗特沒來由的焦慮，其實是情緒正亮起紅燈，警告她恐懼、憤怒與罪惡感已經失調。在走過否認階段後，瑪格麗特開始認清焦慮的原因，她發現，每當開始新工作、認識新朋友，或是改變生活方式的時候，她都會整夜難眠。在被印度拒於門外之後，她對未來充滿焦慮。

不過，在新朋友們開始和瑪格麗特深談，幫助她處理恐懼、憤怒、罪惡感這三種焦慮之後，她徹夜不眠的頻率變少了。焦慮是一種毫無原因的情緒困境，但在朋友們與她深談的過程中，她焦慮的原因卻逐漸獲得釐清。朋友們會問她：「妳工作的哪一點讓妳焦慮？」、「妳為什麼會對未來感到焦慮？」在回答這些問題的過程中，她越來越知道自己為何焦慮，而在恐懼的

2 James C. Coleman, *Abnormal Psychology and Modern Life* (Glenview: Scott, Foresman and Co., 1976) 58.

3 在這四種情緒之外，也有人認為應該再加上悲傷（sadness）和自責（shame），變成六種。悲傷常常與傷痛（grief）劃上等號，而自責是指一個人覺得自己就是錯誤，而非自己犯了錯誤。自責常被視為「不健康的罪惡感」（unhealthy guilt），與「健康的罪惡感」相對。參Joan Borysenko, *Guilt Is the Teacher, Love Is the Lesson* (New York: Warner, 1990). 由於一般說來，我們是以廣義的「對自己感到憤怒」來使用「罪惡感」一詞，所以自責也會被含括進來。關於何謂自責及如何治癒，請參考Gershen Kaufman, *Shame: The Power of Caring* (Rochester: Schenkman, 1980)與John Bradshaw, *Healing the Shame That Binds You* (Deerfield Beach: Health Communications, 1988)

對象變得越來越明確之後，她的焦慮也變少了。瑪格麗特之所以陷入情緒困境，是因為她有太多恐懼，比方說恐懼哪天她做了什麼決定，又會招來嫉妒、造成衝突。不過，她最大的恐懼還是生命失去意義，這是讓她走不出來的最大原因。

一旦發現自己恐懼的是什麼，就能開始處理恐懼的兩個核心部分：憤怒與罪惡感，而在正面處理問題之後，恐懼也能自然減輕。恐懼常會直接或間接地帶來挫折，而外在挫折會引發憤怒，內在挫折則帶來罪惡感。[4]由於瑪格麗特既有外在挫折、亦有內在挫折，所以她必須處理好自己的憤怒與罪惡感，才能減輕她的恐懼。在外在挫折方面，善妒而好鬥的上司不讓她回去工作，以致她無法回到深愛的印度、再度見到那些帶給她生命意義的人，於是她對上司深感憤怒；而在內在挫折方面，瑪格麗特對自己離開印度時未做好溝通、後來又把在印度生活看得太重，而深深感到罪惡與自責。因此，在憤怒階段時，瑪格麗特主要是處理對上司的憤怒；而在沮喪階段時，她要好好處理的是自己的罪惡感。一旦她能順利走過這兩個階段，克服憤怒與罪惡感，恐懼自然也能隨之減輕。可喜的是，瑪格麗特處理得很成功，從她在討價還價階段未對寬恕設下過多條件看來，她把恐懼、憤怒和罪惡感都處理得很好。她甚至發現，即使她的上司不考慮收回成命，她也能原諒她了。

治療記憶是持續不斷地克服憤怒與罪惡感，直到將重創我們的恐懼與焦慮帶入接受階段，將它們轉化為恩賜。雖然瑪格麗特的恐懼與焦慮並未完全消失，她還是會擔心自己的未來，害怕生命失去意義，但它們不再能讓她輾轉難眠了。在此同時，這也讓她對茫然無助的人更具同理心，她付諸行動關懷醫院病患，更擁抱了她那遭受相同打擊的前上司。

不過，在處理憤怒與恐懼時，我們未必能順利培養出同理心，或是明顯感覺到自己正在進步。有些時候，處理憤怒與罪惡感反而會讓我們遇上新的恐懼與焦慮。舉例來說，瑪格麗特二度進入沮喪階段時，她赫然發現自己也常嫉妒別人，所以才常常拒絕志工的申請。發現這點之後，她與志工相處時也開始覺得焦慮，更害怕自己是不是也傷害了不少志工。不過，當她再一次面對憤怒與罪惡感時，這新的恐懼與焦慮也帶給了她新的恩賜：瑪格麗特發現，在她一一造訪每個志工、請求他們原諒之後，她獲得了很多知心好友。總而言之，不論我們心中埋藏著多少恐懼與焦慮的未爆彈，它們總有一天能讓我們成長，為我們開啟新的經驗。

雖然我們把焦點放在焦慮、恐懼、憤怒與罪惡感上，但這樣做並不是忽略受傷時的其他感受，反而也是在處理它們。因為這四種情緒正是一切傷害性情緒的根基，這些會損害我們的傷害性情緒，包括了怨懟、憎恨或是寂寞，但是，只要好好處理它們，它們同樣也能帶給我們健康。舉例來說，在瑪格麗特於屋中徹夜徘徊時，她寂寞得想自殺。但是，寂寞之所以會一發不可收拾，是因為她累積了太多的焦慮、恐懼、憤怒與罪惡感。無論是擔心未來、害怕生命失去意義、憤恨上司將她逐出校門，或是責怪自己把印度看得太重，都在在強化了她的寂寞。雖然好好處理這四種情緒，未必能讓瑪格麗特不再感到怨懟、憎恨或寂寞，但在處理這些情緒之

4 關於恐懼與憤怒的交互作用，更詳盡的討論請見Harriet Lerner, *The Dance of Anger* (New York: Harper & Row, 1985).

後，她無疑是鋪好了一條路，也為將來從這些情緒中獲得成長打好了基礎。如此一來，就算以後瑪格麗特感到寂寞，也不會再想自殺，相反地，她可能會轉而關心她寂寞的病人，或是結交新的朋友。

五階段	焦慮、恐懼、憤怒、罪惡感
否認階段	恐懼的對象逐漸明朗，焦慮也因而逐漸減輕。
憤怒階段	處理憤怒後，因外在因素而起的恐懼將會減輕。
討價還價階段	為寬恕設下較少條件時，恐懼與憤怒將會減輕。
沮喪階段	處理罪惡感後，因內在因素而起的恐懼將會減輕。
接受階段	曾讓我恐懼、焦慮的事物，逐漸變成恩賜。 我更願意相信：未來遇上的焦慮、恐懼、憤怒與罪惡感，都能讓我成長。

▼在每個階段，我們都可能遇上新的恐懼與焦慮，但在憤怒與罪惡感獲得處理後，它們也能變成恩賜。

總結治療記憶與心理健康：求祢寬恕我們的罪過，如同我們寬恕別人一樣

不是只有治療記憶有助於克服四種情緒，帶來心理健康，以〈天主經〉（主禱文）進行

祈禱、默想也可以。[5] 這兩種方式都能讓我們重新碰觸自己恐懼、焦慮的時刻，好好處理憤怒（寬恕別人）和罪惡感（寬恕我們），直到那些讓我們恐懼、焦慮的時刻，轉而成為對我們的祝福（祢的國來臨）。[6] 正是這兩種方式，讓瑪格麗特重新檢視讓自己恐懼、焦慮的印度經驗，並藉著原諒別人、原諒自己，來化解對別人的憤怒以及對自己的罪惡感。最後，瑪格麗特真心願意寬恕，也衷心感謝恐懼、焦慮為她開啟了通往神與他人的大門，〈天主經〉及接受階段所應許的國度，真的降臨在她身上了。

無論哪一種方式，我們在真正經驗寬恕的時候，都會由衷感謝那些曾讓我們焦慮、恐懼的事物。治癒是沒有終點的，所以，在一個人藉著寬恕克服四大情緒之後，絕不會說：「好了，治療完畢！」因為他永遠能變得更感恩、更懂得寬恕。治療四大情緒的關鍵，是〈天主經〉與治療記憶都有提到的兩種寬恕：寬恕我們（克服罪惡感），寬恕別人（克服憤怒）。

除了瑪格麗特之外，還有許多人藉著兩種寬恕的力量，走出心理疾病或困擾。以凱特為例，在退學之後，她發現自己很難找到工作，也很難交到好朋友，她也害怕因為自己定不下

5 關於治療造成強迫症的心理創傷，請參考Dennis Linn, Sheila Fabricant Linn and Matthew Linn, *Belonging: Bonds of Healing and Recovery* (Paulist, 1993)。

6 譯注：括號內文字皆為〈天主經〉經文。〈天主經〉全文為：「我們的天父，願祢的名受顯揚；願祢的國來臨；願祢的旨意奉行在人間，如同在天上。求祢今天賞給我們日用的食糧；求祢寬恕我們的罪過，如同我們寬恕別人一樣；不要讓我們陷於誘惑，但救我們遠離兇惡。阿們。」

來，沒人會願意和她結婚。四年前，凱特因此陷入嚴重憂鬱，並兩度試圖自殺。她開始看心理醫生，並在心理治療多年後，發現自己之所以害怕跟人建立親密關係，是因為怕他們像當年的爺爺一樣，拋下自己一個人離去。凱特的爺爺在她四歲時過世，因為他生前非常疼她，他的過世讓凱特倍感孤寂，於是凱特不自覺地告訴自己：「別再愛上任何人了，他們遲早也會離妳遠去。」

不過，雖然凱特透過心理治療發現了這件事，但是幾年下來，她還是沒勇氣改變自己的行為模式。直到有一天，凱特請求耶穌與她和她的爺爺同在，她祈禱說：「我想原諒爺爺拋下我，也請祢寬恕我這麼多年沒善待自己。」接著，她覺得自己與耶穌和爺爺同行，一起到了天父面前，她將爺爺的手放在天父的手上，然後轉身離去。經歷這次祈禱經驗的兩星期後，凱特的心理醫生宣布她完全好了。此後，凱特能與人建立親密的友誼，也能長期做同樣的工作，今年年尾，她也要結婚了。

凱特越是感謝那段無法與人建立親密關係、始終焦慮與恐懼的日子，她就康復得越好。在準備結婚時，她也感謝那段不敢出門、不敢交朋友，只敢成天窩在家裡的日子，因為這讓她練出了烹飪、家務、布置的好手藝。透過治療記憶，基督讓凱特見到了兩種寬恕的力量，重獲心理健康。一位心理醫師說得好：發現寬恕有益於治療心理的重要性，不下於發現盤尼西林能治療肉體。

基督透過兩種寬恕，為人治療記憶、帶來心理健康

基督總是運用兩種寬恕來助人重獲心理健康，不僅對凱特如此，對別人也是如此，當祂顯現給那兩位前往厄瑪烏（以馬忤斯）的門徒時（路加福音24:13-35），祂也為他們做了同樣的事。那兩位門徒為基督的死沮喪不已，他們對未來感到焦慮，也擔心生命從此失去意義，在上路時，他們仍未獲得轉化沮喪的力量。然而，在基督無條件地寬恕了他們、幫助他們克服憤怒和罪惡感之後，他們也得到了轉化的力量。

在與他們同行的時候，耶穌接納了他們的憤怒，他們不但氣司祭長和領袖們處死了默西亞（彌賽亞），也氣先知明顯誤導了他們。此外，基督也知道他們一定會為了自己如此遲鈍而感到罪惡、頹喪（路加福音24:25）。他們也許正捫心自問：「基督當初明明說過他會死，我們為什麼沒聽進去呢？我們為什麼沒勇氣留在耶路撒冷跟其他人一起躲起來呢？」在基督向他們解釋過聖經之後，他們顯然會為自己的遲鈍深感罪惡，不過，他們其實不必為自己的遲鈍而沮喪，因為這將讓他們領受基督的寬恕。

事實上，他們當時已經感受到基督的寬恕了，所以他們邀請祂進了屋子，一起用餐。在祂與他們同坐時，祂讓他們感受到自己被愛，事實上，祂也的確始終愛著他們。最後他們終於發現，即使自己滿腹牢騷、行事也無足稱道，耶穌還是接納了他們，於是他們不再一臉頹喪，反而全心充滿寬恕、欣喜若狂，「隨即動身，返回耶路撒冷」，和那些處死基督的人同在，給予那

些人無條件的愛，一如基督給了他們無條件的愛。

回耶路撒冷的路上，門徒們重新思考默西亞的死。不過，這不再讓他們感到恐懼或焦慮，反而被他們視為祝福，因為這讓以色列對救主有盼望，也讓他們經驗了無條件的愛與寬恕。他們的記憶獲得治癒，歡欣鼓舞地回到了耶路撒冷，回到這個曾讓他們焦慮、恐懼的傷心地。

基督透過兩種寬恕來治療記憶，幫助我們克服潛伏在心理困擾與疾病背後的焦慮、恐懼、憤怒與罪惡感，讓我們重獲健康。在下一章裡，我們將要進一步談到，基督透過兩種寬恕治療記憶之後，不僅能帶來心理的健康，也能帶來身體的健康。

第4章　以治療記憶來治療身體

在一次暑期記憶治療工作坊裡，雅妮絲請我為她祈禱，為她的眼睛傅油[1]。由於視網膜退化，雅妮絲的右眼幾乎看不見了。有些時候，我會忘記耶穌是多偉大的治療者，只會為背痛、關節炎等較簡單的問題向祂祈禱，不會拿失明這種難題找祂。每當我忘記耶穌也是治療者的時候，我的祈禱都會變得特別「屬靈」，我會請上主幫助雅妮絲，讓她因失明而變得更倚靠祂，在祂身上找到光明與生命的方向。雖然我最後終於鼓起勇氣，請求上主醫治她的眼疾，但我也只是私底下這樣祈禱，沒有讓別人發現，因為這樣一來，就沒人知道上主其實沒有回應我的祈禱。

在我為雅妮絲祈禱之後，果不其然，她的視力一點都沒有改善，右眼還是只能模糊地看到一個灰黑色的圓。她的眼睛是十四年前出問題的，當時她跑遍了奧克拉荷馬和堪薩斯兩州，看遍了各個眼科醫生，但每個醫生都跟她說視網膜退化，沒辦法醫治。這十四年來，她還是每年都跑眼科診所，因為一般說來，右眼視網膜退化之後，左眼視網膜也很可能跟著出問題。每一

1 譯注：傅油，天主教聖事之一。以祝聖之油抹於病人或臨終者額部及雙手，以堅定信心、賜予祝福、赦免罪過。

年，醫生都告訴她右眼沒辦法治，而她的左眼也正在惡化。

那次的工作坊為期一週，在我為雅妮絲傅油之後，大家也一起為她祈禱了三天。在大家祈禱時，雅妮絲覺得自己的一段記憶得到了治療：她在四十五年前離家當護士時，父親就不再理她了。在此之前，雅妮絲一直避免碰觸這段回憶，因為她怕這會讓她質疑起自己的人格發展。她怕自己到頭來會發現，因為缺乏父親的鼓勵與支持，她孤寂度日，從而扭曲了人格發展。

第一天祈禱時，雅妮絲告訴上主她有多氣父親放棄了她，以及自己有多自責沒試著修補這段關係。第二天，雅妮絲讓天父進入她的記憶，回到四十五年前她最需要父愛的那一刻，然後擁抱她。雅妮絲感受到天父摟著她，融化了她的孤寂，然後牽著她的手，邀請她把同樣的愛投注在她十五年前過世的父親身上。第三天，雅妮絲繼續試著給她父親更多的愛，也漸漸發現，即使是四十五年前那段不堪回首的記憶，對她來說也是恩賜：正是因為她感受到孤寂，在當護士的這三十八年來，她才會這樣渴望照料那些寂寞、被拋棄的人，也才會這樣渴望藉著祈禱與神建立更深的關係。為此，她深深感激曾讓自己痛苦無比的孤寂。

更驚人的是，她越能藉著天父的眼光看待自己的過去，讓痛苦的回憶得到治療，她的右眼就越能恢復視力。這些變化不是驟然發生的。某一天，她說她能辨別色彩了；另一天，她迫不及待地說她看得到大花，還有布條上的大字了。

在工作坊的最後一天，曾被宣告右眼失明的雅妮絲，只用右眼看著聖經，為我們念了〈馬爾谷福音〉（馬可福音）八章廿二節以下，那段盲人漸漸重見光明的故事。雅妮絲與我們大家分享：在最後那三天，她越是治療父親拋棄她的回憶，她的眼疾就越是好轉。當她開始以新眼光看待這段關係時，她的視力也開始復原。

我不太記得雅妮絲還說了什麼，因為當我知道她真的重見光明時，我震撼到整個人都傻了。我原本以為如果神打算醫治她的話，第一天晚上就會治好她。我滿腹疑問，直到感恩聖事（聖餐禮）之後，才總算想出一個可能的解釋：也許神在工作坊期間醫治雅妮絲，是想讓我們知道，在祈禱身體痊癒時，寬恕和記憶治療都同樣重要吧。幾個月前，我又接到了雅妮絲的來信，再次提醒我記憶治療對她多麼重要：

> 眼睛復原的確十分美好，可是啊，能這麼深刻地治療我和父親的回憶，實在是我所得到的最好祝福，我從沒想過這真的會發生。現在，我由衷感謝神讓我一度失明，因為這樣，我才會去參加您的避靜，也才會讓我的記憶真正獲得治療，真正得到幸福與平安。

雅妮絲與父親的回憶，曾讓她焦慮、恐懼到想徹底遺忘，但現在，卻變成了她「最好的祝福」。這讓我們知道，她的確經驗了極為深刻的寬恕與記憶治療。

我們在這一章裡想探討的是：如何透過克服憤怒與罪惡感來治療記憶，讓我們的身體也獲得治療。很多時候，我們會以「克服憤怒與罪惡感」來指涉寬恕自己與他人的過程，而這個過程，最終能讓我們把過去感到焦慮、恐懼的事物，轉化為難得的祝福。因此，「克服憤怒與罪惡感」也就是克服焦慮、恐懼、憤怒與罪惡感等四大情緒。以下將逐一探討基督宗教傳統、醫學以及我的個人經驗，從中發現「克服憤怒與罪惡感」能帶來身體健康的例子。我們會發現，雅妮絲的神奇經歷，其實比比皆是。

基督宗教的觀點

雖然雅妮絲重見光明讓我驚訝不已，但上千年來，教會其實一直堅信治療記憶可以治療身體。教會初興之時，耶穌光是赦免一位癱子的罪，就能讓他重新行走（馬爾谷福音 2:1）；教會今日談及病人傅油聖事（sacrament of the sick）時，也總會強調原諒人（克服憤怒）與被原諒（克服罪惡感）的重要性。

關於病人傅油聖事，教會鼓勵我們不只以此幫助病人善終，也要像早期教會一樣，以此聖事治療病患的身體。在雅各伯（雅各）論及祈禱、寬恕可以讓身體恢復健康時，即已提到病人傅油聖事與傅油：

> 你們中間有患病的嗎？他該請教會的長老們來；他們該為他祈禱，因主的名給他傅油：出於信德的祈禱，必救那病人，主必使他起來；並且如果他犯了罪，也必得蒙赦免。所以你們要彼此告罪，彼此祈禱，為得痊癒。義人懇切的祈禱，大有功效。（雅各伯／雅各書 5:14-16）

在建議信友彼此祈禱、彼此告罪時，雅各伯實則提醒了我們基督無條件的愛，那樣的愛能讓人獲得被寬恕的信心，讓人克服憤怒與罪惡感。也就是說，傅油禮所援引的力量，也正是雅妮絲在治療記憶、治療身體時，所接受的同一股力量。

我們可以從早期教會文獻中發現，祈禱、傅油在當時相當普遍，也常能讓人恢復身體健康。希波里（Hippolytus, 250）曾寫到，當時的人在奉獻時，除了獻上麵包、葡萄酒之外，也會獻上傅油用油。[2]信友們會帶油回家，在寬恕彼此後為病人傅油祝福。另一方面，聖金口若望（St. John Chrysostom, 410）也曾抱怨他沒油點燈，因為信眾們都把油拿去給病人了。[3]此外，聖宜仁（St. Irenaeus, 150）、聖義範（St. Ephrem, 350）、聖該撒(St. Caesar, 502)、聖伯達(St. Bede, 735)，還有許許多多的人，都曾見證在藥石罔效之後，傅油讓病患再次痊癒。[4]

在八世紀之前，所有文獻都認為傅油禮是為了讓病人康復，而非為他們做好臨終準備。[5]原本目的是讓病患康復的聖事，為什麼後來會演變成讓病人獲得善終？這得從人們對「彼此告罪」（雅各伯書 5:16）的理解改變說起。

最初幾世紀，盼望身體痊癒的人會彼此告罪、相互傅油。教會許可兩種形式的傅油禮：一

2 Hippolytus, *Apostolic Constitution*, V: 11, 27.
3 Morton Kelsey, *Healing and Christianity* (New York: Harper & Row, 1973), 177.
4 Irenaeus, *Contra Haereses* II: 32, 4-5; Ephrem, *Sermo* 46; Caesar, *Sermo* 52, 5; Bede, *in Marci Evangelium Expositio* 2, 6.
5 Placid Murray, O.S.B., "The Liturgical History of Extreme Unction," in *The Furrow*, XI (1960), 573, citing Antoine Chavasse, Etude II (unpublished) 210.

種是私人傅油禮，可由病患本人或其親屬以祝聖過的油進行；另一種是禮儀傅油禮（liturgical anointing），需由神父或主教主禮。在八世紀之前，信徒不僅可以進行傅油禮，也被鼓勵這樣做。但在八世紀之後，傅油禮則限制需由神父主禮。[6]

這種發展的部分原因，是人們開始把「告罪」理解成正式向神父辦告解。而在當時，神父通常會要求告解者為補償罪過而進行嚴格的苦行，甚至可能要求他們終生守齋或禁欲。由於贖罪方式如此嚴苛，所以人們通常等到奄奄一息了，才向神父「告罪」、領受傅油。於是在八世紀後，為肉體康復所舉行的傅油禮越來越少，因為到了那時，人們通常都是在放棄生存希望後，才向神父懺悔、領受傅油。

第二次梵蒂岡大公會議時，教會呼籲讓病人傅油聖事恢復傳統，不只在臨終時進行，也要以此治療身體。[7]新禮儀延續了教會傳統：在為病體康復祈禱前，需先行懺悔禮。這禮儀同樣也用了〈天主經〉（主禱文），經文強調上主的國度中有無盡的寬恕，因此，即使是雅妮絲被父親拋棄的痛苦，都能在那得到化解。

藉著在新的病人傅油聖事中納入寬恕禮與〈天主經〉，教會再次重申了治療記憶（克服憤怒與罪惡感）與治療身體息息相關。[8]而在另一方面，雅妮絲的故事也的確讓我們看到兩者緊緊相連。在我剛為雅妮絲傅油時，她的眼疾一點都沒改善，因為在康復之前，她得先透過記憶治療，體驗〈天主經〉、聖經以及教父們都極為看重的那個恩賜——寬恕。

醫學的觀點

不僅教會，醫學界也認為治療記憶能讓人克服憤怒與罪惡感，加速身體的復原。不過，我們要先認識憤怒和罪惡感對身體的影響，才能瞭解卡爾．西蒙頓（Carl Simonton）醫師如何藉著處理憤怒和罪惡感來治療癌症，梅爾．費德曼（Meyer Friedman）醫師又如何藉著處理憤怒和罪惡感，來讓心臟病患者重獲健康。

◆戰或逃（Fight-Flight）都有害身體

一九一四年，華特．坎能（Walter Cannon）醫師發表論著，敘述拒絕處理憤怒與恐懼會如何造成身體疾病。[9] 坎能醫師把一隻貓放在吠叫的狗旁邊，並觀察、記錄貓的生理變化，這項實驗首開先河，讓其他醫生也開始觀察身體對恐懼、憤怒有何反應。坎能醫師發現，雖然憤

---

6 Jean-Charles Didier, "Death and the Christian," *Twentieth Century Encyclopedia of Catholicism*, LV (New York: Hawthorn, 1961), 46.

7 Abbott, *op. cit.*, 161. 中譯本為《梵蒂岡第二屆大公會議文獻》〈禮儀憲章〉（天主教教務協進會出版社，1975，中國主教團秘書處編譯），73號，頁172。

8 *Pastoral Care of the Sick: Rites of Anointing & Viaticum* (New York: Catholic Book, 1983).

9 W.B. Cannon, "The Emergency Functions of the Adrenal Medulla in Pain and Major Emotions," *American J. of Physiology*, 33 (1914), 356.

怒讓人想「戰」，恐懼令人想「逃」，但兩者都會挑動自律神經系統，造成生理變化。[10]舉例來說，在血液暫停流向腸胃之後，消化、吸收、排泄等作用將隨之中止。[11]另外，無論是選擇戰或逃，血液都會大量湧向大腦、心、肺以及肌肉。心、肺會作用得更迅速，支氣管則會放鬆，好讓更多氧氣進入。血液同樣會發生許多變化：脾臟釋出更多白血球，以便一旦受傷能立刻抵抗感染；血小板的數目也一併增加，好隨時止住傷口流血。近來，醫師們還觀察到更多生理變化，讓坎能醫師的清單不斷加長，例如漢斯．塞利（Hans Selye）醫生就觀察到腦下垂體及腎上腺素的變化。[12]在準備戰鬥或逃跑時，一個健康的身體會發生這些生理變化，好讓自己能隨時做出反應。準備打蚊子時是如此，準備躲蜜蜂時也是如此。不過，戰或逃機制原是為了因應短期緊急事件而存在，如果身體長期處在這種狀態，反而會發生損害。

無論我們有沒有意識到，只要處在會讓自己恐懼或憤怒的環境，戰或逃機制就會啟動。測謊機就是根據同樣原理設計的。無論我們是否記得一件事，或是已經將它深埋於潛意識中，在接收到刺激時，引發的情緒都會造成相應的生理變化，而測謊機便藉著偵測這些變化，判斷一個人是否說謊。隨著對不同環境的不同感受，我們可能在與丈夫吃早餐時、向上司報告時，甚至是抽著雪茄吞雲吐霧時，都不知不覺地將戰或逃機制內化。最後，若是我們把恐懼和憤怒深藏起來、不去處理，原本為了因應緊急事件而存在的戰或逃機制，遲早會造成情緒崩潰。接著，我們可能會罹患大小疾病，小至便秘（消化、吸收、排泄中止）、大至心臟病（血壓始終升高），端視崩潰的主因為何而定。

長期開啟戰或逃機制所造成的身體傷害，可能是讓數千萬名美國人罹患高血壓的主因。而高血壓不僅每年奪走六萬人性命，更間接讓數百萬人因中風或其他心血管疾病死亡。[13]

◆多數疾病皆由憤怒和罪惡感引發

壓力環境引發的憤怒與罪惡感，不僅會啟動戰或逃機制，也會造成許多生理反應。如果我們一直將憤怒與罪惡感置之不理，遲早會導致高血壓及其他疾病。

在過去，人們普遍認為憤怒和罪惡感頂多導致頭痛、潰瘍，並不會引起什麼大病，所以總是把心臟病歸咎於抽煙、運動不足或膽固醇過高等原因，也總是相信癌症跟種種致癌物質有關。但現在，由於梅爾・費德曼醫師對心臟病的研究，[14] 以及卡爾・西蒙頓醫師對癌症的研

---

10 坎能提到，生理變化若過於劇烈，甚至可能造成死亡。今天，的確也有些人被強迫退休後不久就過世了。Larry Dossey, M.D., *Meaning & Medicine* (New York Bantom, 1991) 57-61.

11 Walter Cannon, *Digestion and Health* (New York: Norton, 1930)

12 Hans Selye, *The Stress of Life* (New York: McGraw-Hill, 1956).

13 Coleman, *op. cit.*, 273.

14 見Meyer Friedman and Ray Rosenman, *Type A Behavior and Your Heart* (Greenwich: Fawcett, 1974). 雖然費德曼醫師認為，總是逼自己趕快做這做那，是A型性格的主要成因，但杜克大學醫學中心（Duke University Medical Center）雷德福・威廉斯（Redford Williams）醫師後來的研究卻發現，過度在意時間的人常有的敵意、不信任與憤怒，應該才是A型性格的主要成因。請參考Chris Raymond, "Distrust, Rage May Be 'Toxic Core' That Puts 'Type A' Person at Risk," *J. of Am. Medical Association*, 251:6 (1989), 813.

究，[15]醫師們漸漸瞭解，人之所以罹患癌症、心臟病及其他疾病，和不妥善處理憤怒和罪惡感有很大的關係。

醫師們現在認為，除了因車禍、跌倒、輻射等種種意外引起的創傷，我們大多數的身體損害，都跟憤怒和罪惡感脫離不了關係。由於醫師們已經知道大多數身體疾病都跟情緒壓力有關，所以他們不會再問「這個病跟情緒壓力有沒有關係？」反而會想更精確地知道「這個病跟情緒壓力有多大關係？」哈佛臨床心理師席佛曼（Silverman）有長達廿五年的身心醫療經驗，他非常肯定，只要生病，一定跟壓力多少有關。席佛曼醫師也認為，將憤怒、罪惡感等負面情緒置之不理，就是最重要的壓力警訊。[16]

◆身體疾病：憤怒、罪惡感與其他因素

你一定想問：疾病不是細菌造成的嗎？怎麼會是憤怒和罪惡感呢？其實，疾病發生有很多原因，不只是細胞因素而已。高血壓和鐮形細胞貧血，不就跟遺傳因素大有關係？氣喘和類風濕性關節炎，不也和氣候因素息息相關？此外，環境因素如豚草、花粉，也會引發過敏，致癌物則導致癌症。上呼吸道感染常併發支氣管炎和氣喘。而當然，疾病有時的確是細菌所致，例如肺結核是結核桿菌引起，喉嚨發炎也往往跟鏈球菌有關。

除了上述種種因素外，缺乏運動與休息不足也跟疾病息息相關。總而言之，疾病不是單一因素造成的，光是憤怒和罪惡感，也無法引發疾病。因此，即使醫師認為某種疾病是由情緒壓

力所引發的，他們的意思也不是說情緒壓力是唯一的病因。[17]

壓力就跟飲食、病毒、細菌和其他因素一樣，是引發戰或逃機制和其他生理反應的必要條件之一。即使是病毒或細菌感染那麼「客觀」的疾病，情緒因素都有可能減緩或加重病情。例如緊張和挫折會降低免疫力，讓細菌或病毒有機可趁。

醫師們已經發現，即使兩個人帶原相同細菌，或是呼吸相同的污染空氣，也有可能一個人生病、另一個人沒事。就算是基因相同、可能罹患特定疾病的雙胞胎，也常常一個罹病、一個倖免。一般說來，發病的那位常常身處情緒壓力之中，且對憤怒、罪惡感或恐懼等感受置之不理。

對小感冒的研究也發現，解除情緒壓力能讓人更健康。為了避免感冒，很多人試過調高室溫、控制飲食、多休息、多運動，但都徒勞無功。然而你知道嗎？度蜜月可能是避免感冒的最佳方案。有些研究發現，蜜月中的新婚夫婦感冒率最低。你也許會想：新婚夫婦成天黏在一起，不是更容易傳染細菌嗎？但是，當人們沈浸在幸福中時，一切的恐懼、憤怒和罪惡感都被

---

15 O. Carl Simonton, M.D., et al., *Getting Well Again* (New York: Bantam, 1980). 欲進一步瞭解如何透過處理情緒治療癌症，請參考Bernard Siegel, M.D., *Love, Medicine and Miracles* (New York: Harper & Row, 1986).

16 Patrick Young, "Cancer and Personality: Can They Be Connected," *The National Observer*, 15:14 (April 3, 1976), 16-17. 在本文中，楊（Young）引述了席佛曼醫師的研究。關於壓力如何導致疾病，請參考Blair Justice, *Who Gets Sick: Thinking and Health* (Houston: Peak, 1987). 關於疾病與治療之中身、心、靈的深層整合，請參考Deepak Chopra, *Quantum Healing* (New York: Bantom, 1989).

17 關於情緒及其他因素如何相互作用而引發疾病，請參考Justice, *op. cit.*

拋諸腦後，健康狀況也會隨之提升。

這些研究在在說明了情緒與疾病很有關係，我們雖然未必要全然接受，卻也不能全盤否認。治療疾病不能顧此失彼，要把所有的因素全都考慮進去。在治療癌症病患時，我們不能光是處理他的憤怒，也要設法除去他環境裡的致癌物；同樣地，我們不能光是把氣喘或類風濕性關節炎病患送到溫暖的地方，卻對他們的憤怒與罪惡感視而不見，畢竟，情緒問題也可能讓他們胸悶、行動不便。如果病人的憤怒與罪惡感沒有處理，可能在動完潰瘍手術一年之後，又被診斷出胃癌或其他疾病。

既然將憤怒、罪惡感等情緒壓力置之不理，會造成身體疾病，那麼可以想見的是，處在情緒壓力中的人，會比一般人更容易生病。霍姆斯（Holmes）醫師及其團隊，已經證明了這一假設。

◆情緒壓力會引發身體疾病

你對什麼事最感到壓力？霍姆斯醫師列了四十多種情境，如「失業」、「性功能障礙」、「生病」等等不一而足，皆是會讓人產生壓力的重要變化。經調查之後，霍姆斯醫師發現：最會讓人感到壓力的變化是喪偶，其次則是離婚。[18]

霍姆斯醫師接著為這些壓力情境標出「衝擊度」（scale of impact），例如喪偶的衝擊度是一百，離婚是七十三，較小的壓力情境如「小違規」則是十一。後續追蹤調查發現，近幾個月衝擊度達三百以上的人，未來兩年罹患重大疾病的比率高達八成。

舉例來說，喪偶一年內的寡婦、鰥夫，生病、死亡的機率為同年齡層人口的十倍；離婚一年內的離婚者，生病的機率較已婚者高十二倍。霍姆斯列出的壓力情境，皆與人生變化有關，而變化總是會激起相應的感受。讓人情緒壓力最大的變化，也最容易激起焦慮、憤怒與罪惡感等種種感受。

情緒壓力的判準之一，是看焦慮、恐懼、憤怒與罪惡感的程度多高。我們越是對變化感到無能為力（焦慮），越是覺得沒人克服得了它（恐懼），越是覺得明明有人能阻止它發生、卻坐視不理（憤怒），越是覺得自己原本能改變這件事、卻讓機會白白溜走（罪惡感）——結果就是，我們越是感到壓力。[19]

有些情境之所以讓人更感壓力（如喪偶、離婚），是因為我們曾投入更多情感。投入的情感越多，事情發生變化時就更易感到焦慮、恐懼、憤怒與罪惡感。不過，並不是每個承受強烈情感壓力的人都會生病。因為一旦開始面對、處理焦慮、恐懼、憤怒與罪惡感，情緒壓力便能漸漸獲得解決，從而減少戰或逃等生理反應，降低生病的可能性。

如果情緒壓力一直未獲解決，會怎樣使人罹患疾病？為了讓讀者更清楚瞭解其中的關連，我們接下來會把焦點放在癌症和心臟病上。越來越多的醫生開始懷疑，如果一個人沒有情緒壓

---

18 Thomas Holmes and Richard Rahe, "The Social Readjustment Scale," *J. of Psychosomatic Research*, 11 (April, 1967), 213-18.

19 Coleman, *op. cit.*, 120.

力，那他還會不會只因為致癌物就罹患癌症？或是只因為暴飲暴食、缺乏運動，就罹患心臟病？梅爾．費德曼、雷．羅森曼（Ray Rosenman）和卡爾．西蒙頓等三位醫生，都有同樣的疑問。前兩位醫生發現情緒壓力常是引發心臟病的重要因素，西蒙頓醫生則認為情緒壓力與癌症息息相關。

◆心臟病

心臟病是美國人最常見的死因。一九六〇到六一年，費德曼與羅森曼開始了一項對三千五百名健康人士的研究，試圖歸類心臟病的成因。[20]

十年過後，三千五百名受訪者中，有兩百五十名罹患了心臟病。在回顧這些病患的紀錄時，兩位醫生發現，無論從飲食或運動習慣分析，都難以預料他們有一天會罹患心臟病。不過，「A型性格」似乎提供了兩位醫師一點線索。他們發現：沒有A型性格的人，七十歲前罹患心臟病的機率微乎其微；但具有A型性格的人，往往才三、四十歲就罹患了心臟病。[21]

☆情緒壓力中的罪惡感與憤怒會引發心臟病

由於A型性格的人，總是趕著在很少的時間裡做很多的事，因此醫生們也將心臟病視為「匆忙病」（hurry sickness）。這種類型的人無論在寫作、吃飯或是睡覺時，都持續地給自己時間壓力。我自己其實也有這種傾向。像現在，我就因為發現前兩天只寫了四頁而有些罪惡感，所以今天一天想趕出五頁。我常常覺得自己進度落後，可能趕不上截稿日期，但事實上，截稿日期根本是我自己不切實際亂定的。

像我這種A型性格的人，連吃頓午飯都想趕。我們會快步走出辦公室，衝過快紅燈的街，超過散步的老人，一邊還不時看看錶。好不容易走到自助餐店排了隊，會不耐煩地隨時偷瞧是哪個傢伙拿菜那麼慢？我們這種人還有不少是連隊都不想排，一看到人潮就直接走開，看看旁邊有哪家店能更快解決一餐。

要是跟人一起吃飯，我們會急著把話題拉到自己感興趣的部分，如果成效不彰，就開始搶人家的話，或是胡亂點頭稱是，趕著人家講快一點。在盡快滿足自己的野心、敵意與競爭意識後，我們會很驕傲這麼有效率地解決了一餐，然後滿意地回去工作。一坐上辦公桌，則是迫不及待地想把工作趕快做完。總而言之，A型性格的人熱愛做完事情的那一刻，卻不怎麼享受做事的過程。

A型性格之下，通常隱藏著四個膿瘡：焦慮、恐懼、憤怒與罪惡感。換句話說，如果我們無法克服這四種情緒，遲早也會變成A型性格。這四種情緒越強，一個人越可能趕著闖黃燈、或是狼吞虎嚥解決一餐。不管是焦慮事情無法順利進行，或是恐懼身上的沉重責任，都有可能讓我們變成沒耐心排隊的那一種人；而無論是氣別人讓事態惡化，或是對自己放任錯誤發生感到自責，

20 Friedman & Rosenman, *op. cit.*, 80.

21 出處同前，頁9。

也都有可能讓我們嫌人家拿菜太慢。人一旦變成A型性格，會對浪費時間變得異常敏感。

A型性格的相反是健康的B型性格。A型性格的人總是在生氣，也總是在與時間、他人競爭。[22] B型性格的人則很少生氣，或根本不生無謂的氣，而且很享受跟別人一起度過大好時光。[23] B型的人跟A型的人不同，他們在工作時不感到憤怒，在放鬆時也沒有罪惡感。A型性格的人很容易得心臟病，B型性格的人則很少得心臟病。

由於A型性格的人總是處在情緒壓力之中，可以想見的是，他們比B型性格的人更容易生病。事實上，六十歲以下罹患心臟病的病患中，有高達九成屬於A型性格。另一方面，除了極少數例外，B型性格的人即使抽煙、肥胖，愛吃高脂、高膽固醇的食物，甚至雙親都有心臟病史，也幾乎不會在早年罹患心臟病。簡言之，各種證據讓醫師們漸漸相信：心臟病就跟其他疾病一樣，不只跟飲食、運動有關，也跟情緒壓力息息相關。[24]

☆處理憤怒與罪惡感來治療、預防心臟病

由於情緒壓力常是引發心臟病的重要因素，費德曼和羅森曼兩位醫師發現，透過處理憤怒與罪惡感，可以加速治療過程，甚至預防心臟病發作。因此，他們現在把「對治憤怒」也當成治療的一部分，協助病患「找出對人的敵意，並評估敵意的嚴重性」。[25] 此外，他們也建議病患好好處理自己的罪惡感，請他們「嚴格檢視自己的倫理與道德標準。問問自己做人是否誠實？有多常作弊、說謊或作假見證陷害鄰人？如果做過這些事，又是在什麼情況下做的？」[26]

在處理憤怒與罪惡感的過程中，費德曼和羅森曼也認識到治療記憶的重要性。他們建議運用理性的力量，好好檢討那種把每件事都當作在找自己麻煩的傾向。去除情緒壓力與A型性格的重要關鍵，在於用「大量愉快的回憶」取代那些惱人的回憶。[27]所謂「愉快的回憶」，可能是讓你快樂的過往回憶，也可能是已被治癒、讓你現在覺得是恩賜的那段過去。

☆戰或逃反應會引發心臟病

情緒壓力不是疾病的唯一成因，也不是心臟病的唯一成因。在治療過程中，費德曼和羅森曼醫師不僅要協助病患處理情緒問題，也要敦促他們運動、控制體重與飲食，因為他們發現，一個人一旦有A型性格，其他致病因素的危險性也會驟然升高。舉例來說，雖然高膽固醇不會

22 出處同前，頁102。
23 出處同前，頁103。
24 出處同前，頁80。
25 出處同前，頁218。心臟專家迪恩．歐尼許（Dean Ornish）為A型性格心臟病患開設了廿四天的壓力管理課程。課程結束後，研究者在患者身上發現顯著改變：參加患者膽固醇下降兩成，與冠狀動脈疾病相關的心絞痛則降低了九成。Dean Ornish, et al., "Effects of Stress Management Training & Dietary Changes in Treating Ischemic Heart Disease," *J. of Am. Medical Assn.*, 249:1, 54-59.
26 出處同前，頁219。
27 大多數心臟病發時間是星期一上午九點——每週第一天上班，與工作相關的負面記憶全跑出來時。這也是中風最常發作的時間，猝死率更是凌晨五點的整整兩倍（凌晨五點是猝死率最低的時間）。請參考Dossey, *op. cit.*, 62-65.

給B型性格的人帶來多大危險，卻會讓A型性格的人更易心臟病發——高膽固醇必須結合其他戰或逃的生理反應（如腎上腺素、正腎上腺素升高），才會對動脈構成傷害，[28]而A型性格的人，則是動輒就啟動戰或逃機制。

雖然費德曼和羅森曼將情緒壓力與飲食、抽煙、運動、遺傳等因素並列，一同視為心臟病的致病因素，但這種主張其實跟美國心臟學會（American Heart Association）所持的傳統看法不合。然而，即使是美國心臟學會，也沒有斷然否定費德曼和羅森曼醫師的觀點。此外，也有不少醫師肯定費德曼對A型性格的研究，例如心血管疾病教授亨利．羅塞克（Henry Russek）。

經過二十年的研究，羅塞克教授發現，有高達百分之九十一的病人，在心臟病發作時正承受著巨大壓力，有的正做著兩三份工作，有的每週工作超過六十小時，有的工作遇上重大瓶頸，正遭受極大的挫折與不安。從比較的角度來看，雖然百分之九十一心臟病發的人正承受這些壓力，一般大眾卻只有百分之二十正承受同樣的壓力。另外，雖然羅塞克發現心臟病患和一般人承受的壓力輕重有別，但在運動、飲食、抽煙等方面，兩組人的差別並不大。[29]

除此之外，羅塞克也研究了長期啟動戰或逃機制會對身體造成什麼傷害，他的結論和費德曼一樣：高膽固醇、高血壓、糖尿病、運動不足及其他因素「影響有限」，反倒是戰或逃機制的某些反應影響健康甚鉅。[30]

依照羅塞克與費德曼的看法，如果治療心臟病只關注飲食、運動或戒煙，卻不處理情緒壓力，那麼治療就不夠全面。畢竟，許多心臟病患並沒有飲食、運動等問題，但幾乎所有心臟病患都有情緒壓力，也都有憤怒、罪惡感等問題需要處理。

簡單說來，不管是費德曼、羅森曼或羅塞克的研究，都不約而同地指出：藉著處理憤怒與罪惡感，我們能預防、治療心臟病。而藉著治療記憶，我們能克服憤怒、罪惡感，減少心理壓力，並改善不斷啟動戰或逃反應的A型性格。

◆癌症

費德曼和羅森曼醫師的研究發現，處理憤怒與罪惡感對心臟病患很重要；同樣地，卡爾・西蒙頓醫師和史蒂芬妮・瑪竇—西蒙頓（Stephanie Matthew-Simonton）也發現，處理憤怒與罪惡感對癌症病患非常重要。

---

28 剛開始時，是動脈壁遍佈膽固醇。膽固醇不會輕易剝落，且在動脈壁上凝結成斑（plaque）。戰或逃機制啟動時，神經系統讓腎上腺素與正腎上腺素大量釋放，它們加速了血液凝結物沈澱，讓動脈壁上的斑變大，並讓供給動脈及膽固醇斑養分的毛細管縮小。於是附著於動脈壁上的斑漸漸壞死、剝落，造成生命威脅。請參考Friedman & Rosenman, op. cit., 199-206.

29 Henry Russek and Linda Russek, "Is Emotional Stress an Etiologic Factor in Coronary Heart Disease?" *Psychosomatics*, XVII:2 (1976), 63. 另一項研究發現：心臟病最顯著的徵兆，並不是大家熟悉的那幾項身體風險（如抽煙、高血壓、高膽固醇、糖尿病），而是工作滿意度。請參考Dossey, op. cit., 63.

30 Russek, *op. cit.*, 66.

☆情緒壓力中的罪惡感與憤怒會引發癌症

卡爾．西蒙頓醫師是沃斯堡（Fort Worth）的腫瘤醫師，史蒂芬妮為其夫人。這對賢伉儷發現，癌症通常都在離婚、退休、喪偶等壓力情境發生後六到十八個月爆發。[31] 此外，正如A型性格是心臟病患的特徵，西蒙頓醫師也發現，癌症病患常有四種特質。

第一個特質是「常感憤慨，明顯缺乏寬恕能力」，亦即憤怒，難以寬恕別人。第二、第三個特質分別是「時常自憐自艾」、「自我評價極低」，亦即罪惡感，難以寬恕自己。最後，要是一個人既無法寬恕別人、也無法寬恕自己，就也很難信任別人，於是出現了第四個特質：「拙於發展、維繫有意義的長期關係」。[32]

這四種特質顯示：容易得癌症的人，常陷於憤怒和罪惡感之中。換句話說，有癌症傾向的病人較易產生情緒壓力，較易啟動可能引發癌症的生理反應（如戰或逃機制）。

西蒙頓的一名患者，在孩子畢業離家後不久就罹患了乳癌，在她身上，這四種特質和戰或逃症候群表現得相當明顯。同樣是面對空巢期，她的丈夫是以拼命工作來處理情緒壓力，她卻始終找不到出口。於是，她覺得別人不關心她（憤怒），也覺得自己活得毫無價值（罪惡感）。這些感受不斷啃噬她的心靈，不久之後，她的身體也開始啃噬自己。

☆處理憤怒與罪惡感來治療、預防癌症

在治療和這位乳癌媽媽一樣的病患時，西蒙頓醫師會同時結合例行治療（如化療、放射線

治療）與心理治療。西蒙頓伉儷之所以堅持合併心理治療，是為了處理情緒壓力裡的憤怒與罪惡感。從心理治療開始到結束，他們運用了很多步驟循序漸進，而我們認為，這對治療記憶是很有幫助的。

開始進行心理治療時，他們會先請病人回想一下，在罹患癌症前六到十八個月所遭受的心理壓力與創傷。接著，他們會讓病患以兩種方式處理憤怒與罪惡感：首先，他們鼓勵病人思考尚未發現的壓力情境，並改變其中自己能改變的部分；其次，他們鼓勵病患以另一種眼光，重新看待自己無法改變的事物。

舉例來說，這位癌症媽媽可以試著改變面對憤怒與罪惡感的方式。也許她氣丈夫忙著工作，忽視自己的需要，也自責沒盡好家庭主婦的責任，忽視了丈夫的需要。在心理治療中，她可以跟丈夫討論一下他的工作模式，看他能不能適度減少一下工作量。同樣地，這位先生也能告訴太太，她能怎樣讓家裡住起來更舒服。

除了改變自己能改變的部分之外，癌症病患也能試著用另一種眼光，重新看待自己無法改變的壓力情境，藉此來克服憤怒與罪惡感。舉例來說，也許這位媽媽之所以憤怒，是因為孩子離家之後就不再跟她聯絡了。但西蒙頓伉儷認為，即使這孩子以後真的不再跟她聯絡，她還是能用不同的方式面對憤怒，從而解除自己的情緒壓力。在治療過程中，西蒙頓伉儷會協助病

31 Simonton & Simonton, *op. cit.*, 30.

32 出處同前，頁31.

人，為自己的憤怒與罪惡感找出創造性的出口。舉例來說，這位媽媽可能在孩子離家後感到寂寞，也覺得自己一無是處，但換個方式來做，她也可以收養一個孩子，或是去當照顧孩童的志工，如此一來，她那寂寞、一無是處的感受就有了創造性的出口。在一個人願意面對自己的憤怒與罪惡感、並為它們找到創造性出口後，憤怒與罪惡感就不再能傷害身體了。

「改變能改變的」、「換個角度看」是西蒙頓伉儷協助病人克服憤怒與罪惡感的方法，在此同時，他們也用這兩種方法助人治療記憶。西蒙頓伉儷發現，那些能善用方法、成功克服憤怒與罪惡感的人，通常都能「找到出口，擊敗讓生命失去意義的事件」。[33]透過克服憤怒與罪惡感，以及治療記憶，西蒙頓伉儷的病人常常能讓身體恢復正常機能，擊退癌細胞。

☆戰或逃反應會引發癌症

羅伯．古德(Robert Good)醫師認為，我們體內的癌細胞每天都在增長，也每天都被擊退。在一部由美國癌症學會（American Cancer Society）出資的影片裡，我們可以看到這場日日進行的體內戰爭，看到白血球如何盡責地攻擊、消滅身體裡的癌細胞。[34]然而，是什麼阻礙了身體的自衛過程，讓癌細胞得以耀武揚威？醫師們認為，啟動戰或逃反應的情緒壓力，是其中的重要因素。喬治．所羅門（George Solomon）醫師更主張「壓力」賀爾蒙降低了癌細胞抗體。[35]另一方面，卡爾．西蒙頓醫師則把焦點放在腎上腺素：

在面臨壓力時，腎上腺素為人做好身體準備，亦即戰或逃的準備。但如果人的身體、情緒遲遲不回應這種準備，讓腎上腺素繼續空轉，組織細胞便會開始損壞。[36]因情緒壓力而產生的壓力賀爾蒙，便是如此阻礙了身體消滅癌細胞的正常過程。

西蒙頓伉儷舉證歷歷，說明情緒壓力與惡性腫瘤相互影響極大。而且，他們的論點也得到了許多研究支持：不僅羅徹斯特大學醫學中心（University of Rochester Medical Center）的威廉・格林（William Greene）醫師在研究同樣問題十五年後做出了相同結論，調查了五百名肺癌患者的蘇格蘭醫師大衛・紀森（David Kissen）、美國心理學會（American Psychological

---

33 Jeanne Acterberg, Stephanie Matthews, and O. Carl Simonton, "Psychology of the Exceptional Cancer Patient: A Description of Patients Who Outlived Predicated Expectancies," *Psychotherapy: Theory and Research and Practice* (June 21, 1976), 13-14. 李奧納德・德洛迦提斯（Leonard Derogatis）的研究也證實了這一點。他發現，感受、表達出較多憤怒、恐懼、沮喪與罪惡感的乳癌患者，比很少流露這些情緒的患者活得更久。請參考Siegel, *op. cit.*, 104. 另外，史丹佛大學醫學院（Stanford U. Medical School）大衛・史匹格爾（David Spiegel）教授曾以十年時間追蹤了86名乳癌患者，結果發現：有參加團體治療及自我催眠課程、積極處理情緒問題的患者，活得比僅接受傳統治療的患者長兩倍。見D. Spiegel, et al., "Effects of Psychosocial Treatment on Survival of Patients with Metastic Breast Cancer," *Lancet* (Oct. 15, 1989).

34 由美國癌症學會製作的影片「備戰的細胞」（The Embattled Cell）已出品多年，至今已放映三千餘場。

35 關於羅伯・古德醫師與喬治・所羅門醫師的研究簡介，請參考Kelsey, *op. cit.*, 216.

36 Acterberg, Matthews & Simonton, *op. cit.*, 14.

Association）的健康研究團隊，還有兩百多篇醫學論文，都在在肯定了西蒙頓伉儷的主張。[37]

◆大多數疾病都是自己促成的

西蒙頓伉儷認為，從癌症、流感到胃痛，就大多數疾病來說，我們都不是外在病源的無辜受害者。相反地，人的心理、情緒、身體緊緊相連、一同運作，無法單獨分割。西蒙頓伉儷建議，在生病之時，不妨問問自己，為什麼需要生這場病？這場病的目的又是什麼？在為生病負起責任的同時，我們也承認了自己在身、心兩方面都促成了這個疾病（就像我們已經提過的，情緒壓力可能引發從胃痛到癌症等種種問題）。[38]

我很欣賞西蒙頓伉儷的種種看法，唯獨對「大多數疾病都是自己促成的」這點，覺得難以認同。這個論調讓我有罪惡感，我會覺得是因為自己很差勁，累積了一堆不健康的憤怒和罪惡感，才落了個胃痛的下場。

西蒙頓療法的主要問題，在於忽視了一個事實：大多數病人就跟我一樣，對承擔疾病責任會感到猶疑。然而，在西蒙頓接受癌症病患之前，還是會希望病患先有自覺，知道自己必須對促成疾病負起責任。[39]西蒙頓伉儷其實也注意到了這個盲點，他們發現病患不喜歡承認自己有責任，因為如此一來，他們會覺得人家在指責自己：「得了癌症，代表你一定很差勁。」

西蒙頓伉儷澄清說，癌症或其他疾病並不是在指責病人，也不是在指責任何一個人。一個人會生病，代表的是他自己和其他人沒照顧好他，特別是沒為他應付好壓力情境。而情緒壓力如果沒有解決，身體便會發生變化：不是感冒來避開工作、考試，就是心臟病發來讓自己停下腳步，甚至罹患癌症，好讓我們結束生命。每個人都有情緒需求，而當我們沒照顧好自己或他人時，身體便自動反應，以癌症或其他疾病來表現這些需求。不過，即使知道要為我的胃痛負責的不只是我一個人，我還是拋不去「自己很差勁」這種感覺。

讀了西蒙頓伉儷的著作後，我在理論上能接受自己和其他人促成了大多數疾病。舉例來說，我能瞭解西蒙頓伉儷如何透過心理治療，幫一位媽媽發現了自己的身體早已知道的事——亦即，她需要生病的理由。在心理治療過程中，這位媽媽發現，長期以來，她情感上的失落、覺得自己一無是處的感受，原來一直在啃噬自己，而到後來，則是疾病開始啃噬她的身體。她漸漸明白，她的身體之所以會罹患癌症，可能是為了引起工作狂丈夫的關心，也可能是為了要結束她那寂寞、毫無價值的生命。癌症開始出現、啃噬我們生命的時候，常常都是我們承受極大情緒壓力，甚至質疑起自己生命價值的時候。[40]

---

37 關於威廉・格林、大衛・紀森與美國心理學會的研究簡介，請參考Young, *op. cit.*, 16. 關於那兩百篇相關醫學論文，請參考Acterberg, Matthews & Simonton, *op. cit.*, 15. 關於癌症與心理的研究簡介，請參考Steven Locke, M.D., *The Healer Within: The New Medicine of Mind & Body* (New York: Mentor, 1987), 152-176.

38 關於心理如何影響身體的神經、內分泌、免疫系統，請參考Dossey, *op. cit.*

39 Acterberg, Matthews & Simonton, *op. cit.*, 7.

40 H・貝克（H. Becker）醫師調查了四十九名乳癌患者，結果發現：不僅較年長的婦女都曾經歷一般情緒創傷，較為年輕的女患者，更有將近四分之三曾遭受重大失落，或童年時過得很苦。Locke, *op. cit.*, 158.

理論上來說，我能瞭解無論是那位媽媽的身體或是我的身體，有時都會寧願生病，也不去克服憤怒、罪惡感等情緒壓力。可是，即使我瞭解大多數疾病的確是自己促成的，這件事聽起來還是相當刺耳，很難讓人心悅誠服。

無論是在心臟病、癌症或其他疾病的領域，醫學都漸漸發現處理憤怒與罪惡感的必要性，因為減輕情緒壓力，有益於身體復原。這與教會傳統不謀而合，因為教會也始終相信寬恕和身體治療密不可分；在此同時，這也契合我們治療記憶的經驗，因為雅妮絲正是化解了與父親的心結、見到了孤寂背後所隱藏的恩賜之後，眼睛才重見光明。在下一節裡，我要談談自己的經驗，讓你知道我經過了多少掙扎，才願意接受確實是自己促成了自己的病，我也會談談我怎麼透過治療記憶，逐漸克服憤怒與罪惡感，才治好了自己大部分的病。[41] 這番掙扎讓我明白了一件很重要的事：雖然我有一堆不健康的憤怒與罪惡感，以致促成了自己的病，但這並不代表我很差勁，只說明了我也是人，也有被愛的能力。

我的經驗

在我承認治療記憶也能讓人身體痊癒前，有整整四年，我的胃每兩、三週就出一次毛病。這四年裡，西蒙頓他們說的「疾病是自己促成的」、「治療疾病得先處理情緒」云云，對我來說荒誕不經。我那時一點都不覺得生病的原因是自己，反而總是怪東怪西。

我是在搬到南美之後，胃才開始不斷出問題，所以我總是怪那裡的飲食、氣候，覺得是水土不服才會生病。在玻利維亞時，我覺得是那裡的超辣胡椒搞壞了我的胃，也很不習慣餐餐都是重口味。後來搬到智利，成天吃豆子大米，我又嫌口味太過清淡。後來我終於不怪食物了，又開始怪天氣。畢竟那裡是南半球，離開美國時是盛夏，到了玻利維亞卻變成寒冬，所以一定是天氣變化太大，我的胃才會出問題！

可是，等到我終於回到了美國，胃還是斷斷續續出了三年問題，於是我找藉口的功力又更高了一層。在聖路易市時，我有個超級好藉口：我住在化學工廠旁邊，空氣污染說多糟有多糟，有時我甚至會想，要是我在屋裡劃上一根火柴，搞不好整個地方都會炸掉！所以囉，成天大口吸進污染空氣的我，會得胃病是很合理也很正常的事情。即使有那麼幾天，風把髒空氣都吹走了，我還是會找點別的東西來責怪。比方說，要是我去醫院探病，那醫院裡的細菌自然是罪魁禍首。另外，連我爸那邊的家族都曾被流彈波及——他們都有胃病，所以我一定遺傳了不好的基因！到最後，幾乎什麼事都能被我拿來當成胃病的藉口：因為休息不夠，所以胃病；要是已經休息夠了，那就是沒有運動……因為我實在太會找藉口，我始終不覺得胃病跟自己有什

41 論身體治療的最佳著作如下：Francis MacNutt, *Healing* (Notre Dame: Ave Maria, 1974); *idem*, *Power To Heal* (Notre Dame: Ave Maria, 1977), Dennis & Matthew Linn and Barbara Shlemon, *To Heal As Jesus Healed* (Notre Dame: Ave Maria, 1978).三書皆有中譯本：麥格納，《醫治》（以琳書房，1985）；同作者，《醫治的大能》（以琳書房，1986）；萊恩等，《病人傅油與治癒祈禱》（上智，2003）。

麼關係，有時我甚至自憐自艾，覺得自己下半輩子都離不開胃病了。

三年前，我終於發現自己一直在找藉口、一直在自我欺騙。那是八天避靜的第二天，我當時正祈禱感謝上主，謝謝祂讓我在避靜期間身體沒出狀況。在向祂獻上感謝時，我突然靈光一閃，發現過去四年，我每次參加八天避靜時，沒有一次有生過病；接著我也馬上想到，過去四年每次度假，我似乎也沒生過一次病。事實上，之前每次胃病發作時，我要不是有八百萬件事要做，就是那天得花好一段時間枯等什麼。我可以一邊寫完一章稿子、一邊烤晚餐的派、一邊回掉十五通留言，胃卻一點事都沒有。可是，要是我得等某人把寫書要用的資料還來、派到了時間卻還沒熟透，或是回電時老是聽到電話中，那我的胃就好看了。

枯等之所以那麼讓我不舒服，是因為我覺得那折損了我的價值。以前，我覺得自己的價值來自「產量」，所以只要我做了很多事，健康就不太會出問題。但只要枯等影響了我的工作量，我的自我價值感也會跟著受影響。我一方面氣別人讓我等，一方面也自責沒能繼續工作，於是，我的胃從生理面「接收」了我的不快。可是，在避靜、度假的時候，我會深深體會到自己的價值不是由工作決定的，相反地，**只要存在，就有價值**，於是，我的胃也不會出什麼毛病。我突然明白，自己的價值在於被耶穌所愛，而不在於自己做了什麼。

那次避靜接下來幾天，我把許多因為沒做好某些事，所以覺得自己毫無價值的記憶，通通交給了耶穌。其中包括我國中被當掉的記憶，我把當時的滿腔怒火都交給了上主——說到頭來，老師自己沒錯嗎？全班當了二十八個人耶！

除了處理對老師的憤怒之外，我也必須處理自己的罪惡感。畢竟，我對三角函數從頭到尾都是一頭霧水，卻從來沒問過相關問題，而且後來還為這成績委靡不振了好一陣子。我請上主讓我知道，這件事背後的恩賜是什麼？我覺得，不管是被當掉也好，覺得自己一無是處也罷，都讓我後來對天資較低的學生更有同理心，更能瞭解他們覺得自己不夠聰明、不如別人的心情。除了這件事之外，我也把其他類似的記憶交給了耶穌，讓祂知道我有多少次因為失敗而一蹶不振，把我感受到的憤怒與罪惡感全部交給祂，更請祂告訴我這些痛苦背後的恩賜是什麼。在八天避靜接近尾聲時，我開始覺得無論自己做得好或不好，都是受到祝福的。以後，我會知道自己的價值更取決於存在，而非自己做了什麼。

避靜後那三年，我試著不再用「能做一千六百一十二件事」來評價自己，反而常常提醒自己：我的價值，取決於**被神所愛**。那幾年裡，我不只待在聖路易市，也出國了好幾次，雖然我又遇上當初拿來當胃病藉口的那些因素（如氣候、飲食、污染、細菌等），但幾年下來，我的胃只出了兩、三次問題。簡單說來，我的個人經驗也驗證了西蒙頓等醫師的發現：充斥著憤怒與罪惡感等不健康情緒的壓力情境，才是生病的最重要原因。

◆第一個誤解：因為我要為生病負責，所以我是個差勁的人

為什麼我花了整整四年，才好不容易承認自己得為胃病負責？為什麼我總是覺得問題出在薄弱的飲食、玻利維亞的冬天、化學工廠的污染、醫院的細菌，甚至是我父親那邊的遺傳，卻

從不認為是自己有問題？我早該發現的，不是嗎？畢竟，那幾年我一直陪著一大群人祈禱，祈禱他們能改變生活方式，好讓氣喘、潰瘍、關節炎能漸漸痊癒。我親眼看到祈禱改變了很多人的生活方式，讓他們的身體越來越健康。我甚至還舉辦了好幾次工作坊，告訴大家情緒和疾病的關連。但即使如此，我還是不覺得自己就跟每天見到的那些人一樣，是因為情緒問題導致了疾病，我每天都言之鑿鑿情緒與疾病密不可分，卻渾然不覺自己的胃病也跟情緒有關。我不想為自己生病負責的最主要原因，是因為要是我承認這點，我會覺得自己是個差勁的人，畢竟如此一來，我似乎就得承認自己不像健康的人那麼好，一定是我比他們更易生氣、更有罪惡感，所以才會他們沒病而我生病。

直到我參加了一個祈禱團體，發現自己無論做了什麼，都會被愛著之後，我才能用更健康的眼光看待自己的憤怒與罪惡感，不再認為它們那麼見不得人。我們團體每次吃完晚餐，都會讓某一個人跟大家談談他的人生故事，兩或三小時不等。在傾聽這些故事時，我發現了兩件事：第一，幾乎每個人都有不健康的憤怒與罪惡感，但它們的表現方式未必相同，有時是讓一個人生病（像我的胃病），有時是讓一個父親極度害怕寂寞，有時讓一個女兒過度潔癖，有時則讓一名主婦瘋狂購物。第二，當別人分享他們沒做好的事時，我只會覺得自己更愛他們。

發現這兩件事之後，我變得更能面對自己的失敗，也更願意跟別人分享自己的錯誤。每當我說完自己的人生故事，團體總會圍著我、為我祈禱，而我當時的感受，就跟罪人見到耶穌的感受一樣：我犯的罪、犯的錯，並沒有讓我變成一個差勁的人，反而讓我更像個人，也更能被愛（路加福音 7:50）。

我的團體在知道我犯過多少錯之後，還是繼續愛我，所以我發現，在八天避靜之中，我更能體會即使我常常犯錯，基督也還是愛我。於是，有基督為伴，我漸漸開始面對好幾年來不敢面對的一件事——我的胃病是自己不健康的憤怒與罪惡感促成的。現在每當我生病，我都會好好正視自己不健康的憤怒與罪惡感，而且十分篤定，這些東西不會讓我變成差勁的人，只會讓我更像人、更能被愛。

◆第二個誤解：神掌管一切，要把疾病「奉獻」給祂

那四年裡，我也總會把胃病「奉獻」給神。我不覺得自己該為胃病負責，畢竟生病也出於祂的旨意，不是嗎？我會把身體不適「奉獻」給祂，因為基督不也為了我們，承受了死亡和種種痛苦？所以，我繼續祈禱「願祢的旨意成就」，覺得神的旨意大概就是要我忍受種種不適，然後把這些「奉獻」給祂。

☆神希望我們健康，而非生病

我不知道自己當時是否真心相信神希望我生病，但如果我真的相信這是神的旨意，那理論上來說，我好像也不該看醫生、吃藥，或試著用別的方法讓自己舒服一點。「耶穌」這個名字的希伯來文是「拯救」或「天主的醫治」之意，祂來到世間的使命之一，就是要矯正一個舊約

的誤解（正好也是我的誤解）——天主希望人生病。耶穌要我們知道：天主希望人獲得治療，而非生病。教會長久以來廣設醫院對抗疾病，就是為了實踐聖經的信念，亦即神希望人健康，而非生病。疾病就跟不義一樣邪惡，所以神不會降下不義，也不會降下疾病。當耶穌要我們做他所做的事時（若望／約翰福音 14:12），他是要我們跟他一樣，去治療病人、向疾病宣戰。所以，當我消極地把胃痛「奉獻」給神時，我其實一點也沒有順服祂的旨意，更別提效法基督的醫治榜樣了。

☆我的病一點都沒救贖意義，更不值得「奉獻」

為什麼「奉獻」的概念不該用在這裡？因為我們知道，耶穌在病人向祂尋求治療時，從來沒叫他們把疾病「獻上」。「奉獻」疾病的概念是在三世紀後才逐漸流傳的，因為那時的基督徒已不常有殉道機會，所以想找出另一種方式來「獻上」肉體。不過，雖然耶穌和早期門徒並不強調「奉獻」身體疾病，卻的確常常強調救贖性的苦難（redemptive suffering）。

然而，救贖性苦難指的不是忍受疾病，而是忍受「仿效基督而活」所遭受到的痛苦。我的疾病還有很多人的疾病，顯然都不是這種苦難，因為這些病痛沒有讓我們仿效基督而活。舉例來說，我之所以會得胃病，是因為我想做一千六百件事來證明自己的價值，這是仿效基督嗎？這只說明了我根本沒發現自己的價值其實是為神所愛，所以，我的病當然不具救贖意義。反倒是胃病好了以後，我發現自己更能仿效基督而活。舉例來說，因為我不再需要藉著工作來證明自己的價值，我有了更多時間去關懷那些不受關心的人。我邀請一位酗酒成性的人共進晚餐，在此之前，他有十六年沒被人邀進門了；在靈修、諮商活動時，我也更能跟沒人想理的工作狂打成一片。由於這些人酗酒、工作狂的習慣可能永遠不會改，所以在跟他們相處時，我覺得自己也稍稍體驗到了那讓耶穌痛苦欲死的悲傷（馬爾谷福音 14:34）。我常常很想幫他們多做些什麼，可是他們似乎不太想接受、也不太想改變，於是我稍稍體會了耶穌在園裡的悲痛，也稍稍感受到了耶穌這四年來對我的心情。這四年來，他是多麼希望我能改變生活方式啊！但我卻總是跟他說：「現在不行，再等一下，我還病得不夠。」

就這樣，我也有了改變。現在，當我等人還我資料、等待一位可能永遠不會改變的朋友時，我能體驗耶穌等待的感受，以及別人等待的感受。雖然一直枯等還是會讓我生氣，但我一旦意識到怒氣，它就再也不能在我胃裡作怪了，相反地，它會帶我體驗我新朋友們的感受——沒人想邀請我那酗酒朋友時，他心裡會有多悶；待會兒要去探訪的病人，住院那麼久會有多煩悶。在恢復健康、不再生病之後，那些曾經把我困住、讓我胃病的經驗，現在敞開了我的世界，讓我能感受到神與他人的感受——救贖性苦難的真義，原來就在其中！

◆大多數時候，我們要為自己的疾病負責，而且這疾病常常不具救贖意義

在解開前面兩種誤解後，我不再認為是神故意讓我生病，並賦予它「救贖」意義，也不再覺得因為自己是差勁的人，才會得了胃病。想通這兩點後，我開始接受自己的病跟別人的病沒

什麼不同，都跟情緒有關。

以上，我們談完了一般情況的疾病：它可以從治療記憶著手、不具救贖意義，而且我們自己必須為它負責。接下來，我們要來談談較為特殊的情況：我們可能不必為某些疾病負責，而且它們可能真的具有救贖意義。

◆有些時候，我們不必為自己的疾病負責

在試著接受我要為自己的疾病負責時，我以西蒙頓醫師的問題自問：「為什麼我需要生這場病？」如果完全找不出答案，那就表示，要不是我忽略了某些事，就是我根本不必為這場病負責。舉例來說，在耶穌醫治一位盲人時，他就說這位盲人不必為自己的病負責：

> 耶穌前行時，看見了一個生來瞎眼的人。他的門徒就問他說：「老師，誰犯了罪？是他，還是他的父母，竟使他生來瞎眼呢？」耶穌答覆說：「也不是他犯了罪，也不是他的父母。」（若望福音 9:1-3）

如果我是天生眼盲，或是別人弄瞎了我的眼，那我當然不必為眼盲負責；但如果是我因為高血壓控制不當而失明，我就得為眼盲負責。不過，不管我需不需要為失明負責，治療記憶都能帶來醫治，即使是永久性傷害都能得到治療，雅妮絲重見光明的故事，就是很好的例子。

◆有些疾病，是能「奉獻」給上主的救贖性苦難

雖然很多我原本以為是救贖性苦難的疾病（如我的胃病），到頭來只讓人繼續漫不經心地祈禱、行動，根本不具救贖意義；但我知道，有些人的病真的有救贖意義，因為它們讓人仿效基督而祈禱、行動。我的朋友賴瑞就是活生生的例證，失明非但沒有擊垮他，反而讓他活得像耶穌。

全國各地有很多人來找賴瑞，請他給予靈性的指引。在我試著不從工作、而是從天父的愛肯定自我價值時，我也跑了五百多哩路請賴瑞帶領我避靜。因為賴瑞失明，他帶著我像盲人一般走路——於是我不得不放慢腳步，仔細聆聽神要我下一步怎麼走。

因為賴瑞眼盲，所以他學會了用心去看。有些時候，他甚至會告訴我連我自己都還沒意識到的事，例如「你有點沮喪」、「你有些緊張」。藉著仔細聆聽我躊躇的腳步、不安的晃動，他總是能注意到我的眼睛所遺漏的事。賴瑞甚至知道我坐在椅子上腳搆不到地——我實在不懂他怎麼知道我很矮，原本還以為我的高音笑聲能騙得過他。

我和其他人都覺得，賴瑞因為眼盲，所以他對弱小無助的人特別敏銳，總是能發現誰寂寞、誰際遇不佳、誰覺得自己被拋棄。在我和賴瑞一起獻聖祭時，我覺得自己是在跟一位很久以前已向基督獻上一切的人，一同奉獻。看著他舉起聖爵（聖餐杯），我不禁在想：他的存在是多麼依靠別人、更依靠上主啊！賴瑞的眼盲顯然有救贖意義，因為這讓他像基督一般地祈禱、行動——全然地依靠天父，也同時伸手擁抱寂寞、困頓的人，因為他深知什麼是無助。

當洗者若翰（施洗約翰）派人來問耶穌他究竟是誰時，耶穌說他是讓瞎子看見、瘸子行走、聾子聽見的治療者（瑪竇／馬太福音 11:5）；若望和其他人也將耶穌視為光（若望福音 9:5）、道路（若望福音 14:6）、聖言（若望福音 1:1）。耶穌治好了盲人，讓他們看見他的光；治好了瘸子，讓他們能走他的道路；治好了聾子，讓他們能聽見他的話。耶穌治好了我們的盲、跛、聾，因為他不希望任何事阻擋我們親近他。

雅妮絲藉著禱告重見光明後，不僅用新的方式經驗了神，也用新的方式建立了人際關係。雖然在過去六十五年中她也一直在祈禱，但她現在覺得那就像例行公事，跟上班打卡一樣。另外，她的人際關係也改變了。在失明之後，她不得不辭去卅八年的護理工作；但現在，她發現自己又有了照顧人的能力，她去老人院當志工，照顧不能外出的病人，偶爾也會來我們的工作坊幫忙。在恢復視力之後，她第一次發現自己與上主的關係能如此親密。

雖然我曾和雅妮絲一起為恢復視力而祈禱，卻從未和賴瑞一起祈求他能重見光明。事實上，我也不覺得需要為他這樣做。如果我真的這樣祈禱，也許神真的會治癒賴瑞，正如祂治癒了雅妮絲一樣。可是，既然賴瑞的失明有其救贖意義，神可能也會繼續藉著他的失明施展祂奇妙的作為。也許賴瑞會繼續透過失明，與神、與人建立親密的關係，一如雅妮絲在復原之後，重新認識了人與神。但無論如何，他們兩位一定都會滿心歡喜地高唱〈奇異恩典〉：「我曾瞎眼，今得看見。」

如何祈禱

無論一場病有沒有救贖意義，無論自己需不需要為生病負責，我相信每個人都想知道：該怎麼祈求上主治療我們的記憶，讓我們擊退病魔？有些人領受了「知識的言語」（格林多／哥林多前書12:8），神會告訴他們該怎麼祈禱，也會讓他們知道接下來會發生什麼事。不過，我自己倒是很少領受知識的言語。

然而，每當我請上主指引我如何祈禱，不管是為自己的胃病祈禱，或是為雅妮絲的眼疾祈禱，上主通常都會告訴我兩件事：第一，要祈禱身體能獲得醫治；第二，要祈禱這疾病能帶來救贖意義。不過，偶爾也會有例外，比方說，有時我會強烈感覺到，神想透過死亡將某人召回天家，而另一些時候，我會感覺到神想呼召某人領受救贖性的苦難，就像是賴瑞一樣。但無論如何，即使是像賴瑞那樣正在領受救贖性苦難的人，神還是常常會想治療他們的疾病。

在祈禱肉體獲得治療、疾病更具救贖意義的時候，我也會參考聖依納爵對抗「神枯」（desolation）的兩個建議。依納爵說，神枯是一種覺得與神、與人斷了聯繫的感受，往往讓人變得「無精打采、冷淡、悲傷、疏遠」。[42]大多數疾病都讓人有神枯的感受，不過我想，賴瑞因失明而起的乾枯，大概比我這個只是鬧鬧胃病的人還小得多。

42 Ignatius Loyola, *The Spiritual Exercises*, tr. Louis Puhl (New York: Newman, 1959), 142.中譯本為《神操新譯本：剛斯註釋》，317號，頁153。

我覺得一個重要原則是：如果一場病越是讓你封閉自己、越是讓你感到乾枯，那這場病就越不該獻給上主，而是應該奮加抵抗。對抗這種疾病，我會像抵抗誘惑、抵抗神枯一樣積極，因為它們都讓我遠離了人、也遠離了神。以下，我們來談談依納爵對抗神枯的兩項建議，就我個人經驗來說，它們很能幫人治療記憶以對抗疾病。

首先，依納爵認為在神枯的第一個跡象出現時，就該集中力量加以反抗：「我們可以更積極地祈禱、默想，更嚴格地檢視自己。」[43]換句話說，在生病感到乾枯時，我們可以檢視自己的生活方式，看看該怎麼調整，在此同時，也要更積極地祈禱，祈求身體康復。對我來說，這樣做總是很有幫助。

其次，依納爵建議在對抗神枯的同時，也試著發掘其中的恩賜。依納爵自己就覺得，神枯至少能帶來幾種益處：不把幸福視為理所當然、更意識到自己有多依賴上主、更知道自己如果做些改變，就能成長更多。就我的經驗來說，每當我接受依納爵的第一個建議，積極祈禱、祈求身體康復時，也總會自然地遵從他的第二個建議，祈求自己能從疾病中得到更多成長，就像賴瑞一樣。

祈禱時該期望什麼？

雖然在開始祈禱之前，我無法明確知曉接下來會發生哪些事，但我至少能肯定一件事：基督會用祂最慈愛的方式治療我們。基督會用祂最慈愛的方式治療我們的病痛，並抹去阻擋我們親近神、親近人的一切障礙。即使病痛未必會消失，但那些阻礙我們親近神、親近人的障礙，卻一定會被消除。有時只要祈禱一次，這些事就會發生，但通常我們都得持續不斷地祈禱，這些事才能達成。

首先，基督會以祂最慈愛的方式治療我們的病痛，一如祂治療我的胃病、雅妮絲的眼疾。在祈求上主治療記憶的過程中，上主也常常會同時治好人們的很多疾病，無論是嚴重的白血病、低血糖症，或者是一般的感冒、胃痛。在舉辦工作坊時，有時因為時間所限，我無法特別為身體痊癒祈禱，而只能祈求上主治療我們的記憶，但即使如此，我還是預期上主會同時治療大家的身體。祈禱的治癒力量極大，有時會加速身體復原（如我的胃病），有時更能治好看似藥石罔效的痼疾（如雅妮絲的視網膜退化）。

其次，基督也會以祂最慈愛的方式，除去阻擋我們親近神、親近人的障礙。在我和病人一起祈禱時，無論他的肉體會不會康復，基督的慈愛都一定會成就這件事。舉例來說，我曾和一位六十八歲的心臟病患一起祈禱，雖然他一個禮拜之後還是過世了，但在一起祈禱之後，他不再覺得自己是要逃離一個讓人萬念俱灰的世界，而是要奔向更美好的彼岸。如果遇上記憶已獲得治療、疾病卻仍未消失的情況，我會覺得這個疾病將越來越有救贖意義，就像是賴瑞的失明一樣。

43 出處同前，頁143。中譯本為《神操新譯本：剛斯註釋》，318號，頁153-154。

神以最慈愛的方式，在沉浸祈禱中醫治眾人

有時只要一次祈禱，神就會明確地用這兩種方式展現祂的愛。其他時候，我們必須一直祈禱，狀況才會逐漸改善，例如雅妮絲就祈禱了三天，視力才逐漸復原。這種持續的祈禱稱為「沉浸祈禱」（soaking prayer）。[44] 一般說來，隨著我越祈禱沉浸於記憶，有兩件事就越容易發生：第一，身體越來越獲得治療；第二，身體健康的狀態會越來越持久。

首先，就像雅妮絲重見光明的例子一樣，越是在祈禱中沉浸記憶，身體就越是復原。我曾親眼看著雅妮絲在三天之中逐漸治好痛苦記憶、也逐漸恢復視力；同樣地，我也曾見過其他人的身體因此漸漸復原。舉例來說，有位叫湯瑪斯的癌症病患，在祈禱治療記憶之後先是不再疼痛了，接下來幾個禮拜，他繼續不斷地祈禱，癌細胞先是停止擴散，接著完全消失不見。雖然醫師們原本推斷湯瑪斯只剩幾個月壽命，但他後來很健康地活了兩年。當記憶沉浸於基督的愛時，身體也能進一步獲得治癒。

第二，在藉著祈禱沉浸痛苦記憶後，身體健康的狀態會越來越持久。以前有不少人幫我的胃病祈禱，但我的胃只會好上幾個禮拜、頂多幾個月。後來，我開始每天治療自己的記憶，胃就很久都不出問題了。當我把治療記憶和醫囑、藥物、飲食、運動、改變生活方式全結合在一起時，身體通常都能一直保持健康，因為在這時候，我等於獲得了全方位的治療。沉浸祈禱刨起了致病的壓力源，因此能讓身體常保健康。

沉浸祈禱常是「宣告治癒」（claim your healing）的反面。我聽不少人說過，他們跟某某人一起為自己的跛腳祈禱後，馬上就被「宣告治癒」，而不管腿那時感覺如何，都被要求立刻起身行走。還有人說連治療記憶都要如此，只要祈禱一次，就要把被父親拋棄的創傷拋諸腦後，「宣告治癒」，恢復正常生活。

有些時候，上主真的會在祈禱之後立刻治好你的跛腳或創傷；有些時候，祈禱的人也真的大有恩賜，能馬上知道上主已經醫治了你，於是要你「宣告治癒」。可是我不得不說，胡亂「宣告治癒」常常讓人傷得更重，無論腿傷、心傷，皆是如此。治療癌症這種重大疾病時，我們必須長期接受放射線治療；治療至親過世這種重大創傷時，我們也要花上好一段時間哀悼。所以同樣地，在為重大疾病、重大創傷祈禱時，我們通常要有耐心地沉浸祈禱，不該奢望祈禱一次就能把所有問題一掃而空。

只有在上主真的治好一個人後，我才會宣告治癒，而一般說來，病人本身就是最好的判斷者。在我和雅妮絲為她的眼疾祈禱時，評斷治療效果的最佳人選是她，而不是我。我們應該祈求基督依祂的步調不斷施恩治療，等上主治好你後再來宣告絕對不遲，至少，這一定好過病還沒好就迫不及待地宣告治癒、停止祈禱。有些人或許認為，雅妮絲沒有立刻重見光明，是因為她信心不足。但我覺得，持續祈禱、持續相信神治療的步調會比自己期待的閃電康復更好，其

44 MacNutt, *Power to Heal, op. cit.*

實需要更大的信心。要是雅妮絲真的在還沒康復之前，就忙不迭地「宣告治癒」，很可能腰斬了神想透過沉浸祈禱來賜給她的東西，例如為她祈禱的人給她的無條件的愛，還有透過記憶治療而來的深刻寬恕經驗。

雅妮絲祈禱了三天來治療記憶，其實很符合基督宗教傳統的智慧。無論是早期教會或現代教會，都很強調要不斷呼求治療記憶背後的力量，好讓身體開始獲得治療。我們稍早也提過，在病人傅油聖事中，包含了很多治療記憶的力量。在早期教會，病人傅油聖事通常不只舉行一次，而會連續進行七天。[45] 新版的病人傅油聖事也是如此，它不僅建議無論病情改善或惡化，都要持續進行儀式，也在儀式之中包含了沉浸祈禱。

無論是我的胃病或雅妮絲的眼疾，都因治療記憶的祈禱而受益，而無論是現代醫學或是基督宗教傳統，也都已肯定治療記憶祈禱的作用：它能使身體恢復健康，更能讓人向神與他人開放。現代醫學漸漸發現人該為自己的疾病負責，而神早已為人預備了一條與祂一同承擔責任的道路，讓人藉此重獲整全。透過治療記憶，我們能與神攜手克服憤怒與罪惡感，為身、心帶來健康。

---

45 Boone Porter, "The Origin of the Medieval Rite for Anointing the Sick or the Dying," *J. of Theol. Studies*, 7:2 (Oct. 1956), 214-17.

第三部

經驗臨終與寬恕五階段的先決態度

如前章所述，庫伯勒—羅絲及其團隊發現，病患若能有以下兩種態度，就能平靜度過臨終五階段：第一，覺得自己在意的人接受、愛著他們；第二，能向這位重要的人抒發自己的感受。臨終病患希望有人能牽起他們的手、陪伴他們的心，一同走過黑暗、孤寂的死亡之路。

被自己在意的人所愛，並向他娓娓道出一切感受，對臨終的人來說相當重要。庫伯勒—羅絲發現，那些曾經「死而復生」的病患，常說自己見到了「光」，它全然地愛著他們，讓他們能回顧一切痛苦的記憶，並讓傷痛得到治癒。在經驗過這樣的愛之後，他們變得不再害怕死亡。無論這「生後之生」的經驗是大腦的化學作用，或是遇見基督的真實旅程，都讓經驗過的人克服了人類的最大恐懼——死亡。

無論是面對死亡的痛苦，或是臨終時與「光」一同回顧人生、治療傷痛，或是與基督一同回顧痛苦記憶，與祂攜手寬恕、治療，我們能否成功，端視我們是否具有這兩種先決態度：第一，相信自己是被深深愛著的，因而能接受自己；第二，是否能與重要的人分享感受。在第五章中，我們想讓你知道基督正是那位深愛著你的人；在第六章裡，則要來談談第二種先決態度——將一切感受與神分享。

第5章　第一種先決態度：神無條件愛我

你想不想知道，在接受死亡之後，會是什麼樣子？在醫師宣告病患死亡後，還會發生什麼事呢？雷蒙・穆迪（Raymond Moody）博士和庫伯勒—羅絲一樣，訪談了一百多名曾經「臨床死亡」、不久卻復甦重生的病患。[1] 他們兩位都發現：曾經「死而復生」的病患，即使文化、宗教背景各不相同，他們對於「生後之生」卻都有類似的經驗。[2]

受訪者說，在經驗「生後之生」時，他們能聽見醫師宣告自己死亡，然後就被吸進一條又長又暗的隧道。他們會脫離肉體，看著仍在嘗試急救的醫生。靈體和肉體很不一樣，就像是飄在空中的雲，彼此之間以思想溝通。已故的親朋好友會來迎接他們，帶他們去見一個「光的存

1 Dr. Raymond Moody, *Life After Life* (Covington: Mockingbird, 1975).

2 在為穆迪《生後之生》（*Life After Life*）所寫的前言裡，庫伯勒—羅絲也支持穆迪的論述，她曾訪問數百名有生後之生經驗的病人，認為穆迪的觀察與她的見聞相符。進一步資訊請參考Kenneth Ring, Life at Death: A Scientific *Investigation of Near Death Experience* (New York: Coward, McCann & Geoghegan, 1980).

有」，「光」會以超乎尋常的愛接受他們、愛著他們。而正如鐵製品會被磁鐵吸引一般，他們也會被引向那光芒萬丈的存在，感受到無限的同情與接納。

「光」會問：「告訴我，你一生做了些什麼？」這問題一點都不帶有指責或威脅意味，而且不論答案是什麼，它都充滿著深深的慈愛與接納。「光」似乎明瞭一切，它會像放電影一樣，把你的一生呈現在你面前，讓你自行玩味。在回顧一生之後，逝去的人會明瞭自己如何愛人，還有如何透過經驗與錯誤學習一切。等這逝去的人明白自己如何被愛、如何加深自己的愛之後，「光」才會問他想回去還是想留下來。雖然很多人想繼續留下來，但有些人還是想回去完成自己的使命，例如把小孩帶大。還有人說，他回來的目的是想讓大家知道，那光的存有完全接納了他。

那些「死而復生」的人所描述的「光」，就像是聖經所描述的神。耶穌說他自己是「世界的光」（若望／約翰福音8:12），也把天父比做陽光，要我們愛自己的仇人：

> 你們當愛你們的仇人，當為迫害你們的人祈禱，好使你們成為你們在天之父的子女，因為祂使太陽上升，光照惡人，也光照善人；降雨給義人，也給不義的人。（瑪竇／馬太福音5:44-45）

此外，〈若望福音〉第一章甚至直接把光、生命、真理、愛與永恆全都連結在一起，彷彿親眼見到了永恆之光將生命、真理與愛賦予了人類。

若望說神是愛，他的意思是指神是「大愛」（agape）。神的愛不是男女之愛（eros）、不是友愛（philia）、也不是母愛（storge）。神對我們的愛是**大愛**，是**無條件的愛**，是平白贈予的愛，是讓耶穌來世上為我們而死的愛。大愛是神的創造之愛，祂之所以要把生命的氣息吹入我們身體，不是因為我們有多好，而是因為我們需要祂的愛才能做個好人。

就算瀕死之人並沒進入另一個世界、生後之生的經驗只是他的心理作用，這樣的經驗還是具有治癒效果。與「光」一同回顧人生，能讓人變得更愛自己、更愛他人，也更能接受死亡，我們有沒有可能在死亡之前，就先接觸到基督之愛的力量呢？答案是肯定的。我們或多或少都認識一些這樣的人，他們可能有天突然頓悟基督深愛著他們，或是在避靜之後性格大變，或是經驗到聖神（聖靈）的洗禮、覺得重獲新生，而另一些時候，我們可能只是看到朋友實踐了基督的愛。我就見過一群沉溺毒品的青少年，在避靜之後發現神深愛他們，於是生命發生了改變，轉而服務他人。在青少年戒毒營裡，類似的故事屢見不鮮。為什麼這種事這麼常見呢？

發現神的真實面貌——無條件的愛

有兩種東西會阻礙我們學習如何去愛：看待神的方式，以及看待自己的方式。為什麼我們會把基督當成嚴厲的法官，只會不斷挑出我們的罪、讓我們受苦？長久以來，我們其實一直以自己的文化偏見來看待神。在閃族世界，法官不是中立的仲裁者，反而更像辯護律師，會竭盡全力保護被告。到了中世紀，教會本身有了司法功能，連聽告解神父都會扮演法官角色。而現在，我們開始當自己的法官，在心中想像那位慈祥、和藹的德蕾莎修女，柔聲提醒自己忽視窮人、病人是不對的。

你可能會問：基督難道不是法官嗎？至少我覺得到了審判日那天，基督不會上山下海到處蒐集證據，只為了定我們的罪。反倒是我們自己，在真正感受到祂多愛我們之後，難道不會為了沒有好好回應這份愛而痛苦不堪嗎？我就有過這種經驗：在我停車不小心撞凹了我爸的車時，不用他罵我，我自己就夠難過了。他根本不用嘮叨「怎麼這麼不小心」，我光是看到他的寶貝車凹了一塊，就想痛扁自己一頓。而且，我爸越是對這蠢事一笑置之，我越是難過自己辜負了他的愛、沒有更小心對待他的愛車。上主是愛，也正是祂的愛在審判我們。

我們之所以會扭曲神的面貌，往往跟怎麼看待父母有關。如果神是天上的父，而我們的老爸是個酒鬼，我們怎麼可能相信天父是完美的呢？當年我在印地安蘇族（Sioux）保留區工作，跟一群因父親酗酒而家庭破碎的青年談宗教，當時，我絕口不說神是天父，而總是把祂說成「天祖父」。事實上，蘇族語中的「神」就叫 tunkasila，原意就是祖父，因為在蘇族社會裡，一家之長其實是祖父。

即使父母很愛我們，他們的愛也不是無條件的，成績好的孩子和滿江紅的孩子往往待遇不同，長得漂亮的跟長得醜的也會得到不同關注，出風頭的也硬是比平庸的吃香。總而言之，父母的愛也是凡夫之愛，能回收越多，才給得越多。穩重、整潔、不挑食又會幫忙做家事的小孩，就是會受到更多的寵愛。因為我們從小就發現，父母會根據我們的表現而付出愛，所以我們也總是覺得一定得做些什麼，才能「兌換」到神的愛。正是因為我們太習慣於愛的「買賣」，所以很難相信神的愛會這麼不同——居然沒有條件、不能交換，就只是單純的贈予，讓你也有能力去愛！

我們看待神的眼光，應該隨著年齡的增長而成熟，但我們心中神的形象，卻往往停留在我們七歲的時候。神到底是什麼樣子？像個警察嗎？還是像個留著鬍子、一臉慈祥的老人？或者祂像個嚴格的老師，為了讓我們贏得天國的入場券，所以不斷安排魔鬼訓練？又或者祂其實麻木不仁，根本懶得裡會我們的祈求？[3] 一般說來，跟我說他不信神的人，對神的認識都還停留在幼童時期，而他們心中的那個神，連我都不想去信。

認識神的真實樣貌，就跟認識朋友的真實樣貌一樣難。每當我遇上一位似乎可以深交的對象時，我總會先用過去的經驗跟他互動，我會想想以前朋友之間為了什麼事鬧過不愉快，也會把他跟其他朋友做比較，而當然，我和他的互動也會跟我怎麼看待自己有關。要是以前的朋友扳著張臉會讓我不舒服，那直到我信任這位新朋友之前，他每次面無表情都會讓我坐立難安。建立信任必須花費時間，也必須願意互相分享生命的各個面向——一起吃飯、一起為新生命誕

3 關於扭曲上主形象的精彩研究，請參考經典之作：J.B. Phillips, *Your God Is Too Small* (New York: Macmillan, 1969).

生而歡樂、一起為父母過世流淚……直到有一天，我們彼此不再有秘密，彷彿對方變成了另一個自己。認識神、愛神的過程，就宛如認識朋友、建立深厚友情的過程。因為神有情感，而非木石。

為什麼這些瑣事會影響我們認識神的真實樣貌？這樣說吧，要是我們怎麼都無法把神當成光明無比的存在，也就很難把生命當成治癒經驗，讓它深化我們愛的能力，並無畏地面對死亡。如果我們繼續讓文化、父母、童年等種種因素扭曲神的形象，就很難付出信任、接受信任、付出愛、接受愛，我們的人生將形同死水一灘。中世紀的文化氛圍，讓當時的人無法相信地球是圓的；同樣地，現代這種缺乏愛的文化，也讓大多數人無法相信神就是愛。然而，以自己有限的經驗來認識神，就跟問蚊子當人是什麼感覺一樣愚蠢。其實神不是已經說了嗎？祂就是愛，而且祂為我們而死。

發現真實的自我樣貌——我被愛著

不僅扭曲神的樣貌會阻礙我們經驗祂的愛，扭曲自己的樣貌也會。神以祂的肖像與樣貌造人，但人卻一直沒有好好珍惜這份禮物，反而用自己的肖像與樣貌來測度神。比方說，要是我吃了一張超速罰單，我不只會氣開單的警察，還會一竿子打翻一船人，覺得每個警察都暴躁成性，更糟的是，我可能還會覺得神也一樣易怒。然而，我討厭上主的那些地方，常常都是我自己的毛病，只是我總是把它們投射到神的頭上，覺得神跟我一樣不堪。當我覺得有罪惡感、看不起自己時，也會以為神正在審判我，而且也一樣看不起我。但是幸好，投射作用可以逆轉，如果我覺得神樂善好施，我就能不再執著一些東西，盡力讓自己也變成樂善好施的人。我對神的想像，雖然未必能讓我認識神的真實樣貌，卻能讓我更清楚自己是怎麼看待自己。我有多愛自己、多討厭自己，就有多愛神、多討厭神；反之亦然，我多愛神、多恨神，就也多愛自己、多恨自己。

我們真正的問題不是不愛神或不愛鄰人，而是**不愛自己**。由於父母、朋友總是有條件地愛我們，所以我們也很難去愛自己的軟弱與缺陷，因而漸漸養成了一種習慣：我們變得只會在認真工作、拿到好成績、或是讓親朋好友感到驕傲時，才會更愛自己一些。於是，我們總是力求表現，賺大錢、買好車，想盡辦法升官發財，好證明自己是個有用的人，讓朋友們肯定自己，並因此獲得安全感。總而言之，我們常以自己的所作所為型塑自我觀感，卻往往忽視了自己真實的樣貌——每一個人，都是神所深愛的獨一無二的個體。

若是不夠愛自己，會有什麼後果呢？我們來做個小實驗：先花三十秒想想你喜歡自己哪些地方，然後再花三十秒想想你討厭自己哪些地方。現在就想！你只要花一分鐘就可以了，而且這可能是你最值回票價的一分鐘。不過，要是你怎麼樣都不想試，會不會是你潛意識裡害怕自己會發現某些東西呢？

你覺得想優點跟想缺點比起來，哪樣比較容易？大多數人想到的缺點會比優點多三倍，能在三十秒內想到五種以上優點的人，更是少之又少。在列出優點時，你是不是覺得自己更像在自誇，而非忠實地相信是神賜給了你這些優點？當我們不夠愛自己時，常會覺得別人的批評比讚美更為真心。我自己就是這樣，在別人稱讚我時，我總會無言以對，心裡還一邊在想：「要是你夠瞭解我，你就不會這樣講了。」其實在這種時候，我大可以謝謝朋友讓我知道自己沒發現的優點，大方承認自己是有這種恩賜，並感謝上主將它賜給了我。可是我老是妄自菲薄，而且在聽到「你是個好人」這種讚美時，會比聽見「你打字好快」、「衣服搭得真好」更感到手足無措、無地自容。這些不同反應正好說明了一件事：我是從自己做了什麼來建立自我觀感，卻沒接受自己的真實樣貌。

如果我們不像神愛我們那樣愛自己，付出的代價可是很大的。《現實療法》（*Reality Therapy*）作者威廉．葛拉瑟（William Glasser）認為：小至輕微懼高，大至精神分裂，**所有心理問題都跟自我厭惡有關**，且其嚴重程度正好與自我厭惡程度成正比。[4] 他的觀點和偉大的心理學家卡爾．榮格（Carl Jung）不謀而合。在《追尋靈魂的現代人》（*Modern Man in Search of a Soul*）中，榮格寫道：

> ……接受自己是道德問題的核心，也是整全看待生命的縮影。救濟貧寒、寬恕冒犯、以基督之名愛你的敵人，的確是了不起的德行沒錯。既然，為弟兄裡最小、最卑微的一位所做的，就是為基督而做的，那麼，你是不是應該先找出那最小的一位呢？最貧窮的乞丐在哪裡？最愛

找麻煩的莽漢在哪裡？你最大的敵人又在哪裡？——他們其實都在你之內！你就是最需要自己寬待的人！你就是自己必須去愛的敵人！——這代表什麼？……這代表精神病其實是內在分裂（**inner cleavage**），亦即自己與自己為敵。因此，不管是什麼事加深了這道裂痕，都會讓病人狀況更糟；而不管是什麼事彌補了這個分裂，也都能讓病人康復。[5]

榮格是對的，美國人全都有情緒問題。有些心理學家認為，二十個人裡有十七個神經過敏，五個人裡有一個遲早得接受心理治療。雖然有些心理疾病看似與生理狀況有關（例如遺傳或內分泌失調），但它們通常也是被「不愛自己」誘發，並進而惡化。

更不幸的是，不愛自己也會影響你的所作所為，讓你越來越難以喜歡自己。比方說，為了掩飾自己的不安全感，我們常會自我吹噓、批評別人、把很多事硬攬在身上、用自我批評來引起同情、從不冒險犯難，或是隨著別人的好惡起舞。但這樣其實會造成惡性循環，讓我們變得越來越不可愛，於是也越來越難去愛自己。

缺乏自愛是一切罪惡的根源。對自己心懷不滿時，我會變得驕傲自誇；對自己生氣時，我會遷怒別人；當我想用親密感來證明自己值得被愛時，會慾火上身；當我覺得自己一無是處、沒辦法給別人什麼時，我會越來越怠惰。簡而言之，越是愛自己，就越不會犯罪；越是討厭自

4 William Glasser, *Reality Therapy* (New York: Harper & Row, 1965).
5 Carl Jung, *Modern Man in Search of a Soul* (New York: Harcourt, Brace & Co., 1993), 235-36.

己，就也越會犯罪。結果就是，在我最需要神接納自己的時候，我反而覺得祂因為我犯罪而離我好遠。

真實的自我樣貌——神無條件地愛我

該怎麼打破這個惡性循環，讓自己不再自暴自棄，一再拒絕神與他人的愛？答案是找到一位能無條件愛你、完全不計回報的人。

在我覺得自己一無是處的時候，我就跟那富家千金珮蒂・赫斯特（Patty Hearst）一樣，必須靠她的父親蘭道夫・赫斯特（Randolph Hearst）無條件的愛，才能重獲新生。珮蒂是天之驕女，擁有美貌、財富、愛情、溫暖的家，不僅人緣極好，也有錦繡前程。然而就跟聖經裡的蕩子一樣，她並不珍惜這些恩賜（這是自我厭惡的跡象之一），反而在被激進組織共生解放軍（Symbionese Liberation Army）綁架之後，自願加入了他們。她不但跟這群人一起搶劫銀行、傷害無辜，甚至還寄了卷錄音帶回家，咒罵父母是「法西斯豬玀」，宣告自己改名為「譚妮雅」（Tania），並要求父親拿出一百萬美元買食物給窮人。之後，她又逃亡了十九個月才被警察逮捕。試問，一個人還能比她傷父母更深嗎？

然而她的父親蘭道夫・赫斯特，就跟那位蕩子的父親一樣，不管珮蒂傷他多深，他還是每天對她付出無條件的愛。他很高興女兒還活著，也不斷聲明願意不惜代價贖回女兒。他馬上捐了百萬美元的食物，也每天盼著女兒回家。即使女兒與他反目、成了銀行搶匪，似乎打定主意要待在共生解放軍裡，他還是繼續懷抱希望，相信只要一直無條件地愛著女兒，她總有一天會迷途知返，發現自己值得被愛，也不再繼續傷害關心自己的人。

不過，珮蒂對父親的溫情始終冷淡以對。即使在她的同夥葬身火窟、革命幻夢化為烏有之後，她還是繼續逃避聯邦調查局的追捕。最後，連藏匿她的友人理查和艾莫莉・哈理斯都覺得她該受法律制裁。在她被逮捕的那天，她的朋友都出門慢跑去了，只留了她一個人在屋裡。被聯邦調查局逮捕之後，珮蒂還是拒絕會見父母。然而，雖然她不愛自己，她的父母還是繼續愛她，不僅為她請了頂尖律師林白磊（F. Lee Bailey），還付了高達一百五十萬美元的保釋金，為了女兒付出一切。

故事的結局大家都知道：在赫斯特夫婦不斷付出無條件的愛之後，珮蒂終於翻然悔悟。她之所以會改變，正是因為即使她依然故我，父母還是深愛著她；面對她深深的敵意，她的父母依然付出了深切的關懷與寬恕。蘭道夫付出了**大愛**——那毫無條件、平白贈予的愛，這愛讓珮蒂能以父親的眼光重新見到真實的自己、發現自己的價值。在父母深深的愛中，珮蒂發現即使自己作惡多端，也還是被無條件地愛著，因此，她找到了自己的價值。她發現自己之所以被愛，不是因為她做了什麼、能做什麼，純然只是因為她就是她。

在人生跌落谷底時，我們都需要一位蘭道夫來幫助我們發現自己的價值。在蕩子回頭的故事裡，耶穌說我們的確有這樣一位父親，而且他甚至比蘭道夫更好。試想，如果珮蒂再次逃跑，蘭道夫還會想再追她回來嗎？我們的天父會！不管我們走上歧途多少次，祂都會找我們回來、寬恕我們，並與我們分享祂的一切，永遠如此。如果蘭道夫的兒子找到了珮蒂的藏身處，卻被珮蒂所殺，他還會繼續愛自己的女兒嗎？如果是我們的天父，就還是會！

請再試想：如果珮蒂並不是蘭道夫的女兒，卻殺了他的兒子，蘭道夫會願意收養她、關心她嗎？我們的天父會！（羅馬書 8:23；迦拉達／加拉太書 4:5）如果珮蒂在殺了蘭道夫的兒子之後，也被聯邦調查局幹員射成癱瘓，從此只能躺在床上靠別人照顧，蘭道夫還會想收養她嗎？我們的天父會！畢竟，即使我們連動動手指都得仰賴神，沒有祂的持續照看，我們甚至連心臟都無法跳動，祂還是欣然收養了我們。事實上，蘭道夫之所以能付出關心，正是因為他的天父與他分享了愛的力量。我們能做的一切、能有的一切，都是天父的恩賜，而祂之所以深愛我們，並不是因為我們能做什麼或擁有什麼，純然只是因為我們是祂的兒女。

更重要的是，天父不只把我們當成兒女來愛，也把我們當成基督來愛。天父是愛，在付出愛時，祂只會百分之百地付出祂無盡的愛，所以祂怎麼愛基督，就怎麼愛我們。即使我們連基督的百萬分之一都不及，祂還是會付出同樣多的愛。那又有什麼事是天父不會為基督做的呢？

你可能會說，也許神真的無條件地愛著我們，可是祂的愛能夠像蘭道夫那種具體、現實的愛一樣，真正地改變珮蒂的人生嗎？難道我們只能相信神愛的大能，卻永遠無法見識它的力量？當然不是！當我們見到絕望到想自殺的人突然歸向上主，我們便見識到了上主無盡的愛的力量。我們也常常看到，勸誡、經濟壓力或其他努力都沒能讓人成功戒酒，但在戒酒無名會（Alcoholics Anonymous）中，那「更大的力量」卻能支持他們，讓長期酗酒的人從此滴酒不沾。[6]事實上，雷根（Ronald Reagan）在加州州長任期快結束時，甚至想把加州相關資金全撥給基督宗教的戒毒團體，因為相較之下，它們比其他戒毒計畫都更有效。在你四周找找曾經跌落谷底、但最終發現上主的人，他們一定會讓你知道，天父之愛的力量有多麼偉大。

即使遭遇悲劇，神還是無條件地愛我

我好幾次看到神的愛融化了自我厭惡的冰山，有時是在戒酒的人身上看到，有時是在避靜的人身上看到，甚至連我自己都曾有過切身經驗。我六歲的時候，三歲大的弟弟若望得了支氣管炎。到現在我都還記得，當時的自己曾站在若望床邊，跟我媽媽說不用太擔心，他只是感冒，很快就會好起來的。這樣拖了四天之後，我媽媽忍不住請隔壁的護士阿姨來看看，結果護士阿姨一看，就趕忙叫了救護車來。救護車鳴笛怒吼載著他們離去，我站在門口流淚看著他們走。半個小時之後，家裡電話響了：若望已在送醫途中不治。

我頓時淚流滿面，心碎之下也開始怨天尤人。我怪救護車為什麼不早點到，也氣天主為什

6　譯注：戒酒無名會提出的康復十二步驟中，在承認自己無力對抗酒精、承認生活已因此失控之後，第二步驟即是「相信有一個比我們本身更大的力量，能恢復我們心智健康和神智清明」。關於戒酒無名會的十二步驟全文，請參考第十章末。

麼不多給若望幾分鐘，這樣他或許還是有機會活下來。家人說若望到天上當聖徒去了，我卻寧願有一個能跟我一起玩的弟弟，而不是看不見摸不著的聖徒。到最後，我開始怨我自己居然跟我媽媽說若望不會有事，害他錯失治療時機。在我那六歲大的腦袋裡，已經無意識地把這件事翻譯成「我害死了若望」。後來，我因為支氣管炎住院，沒辦法參加若望的葬禮，也沒辦法透過哀悼克服自己的憤怒。雖然我們會全家一起念〈玫瑰經〉[7]，請若望扶持我們全家，但我還是滿懷心痛與寂寞。

我把害死弟弟的自我厭惡感埋進潛意識裡，放任它隨時肆虐。我不再跟朋友來往，因為我怕失去他們，就像失去若望一樣，我不敢再受一次這樣的創傷。而且，有誰想跟害死自己弟弟的人交朋友呢？我也常想為什麼若望對我那麼好，我卻老是欺負他？我完全喪失了自信，上課時被叫起來念課文，不管內容多簡單，我都念得結結巴巴。我變得只跟年紀更小的孩子玩，並拒絕一切讚美與關愛。

這種情況一直持續到中學。在這過程中，我也曾千方百計地想重新接納自己：如果我能克服羞怯、大大方方地表達主張，會不會更喜歡自己一些呢？於是我參加辯論社，表現得也不錯，可是，我還是不喜歡自己；後來，我想用存錢來增加安全感，變成了同齡孩子裡最有錢的一個，可是，我還是看不起自己；接著，我拼命念書，想用學業來證明自己，結果我真的全班第一名畢業，幾乎什麼事情都能侃侃而談，卻唯獨無法說清為什麼這麼討厭自己。我臉上笑得燦爛，心裡卻完全相反。

中學畢業後，我加入耶穌會想當神父。我想，當時可能是無意識地覺得，若是我將一生完全獻給上主，應該就能漸漸接受自己，並終於獲得平安吧？耶穌會生活是以三十天祈禱開始的，希望我們能藉此將生命帶給基督，並領受基督的生命。於是我帶著要改變四十種壞習慣的決心參加避靜，因為我可不想白白浪費三十天的時間！

漸漸地，神的愛穿透我冰冷的心，恰似陽光融化了冰層，只留下一汪淚水。我發現慈愛的天父將一切賜給了我，祂慷慨大方一如楓樹，甘願散盡百千種子，只為孕育小樹一株。如果我真是依祂模樣而造、真是聖神的宮殿，那我一定會是個特別的人。神的手裡沒有瑕疵品。我開始看見祂點點滴滴、無微不至的關懷：祂沒讓支氣管炎奪去我生命、沒讓朋友打偏的球弄瞎我的眼睛、讓我擁有願意為孩子犧牲一切的父母……這些事、這些人，讓我發現，自己原來一直備受關愛。

就在這時，我接到了一封信告訴我，奶奶的手癱瘓了，而且可能來日無多。我想趕快回信，卻害怕這會是我寫給她的最後一封信，於是我開始祈禱，祈求上主告訴我該寫些什麼。我憤怒地質問上主：祢怎麼能這樣對待一位這麼善良、又天天望彌撒的婦人，讓她雙手癱瘓，連自己吃東西都不行？祢不是跟我一樣愛她嗎？但是我慢慢地開始瞭解，正如我深愛雙手癱瘓的奶奶遠勝於能為我做更多事的人一樣，神也是一樣，即使奶奶現在如此無助，神也依然深愛著

7　譯注：念〈玫瑰經〉為天主教傳統靈修方式之一，搭配玫瑰念珠誦念。

她。我們之所以被愛，並不是因為我們能做什麼，而只是因為我們就是自己。我感到神的愛宛如一陣洪水襲來，將我捲走、沖向另一個愛自己的層次。我頓時明白我之所以深愛奶奶、深愛自己，並不是因為我們做了多了不起的事，而是因為我們就是自己。

不過，天父並未就此停手。在避靜期間，我們必須把過去的所有罪惡全放在天父跟前，向祂懺悔、乞求祂寬恕我們曾有的過犯。當我問基督我該懺悔什麼時，祂讓我心裡浮現了一個畫面：有個小男生站在若望床邊說著：「別擔心，他只是感冒，很快就會好了。」我看著六歲的自己想盡辦法安撫媽媽的憂心與自己的恐懼，同時也感受到耶穌對一個嚇壞的孩子的愛。更令人驚奇的是，我可以正眼面對自己一切的罪，無論我是犯了無心之過，還是惡意地欺騙傷害別人，我都同樣能感到耶穌深愛著我、接受了我。就好像小孩生病時，媽媽會更關心他，甚至守在床邊廢寢忘食。我也感覺到，我越是向耶穌表白自己的罪，他就越關心我。我看到他對著我微笑，因為他不只原諒了我五十次，更原諒了我五百次。他的笑深深烙進我心，於是，我也寬恕了自己。我覺得一層厚實的殼頓時迸開，讓我有了全新的自由，做我真正的自己。

從耶穌的眼、從「光」的眼重新檢視自己的一切善惡，不僅讓我經驗了澎湃的情感，也讓我深刻地發生改變。我拋開了那四十種壞習慣的清單，代之以四十個我知道自己被愛的理由。即使我知道許多人會離開初學院，並會帶來如同若望之死所帶給我的離別之苦，但我又開始交朋友了。以前，我總是會準備很多家當，好讓自己有安全感，但在避靜之後，我幾乎清空了房間，從此只想倚賴天父。我甚至不再對成績患得患失，雖然努力求學，卻不再用成績衡量自己。過去，我會為了成績跟同學爭個你死我活，但現在，看到其他人成績出色、或是提出很好的見解，我會由衷感謝。

從耶穌的眼——「光」的眼——重新來看若望的死，不斷更新了我的眼界，那曾經傷我極深的分離之苦，逐漸被因分離而成長的感恩取代。我想，若不是若望死後留給我們的寂寞，爸媽大概不會領養一位那麼好的妹妹——我們太需要一個人來付出愛了。另外，我也因此變得跟弟弟丹尼斯更親，因為我們都知道不能把彼此的存在當成理所當然。直到現在，我們還是一起寫書、一起帶避靜、一起分享生命裡的一切。我們更珍惜彼此，絕不希望在對方過世時，彼此還有心結沒解開、還有感動沒分享。

若望的死也祝福了我的牧靈工作。當駐院神父時，我很能親近喪子的父母，因為我瞭解他們的感受，也會盡力讓他們不再有罪惡感；聽告解時，我也渴望移去告解者的罪惡重擔，因為我知道「我不好」的感覺有多麼令人苦惱。我曾經為了如同若望之死的事而傷心、痛苦，所以當我看見殘疾之人時，便更想為他們的身體和心靈祈禱。或許，若望之死讓我明白了死亡能為生命帶來恩賜，我才會想到可以藉由臨終五階段的概念，來為人作內在（心靈）醫治的祈禱。

我希望自己能善用若望僅僅擁有三年的生命恩賜。我希望自己的牧靈工作能延續他的關懷、他的微笑，還有他的眼淚。我希望若望能常常提醒我，要為天父而活，不要為必朽之人的讚美而活。我希望自己能助基督一臂之力，和祂一起為人治療記憶，讓他們能用基督的眼重新檢視自己的生命，獲得全新的自由。

與「光」的無條件之愛相遇

所有曾經從「光」之眼檢視過生命的人，都能經驗到我曾經歷過的美好。從此以後，每當我又因為神或自己的負面形象而痛苦（例如我又無法接受人家的讚美了），我都會再和基督檢視一次自己的生命。我會坐定，拿張白紙，盡可能地讓房間敞亮，好提醒自己正與基督同在。接著，我會好好看著那張白紙，像在看電視一樣，然後記下基督想讓我看見的生命段落。隨著往事一一浮現，我也會在紙上書寫、或畫下這些片段。最後，我會花幾分鐘感謝基督，謝謝祂讓我看見這些充滿著祂的愛的往事。祈禱之後，耶穌總會喚我一聲「小瑪竇」，其中的慈愛溫暖，遠超過任何人的呼喚。

通常在我太過灰心時，我的「電視」也會暫時拋錨，顯示不出基督傳來的畫面。這種時候，我會聽見耶穌問我下列問題，讓我能夠重新與祂「接軌」，想起祂如何透過別人愛我，又如何透過我來愛人。

與耶穌——「光」——一同檢視生命

◆被愛

- 哪些人最愛你？是家人？朋友？或是老師？（想像你越過前門，走進每個房間，看看那些自己待過的地方，直到你找到那些愛你的人。接著，把注意力專注在一個人身上，並和基督——「光」——一同分享你有多麼感恩。）

- 哪些事讓你成長最多？是挑戰？祈禱？還是成功？（回味讓你成長最多的學習、工作、歡樂或其他時光。）
- 哪些時刻你深深感受到神的寬恕（就像珮蒂被蘭道夫寬恕）？（回想自己真摯地道歉的時刻。）

◆愛人

- 神運用了你哪些天分？（想想你的專長、最愛做的事、最快樂的時光。仔細看看身體的每一部分，直到你能為自己的恩賜而感謝神。）
- 哪些人透過你遇見了神，並因此過得更好？（回想你曾經傾聽、幫助過的人，還有那些你曾為之代禱、與他們一同歡笑的人。）
- 哪些時候你主動接近那些傷害你的人，並真誠地寬恕了他們（就像蘭道夫寬恕了珮蒂）？（回想那些別人不理會你、不感謝你，但你還是微笑以對的時刻。）

◆傷害

- 蘭道夫就跟蕩子的父親一樣，即使在珮蒂最叛逆時，也依然愛她。你有生以來做過最壞的一件事是什麼？那時耶穌和天父還怎麼愛著你？（想想那些你曾狠狠傷害、卻還是深愛著你的人。）

◆受傷

- 什麼時候你受傷最重（比如若望之死）？在那之後，你又有了什麼成長？（想想那些愛你最深，因此也能傷你最重的人。）

最後幾個問題的確較難回答，但它們更深刻地揭示了上主的愛。為什麼呢？因為在美好的時刻裡發現神的愛，其實並不困難，但在那些自己受傷或傷害別人的痛苦時刻裡，要發掘上主的愛卻非常不容易。然而，若不是知道在我行徑乖張、眾叛親離的時刻，上主還怎樣地愛著我，我怎麼會明白上主愛我多深呢？除了蘭道夫之外，有誰會愛那樣的珮蒂呢？我通常都要透過前六個問題，久久沉浸於神的愛裡，才能試著回答第七、第八個問題。

這本書接下來的篇幅，都是要處理第七和第八個問題。如果沒先好好回答前六個問題就繼續讀下去，只是浪費你的時間精力。我希望在你繼續讀下去之前，先花點時間，好好靜默、祈禱，真誠地回答前六個問題，這樣，你將由衷感到基督——「光」——是真的**深愛著你**。

第6章　第二種先決態度：與慈愛的神分享一切感受

諸事不順的時候，若是有人對我露出聖潔的微笑，說「只要禱告，就能經驗神的愛」，我只會覺得一肚子火。那些時候基督似乎遠在天邊，祂的醫治就跟瀕死經驗離我一樣遙遠。讀經、祈禱、與基督對話，就跟討論韋氏字典一樣枯燥。

很多時候，祈禱似乎沒什麼用，就跟言不及義的空談一樣讓人覺得空虛。這時我總是會想，什麼時候才能有場充滿意義、能讓我生命發生改變的對話呢？我逐漸發現，深刻的對話往往好酒沈甕底，我通常要經過一段毫無新意的寒暄（天氣真好）、隨口聊聊別人的事（哈利碰到的問題）、對想買的東西評論一番（哪種價錢的車最好），然後回答一下自己最近在做什麼（帶避靜啊！）——最後，我們才能好好分享一下彼此的內在感受。在我終於能像厄瑪烏（以馬忤斯）門徒那樣，好好地談關於自己瘋狂追求安全而感到疲倦、對朋友過世而感到寂寞、對不可知的未來而感到恐懼、對近來的失敗而感到憤怒、對朋友疏於聯絡而感到挫折的時候，對話才會成為生命中值得記憶的轉變時刻。

當我發現祈禱沒能讓生命發生什麼變化時，我往往會對基督隱藏起自己的真實感受，而不像大德蘭（Teresa of Avila）那樣，誠實地與基督分享她的掙扎。聖女大德蘭是祈禱的良師，在她發現自己無法祈禱時，她會忠實地告訴耶穌她很寂寞、很悲傷，然後，基督便為她掃去了寂寞、治好了她。[1]而我遇到同樣狀況時，卻是先來一段陳腔濫調（念上一段冗長的禱詞），然後談談別人的問題（請停止戰爭與飢荒吧！），接著談談一些想法（祢為何容許苦難發生？），再請祂幫我解決一下眼前的問題（這禮拜講道要講什麼？），最後再跟祂說我願意為祂做些什麼事。總之，我對自己的感受避而不談，好像我一點都不倦怠、不恐懼、不憤怒、不鬱悶、不寂寞、不困惑也不焦慮。當我在祈禱中提到感受時，通常都是為了正面感受而感謝祂（如喜樂、平安、耐心等），或是跟祂說我希望能有什麼感受。當我來到「光」——基督——的面前時，我常常還是帶著那張我無法信任任何人的微笑面具，隱藏自己真實的感受。我無意識地想著：「如果祂真的認識我，祂就不會喜歡我。」

我真正的問題在於：因為我不喜歡自己，所以也覺得基督不喜歡我。當我感到憤怒、恐懼、沮喪、挫折時，我會把對自己的感受投射到別人身上，以為人家也是這樣看我。我的行為模式就跟我那五歲大的表弟一樣，那小子只要弄壞了什麼東西，就會自己對自己鬼叫一陣，然後跟他爸爸說：「把拔，我已經罵過自己了，你不用再罵了。」當我想著「如果祂真的知道我是什麼樣的人，一定不會喜歡我」時，我其實要說的是「我不喜歡自己，所以耶穌也不會喜歡我」。而當然，若是連我自己都沒辦法接受自己的憤怒、恐懼與沮喪，也就難怪我會把基督當成審判者，而非光明的存在；難怪我會覺得自己一錯再錯，而不會從神的角度來重新檢視自己的人生。於是問題來了：我該怎麼接受自己的感受，從而繼續祈禱、得到治療呢？

接納種種感受，並與「光」分享

在重寫本段三次之後，我呆坐在寒冷的房間裡，心裡深感挫折（我承認，這是我對「一肚子火」的委婉說法）。雖然我無法預先掌控自己會不會冷、會不會感到挫折，但在這些感受出現時，我可以選擇起身生好暖爐，或是繼續這樣冷下去；我也可以做點什麼來減輕挫折，或是放任自己繼續挫折下去。重點是：無論是寒冷或挫折，都只有在被放任不管時，才會變得有害。就像現在，若是我不去處理寒冷和滿腔怨氣，我可能就會感冒，並且變得更加挫折。忽視感受固然有害，放縱感受也沒好到哪裡去。就像我不想讓寒冷的房間阻礙寫作一樣，我也不想讓種種感受主宰自己的人生。盲目地跟從感受而行，絕對稱不上自由，只能算是感受的奴隸。所謂自由，應該是真誠面對種種感受，無論是寒冷、寂寞、挫折、憤怒、喜悅，全都張開雙手歡迎它們——然後，再好好決定該怎麼回應。

許多人認為，有些感受是好的（如喜樂），有些感受是壞的（如恐懼、憤怒、挫折）。但其

1 Teresa of Avila, *The Autobiography of St. Teresa of Avila*, tr. E. Allison Peers (Garden City: Doubleday & Co., 1960), Bk. I, Ch.8. 中譯本為《聖女大德蘭自傳》（星火文化，2011）。

實，感受就像我剛剛生好的火一樣，不好也不壞。生在爐子裡的火，可以讓我免受嚴寒之苦，但若失去控制，我的整間屋子都會毀掉，我也會暴露在殘酷的嚴寒中。感受就像火焰一樣，如果我們處理得當，它們可以保護我們，但如果我們放任不管，它們也能毀了我們。感受不會憑空消失，即使你故意視而不見，也只是自欺欺人，不管你多想眼不見為淨，它們**還是存在**。

我們常把暖爐改裝成地爐，不想讓客人看到它又黑又滿是灰塵的樣子。同樣地，我們也常這樣對待自己的感受，特別是那些「負面」感受。從我們還是小孩開始，大人就常說「不准哭！」我們從小就被耳提面命要面帶微笑，即使被打、被罵，也不敢把怒氣發洩出來。在成長過程中，我們慢慢學到若是想討父母歡心、同儕青睞，就要把恐懼、憤怒及其他「負面」感受深深藏起，埋進不見天日的潛意識中。

我們也慢慢學到，越是清楚自己的感受是什麼，就越容易處理它。我們可能都曾躲在被窩裡發抖，以為在窗外敲個沒完的是可怕的火星人，但在發現那不過是風在吹動樹枝之後，所有的恐懼也就一掃而空。我們越能說出我們真正恐懼或感受的名字，就越有機會處理它，而不是讓它來處理我們。說出感受的名字是困難的，因為我們學會了給感受貼上錯誤的標籤。向惡徒怒吼「給我小心點，不然我揍你！」比暴露恐懼的真實感受「我怕你扁我！」要容易多了。隨著年紀的增長，我們對「給感受錯誤的命名」就越有經驗，明明很怕數學當掉，卻變成怨恨數學老師上課太無聊。我們變得越來越精通藏匿感受之道，忙著把種種內在感受往外拋，再偷偷塞進周遭的人事物裡頭，讓它們看起來像是跟自己沒關係的問題。於是，「我討厭這門課」的感受，被轉化成了

「這門課有夠無聊」，原本是我自己的問題，頓時變成了老師、課程的問題。同樣地，「你」也變成了藏匿感受的好地方，於是「我很生氣」硬是變成了「是你惹我生氣」。

我們有時甚至會用「我**覺得**那是他的錯」輕易帶過，假裝自己已經面對了自身感受，但其實這跟「我**認為**那是他的錯」是同樣的。把「覺得」改成「認為」，只是在表達判斷（事情的對或錯），而非**表達感受**。「我覺得那是他的錯」可能是「我覺得受到傷害」的掩飾。感受常常是我們內在小孩的呼聲，不是在思想，而是在哀訴、在咯咯地笑、在扭動地說：「我想要，我需要，我希望，我不要，我不能夠，我不在乎，我感覺……等等。」

有不少醫師跟尤金．簡德林（Eugene Gendlin）一樣，認為受壓抑的情緒遲早會起而「反撲」，造成緊張、疲倦、頭痛、胃痛等生理症狀。[2]簡德林建議我們多多留意身體情況，要是頭痛，就專心體察頭痛，並在心裡對著它說：「你本來是情緒，但我沒顧好你，於是你現在變成頭痛。現在我要你回來，我想感受一下你是什麼情緒。」簡德林認為，經過這樣的練習，身體症狀會漸漸呈現出一些被埋沒的感受，它們可能是恐懼、憤怒，也可能是一場惡夢。在感受現形之後，還要進一步探究自己為什麼會有這種感受。在終於釐清自己真正的感受、也想出為什麼會有這種感受之後，身體症狀也會漸漸消失。

昨天我才動筆了十五分鐘，就把寫的東西全都撕了。我覺得自己的內在在呼喊，似乎想讓

2 尤金．簡德林提出的體察身體程序，近來也被修改應用。請參考Edwin McMahon and Peter Campbell, *The Focusing Steps* (Kansas City: Sheed & Ward, 1991).

我聽到些什麼。於是我躺在床上，認真傾聽身體的聲音，發現自己眉頭深鎖、頸部僵硬、嘴唇緊抿。我開始急迫地想知道自己隱藏了什麼情緒，想盡快讓這些身體症狀現出原形。起初我覺得我是在氣自己沒好好寫作，慢慢地，我還是覺得這些症狀與憤怒不符。後來，我發現自己似乎是太想確定些什麼，我想趕快確定接下來一年該在哪裡做研究，卻覺得自己彷彿在五里霧中走懸崖，踏錯一步即無死所。

弄清了這點之後，我開始思考為什麼會對未來一年這麼焦慮？我越是仔細體察緊繃的身體，似乎也越是清楚緊繃的理由何在——我怕自己繼續研究下去，有一天會突然發現之前的想法全是錯的。我太依賴工作坊和著作來肯定自我形象，使得我不能冒發現它們是建基在沙土上的危險。因為失敗的恐懼是這麼具有威脅性，我壓抑它，它反而一直妨礙我的寫作能力。但是，當我接受並和基督分享我對失敗的恐懼時，所有的緊張都被排出，而我又能再次寫作，因為我沒有必要埋葬自己的真實感受了。

埋藏感受不僅讓我無法寫作，也讓我無法好好祈禱。馬丁・路德（Martin Luther）曾被問過：「好的祈禱的必要條件是什麼？」他回答：「別向神撒謊。」但什麼是「向神撒謊」？如果我們在祈禱時，不坦誠地說出心裡的真正感受，卻叨叨絮絮一些我們覺得自己「應有」的感受，那就是向神撒謊。除非我已遇到聖伯多祿（彼得），並有永恆的微笑，否則當我祈禱「聖潔的天父，我帶著最深的信德、望德與愛德，謙卑地來到祢的寶座之前」時，也只是貌似虔誠的謊言而已。基督沒有讚美法利賽人虔誠的陳腔濫調，反而悅納稅吏悲痛的肺腑之言：「主

啊！可憐可憐我這罪人吧！」（路加福音 18:10-14）

發掘自己的感受，必須先有面對它們的決心，不再鴕鳥似地把它們藏在潛意識裡。感受一直都在，卻未必能被傾聽，但如果我們能把「雷達」調好，敏銳地收聽自己的情緒起伏，會相當有幫助。然而，我們未必總能做到這點，所以在我祈禱之前，我常常會先把自己的感受寫下來。書寫往往能釐清感受，有時錄下自己的話重聽，也有助於認清真實感受。即使只是大聲地對基督說出自己的感受，都能幫助我們分辨哪些是真摯的感受，哪些只是無病呻吟。

舊約先知大聲說出內心一切的勇氣，常令我們汗顏。約伯詛咒上主造他的那天、耶肋米亞（耶利米）責怪上主讓他像個傻子、〈聖詠〉（詩篇）的作者們則大剌剌地請上主砸爛他們敵人的頭。我們常常忽視這些段落，覺得看了彆扭，那是因為我們太不習慣在祈禱中說出真正感受。的確，內心深處的想法、感受，有時可能真的讓人不太自在，更羞於承認，但是，如果我們想要好好禱告，並讓心理常保健康，就一定要跟神分享一切。才華洋溢的神學家與心理學家包約翰（John Powell），就曾這樣說過祈禱的心理基礎：

在我讀到約伯詛咒上主造他的那天、耶肋米亞責怪上主讓他像個傻子、〈聖詠〉作者請上主毀滅他們敵人之時，我真想跟他們道聲恭喜！因為他們說出了真正的想法，也更懂得如何祈禱。想想現代心理學花了多少心思、發明了多少種治療法，目的就是讓人面對自己的真實感受，讓他們不再被潛意識裡的壓抑情緒折磨！沒有明文寫出、但實際上相當有效的一條定律是：如果一個人能學會向別人表達自己的真實感受，他和別人的關係就能因坦誠溝通而加深，而深厚的人際關係，又能進一步促進心理與情緒健康。祈禱也是一樣，如果我連在神面前都戴著面具，自然無法好好地跟祂溝通，也無法好好地祈禱，既沒辦法真正認識祂，也沒辦法感受到祂非常瞭解我。這樣的信仰充其量也只是表面的，充滿著貌似虔誠的陳腔濫調與幻想。[3]

聖奧斯定（St. Augustine）的祈禱也非常誠實：「主啊！請賜我守貞之德，但別太快應允！」耶穌想和我們好好聊聊，所以我們大可向他一訴衷腸。我在祈禱時，常會想像耶穌就坐在我身旁，就像他曾坐在撒瑪黎雅婦人身旁一樣（若望／約翰福音4），但他不只想喝水[4]，也想聽我說出內心深處的感受。於是我將水桶深深垂進幽暗的井裡，自問：能否從這深不見底、瞬息萬變的感受之井中，為上主打上滿滿一桶的真心感受？我探身張望，深盼看透水面浮塵，找到那股深層、純粹的感受之流。啊，我看到了！在那被打擾的不快底下，原來還有對自己沒耐心的怒火，而在這怒火底下，還藏著一股恐懼的暗流，恐懼自己光說不練，寫了很多卻很少做到。

我拉起水桶，裡頭滿是擔心自己偽善的恐懼，我將它交給基督，那光的存有。祂要談談有關我的生命歷史，以及我需要祂的接納的活水，好治癒我過去的創傷。我跟那位撒瑪黎雅婦人一樣，與眼前的人越聊越深，越來越接受自己的偽善，也越來越接受自己。最後我轉頭，對著那些曾經傷害我的人說：「你們來看啊！有一個人說出了我所做過的一切事，莫非他就是基督？」[5]是啊，我遇見了基督，那光的存有。

我不必等到過世，才能面見「光」。我可以像厄瑪烏（以馬忤斯）的門徒[6]，或是撒瑪黎雅婦人一樣，隨時找到我的上主。每次與祂相會，我都會跟祂分享那些因受傷而深深藏起的感受，而祂無盡的愛總會深深滲透我心，撫平我的創傷。

現在，請你問問自己的內心，是否願意像厄瑪烏的門徒一樣，將自己埋藏多年的恐懼、挫折、憤怒與自卑全都掏出來，與基督一起分享？你是否願意讓基督透過聖經引導你，讓你知道自己一直都在嫉妒、自憐自艾、輕視別人、自高自傲，而且心胸狹窄、見不得別人好？你是否願意把那些不願讓人知道的事全都告訴耶穌？最後，你是否已經準備好要接受治療，或是還想繼續強顏歡笑，假裝一切都好？

---

3 John Powell, *A Reason To Live, A Reason To Die* (Niles: Argus, 1975), 145. 中譯本為《生之渡》（光啟文化，1989）。

4 譯注：在撒瑪黎雅婦人的故事中，耶穌累了坐在井邊，向來汲水的婦人討水喝。並向她表明自己是基督、是永生的活水。請見〈若望福音〉4章5-26節。

5 譯注：作者沿用同喻，刻意引用撒瑪黎雅婦人之語作結。請見〈若望福音〉4章29節。

6 譯注：請見〈路加福音〉24章13-53節。作者對這段故事的詮釋，請見第三章。

第四部

臨終與寬恕五階段

在深深感受到神愛著我們，而我們也願意與祂分享自己的感受後，我們便能和祂分享痛苦的回憶，好讓創傷獲得治癒。正如庫伯勒－羅絲醫師依序探討了臨終之人的否認、憤怒、討價還價、沮喪與接受等五個階段，本書接下來的五章，也要依序談談一個人如何慢慢走過這五個階段，讓記憶獲得治癒。

在每一章中，我們都會以四個面向討論其中一個階段，這四個面向分別是：(1)症狀；(2)聖經基礎；(3)為什麼這個階段是健康的；(4)如何藉著禱告度過這個階段。每章一開始皆是從症狀入手，讓我們能釐清感受，並思考在這個階段，聖神想用這些感受告訴我們什麼。接下來會以聖經故事為例，看看聖神（聖靈）曾以類似的情況如何工作，我們也會特別著重蕩子回頭的故事，因為那是治癒記憶的極佳例證，能讓我們深刻瞭解創傷如何被轉化為恩賜。再來會特別說明為什麼這個階段的種種感受是健康的，以及為什麼我們不該否認這些感受或希望自己處在另一個階段，反而應該接受它們，並從中獲得成長。最後則將探討該如何藉著禱告度過這個階段，獲得基督的回應，並轉而寬恕創傷。

從這裡開始直到全書結束，請你用心去讀、仔細思考，千萬不要匆匆翻過、囫圇吞棗。在閱讀過程中，請你認真想想生命裡的創傷，並靜下心來真誠祈禱，與我們攜手度過每個階段，並仔細檢視我們說的是不是跟你的經驗不同。我們都知道，花上一個鐘頭細細體會一段聖經，比匆匆讀過整部福音書要好；同樣地，仔細體會接下來的每一章，將它們與你的生命經驗互相對照，一定也會比隨手翻完這本書收穫更大。這本書是以《神操》為基礎所寫的，所以也和《神操》一樣，需要花上三十天時間來祈禱、體驗，而不是匆匆瀏覽而過。

事實上，接下來要談到的大部分事物，都早已存在你的腦海之中，只是你還沒仔細沈澱、用心體會。就我們的經驗來說，參加記憶治療工作坊後收穫最大的人，並不是那些猛作筆記、努力死背的人，而是那些用心祈禱、專心體驗的人。

第7章 第一階段：否認

我當駐院神父的時候，如果醫生要告訴病人他們得了癌症，我常常會被一起找去。就我記憶所及，每個病人都會先試著否認這件事，他們或者顧左右而言他、或者假裝一點事也沒有，他們有時會故意找事情忙，有時則會花上好多時間精心打扮，試著抓住飛快逝去的美貌。當我自己受到傷害時，反應也差不多。

有一次，當我被派到南達科他洲（South Dakota）狂風橫掃的玫瑰芽蘇族保留區教書時，我深深地受到傷害。那時我有點忐忑，因為這是我第一次教書，而且由於晚上還要監管宿舍，即使我努力地備課，還是很少超前進度，連超前學生已經學習過的一兩頁都很困難。為了讓我那些蘇族學生更加專注上課，不再繼續在書桌上刻他們的名字，我成了編造歷史事實的高手（例如拿破崙的馬有六呎高，跑得比一般四呎高的馬快一倍半）。我一直努力想準備得更好，卻仍然感到挫敗。

在我漸漸覺得自己比隻鴨子還不如時，一起同住的神父又剛好要我跟大家談談祈禱。我試著告訴他們我對祈禱實在不擅長，而且幾乎沒有時間祈禱，可是他們還是努力說服我，說即使如此，和大家分享我是怎樣努力地祈禱也不錯啊！最後我同意了，心裡想著如果我坦誠地談談自己要多努力才能繼續祈禱，也許能夠拋磚引玉，讓大家也開口說說自己的努力經驗，這樣我也能從中成長。於是，我盡可能地坦白，把能分享的全都分享了——甚至包括我有多常為了教學的窘境祈禱。講完之後，我覺得舒服多了，畢竟，我相當誠實地分享了自己在祈禱上的努力。

結束後，眾人魚貫走出交誼廳，到餐廳去喝喝咖啡、吃吃點心。當我停在布告欄前觀看時，碰巧聽到了餐廳角落的幾句對話。那兩個人跟我交情不錯，話題就是我剛剛的心得分享。直到現在，我想到那幾句話還是覺得很難受。其中一個說：「你覺得剛剛講得怎樣？」另一個說：「我覺得跟初學生講得沒兩樣。真不敢相信他已經進耶穌會六年了，祈禱了這麼久還是如此，真不知道他還能在耶穌會裡待多久。」

我大為震驚，也整個愣住了。我沒有聽錯吧？我的好朋友葛斯，居然說我不可能當神父？我的下巴幾乎闔不起來，雙腿發軟，脊樑竄起一陣寒意。我覺得自己被孤伶伶地留在一個滿是狙擊兵的世界裡，其中一個狙擊兵才剛在我背後狠狠刺了一刀，刀身還在我身體裡猛力扭轉。我彷彿凍結般地僵立在布告欄前，假裝自己看得很專心，但其實視線早已模糊一片。那種感覺，大概就叫「崩潰」吧？一位賢妻良母突然聽丈夫說他想離婚，大概就是這種感覺……怎麼會這樣？

否認的症狀

然後，我馬上開始否認這個創傷，好讓自己能夠正常度日。否認可以啟動心理防衛機制，讓我能有餘力重建自信（即使這個方法未必健康）。我最愛用的方式就是把事情合理化，用理性證明這其實沒什麼好擔心的。我的腦袋瘋狂運作，冒出一個又一個的藉口，像是：「他是在開玩笑啦！每次座談他都這樣講。他不喜歡是他的事，我可以找出六個人說喜歡。」（這時我會去幻想哪些人會喜歡我的座談，而他們又會多麼讚譽有加），或是：「而且他遲到了，錯過了最精彩的部分，所以他根本沒立場做這種評論，我何必在乎他的意見？」一開始我還不能完全接受自己的加油打氣，但在經過一整天的反覆自我說服之後，我真的相信自己已經沒事了。「我本來可能講得更糟的。而且這種事每個人都會碰上。」我很理性地告訴自己，否認了自己的傷痛。

然而，否認掩蓋了我的痛苦（我現在從「震驚心痛」降到「感覺不太好」了），也掩蓋了我的恐懼與憤怒。剛開始時，我不敢跟葛斯碰面，他從東來，我往西走，我會想辦法避免碰到他。後來，我漸漸能跟他比肩而坐了，但還是只會聊聊天氣、比賽之類的，不想談得更深。更後來，我碰到他時終於不再覺得扭捏，但對他還是有種模模糊糊的不快，就好像和陌生人相處一樣，總覺得不太自在。最後，連我自己都差不多忘了他曾經讓我很難過，但他說話我總是聽得漫不經心，也不再向他表露我的感受，跟他講話也更謹慎小心。對於他，我始終不像對其他耶穌會的弟兄一樣心懷感激。

我也試著掩蓋、壓抑受傷的感受。有些人逃避的方法是酗酒加吸毒，我的方法則是工作、睡覺、看電視、吃吃喝喝，雖然手段溫和得多，但其實也是在逃避。我拼命工作（這是我最好的情緒止痛劑），讀了一大堆書來備課，只是我常常心不在焉，有時書看完了一章，卻根本沒搞懂人家想說什麼。現在想想，我那時會那麼拼命備課，其實是很明顯的心理補償作用，想用一個地方的成就，來彌補另一個地方的挫折。

我就這樣不斷地逃避，用各種方法轉移自己的注意力，卻從未從中得到任何樂趣。我看了更多的足球比賽，廣告一來就大口吃洋芋片。我也睡不安穩，做了一大堆夢（夢裡不是追著人跑，就是被別人追著跑），總是覺得休息不足、精神不振。我那深層的創傷宛如無底洞，不管我拿多少東西去填補，都無法得到真正的快樂。更糟的是，我的種種逃避反而強化了壓抑，讓痛苦、危險的想法更難從潛意識裡浮上意識層次，於是我也真的相信「都沒事了」。

除了在洋芋片裡尋找滿足之外，我更想藉著別人的肯定得到滿足。我開始到處問人對那次座談的意見，但即使他們覺得不錯，我還是沒有滿足的感覺。接著，我開始表現得跟內心感受完全相反（心理學說這叫反向作用）[1]，見到葛斯時，我會報以陽光十足的微笑，證明自己一點問題都沒有。我也逐漸變成一個只會附和的人，見人說人話、見鬼說鬼話。我想要的是一個

1 譯注：反向作用（reaction formation）為心理防衛機制之一，意指人為否認、掩飾、壓抑內心的真正欲望，而表現出與內心欲望全然相反的行為。

溫暖的微笑，而不是認真的意見。因為我實在太需要人家給我笑臉了，我開始真的以為每個人對著我微笑——事實上，他們當然沒有，是我把自己的欲望投射在人家身上。

即使在祈禱時，我也是用同樣的方式對待神。我只想從祂那裡得到慰藉，既不準備傾聽，也不打算接受挑戰。為了怕神真的提出什麼挑戰，我祈禱時有九成時間都在講話，只花一成的時間傾聽，而就算是傾聽，我也只是注意有沒有什麼靈感跑出來，不多理會內心的感受。我把自己脆弱、敏感的感受全都隱藏起來，只告訴祂我有什麼偉大的想法，好得到祂的肯定。但沒過多久，我就對那些偉大的想法沒了興趣，祈禱時也總是分心，於是我越來越覺得有沒有祈禱好像沒什麼不同，因此就更不花時間去祈禱了。在這過程中，我無意識地把「我不重要」的想法投射出去，開始覺得神也不怎麼重要。

神對我變得不重要，而我又缺乏安全感，於是我企圖用罪的黑幕掩蓋起自己的不安全感。我之所以說「罪」，是因為在我試著掩飾因受傷而起的不安全感時，我犯罪的習慣全都回來了——如果我會藉著輕視別人來哄抬自我，會看到別人教學、靈修不順而暗自竊喜，那我不是驕傲是什麼？我越來越封閉自己，不想跟人有什麼往來，聽人說話也只聽一半、不太在意他們的感受。因為我心理受創，變得太過敏感，於是也不願面對他人的感受。

合理化、壓抑、投射、幻想、反向作用、補償作用、罪……每當我受到創傷，這一連串症狀就會全數回來，而且受創越重，我用的方式就越多，最後，它們甚至變成潛意識的直接反應，我一點都察覺不出來。我的情況是這樣，其他人一定也有自己最擅長的防衛機制、最習慣犯的罪。每當我看到那麼多人到了祈禱會場，卻只是高喊「讚美主！一切多美好啊！」我總想聽從卡爾．榮格博士的建議，和他們的配偶、孩子好好地談談。

聖經裡的否認案例

遺憾的是，我並不是唯一一個會否認自己受傷的人。很多人受到創傷之後，都會丟顆否認的煙幕彈掉頭就跑。聖經裡那位蕩子，不就是分了自己的財產就離家而去嗎？（路加福音15）聖經裡沒寫他到底遇上什麼難題（也許是他母親剛剛過世？），但無論如何，這孩子否認自己遇上問題，也不想待在家裡面對它、處理它。同樣地，直到這孩子離家之前，他的父親可能也沒意識到這問題讓孩子有很大的壓力。在此之前，這孩子可能表現得毫無異狀，照常工作、參加敬拜，一句怨言也沒說。他成功地將自己隱藏在否認之霧後面，不讓任何人看穿。所以到後來，這位父親一定很驚訝孩子突然要分財產、突然要離家！

否認也可以是健康的

一年前，我在一個十字路口出了場車禍。我的小車撞得稀爛，但我卻毫髮無傷。我本來想自己爬出車外，但匆忙趕到的護士卻覺得我一定有受驚嚇，所以叫我坐下別動。我婉拒了她的好意，因為我覺得自己好得很，所以又想要自己爬出來。結果她一把將我推回去，正好讓我跌坐在一個核桃派上——這時我可真的受到驚嚇了！

在受到生理創傷時（比方說遇上車禍），我們的身體也會受到驚嚇，開始試著保存能量，強迫自己休息。我們會變得面無血色、心跳加速、呼吸變淺，甚至昏倒。每個當過童子軍的人都知道，這些身體反應不需要特別處理。就讓嚇到的人好好躺著，鬆開他們的衣物，讓他們漸漸恢復正常呼吸，過一會兒就沒事了。身體的受驚反應本身即是一種治療，能讓生理創傷逐漸恢復。

在受到心理創傷時（比方說我聽到葛斯說了那些話），我們的情緒因為受到驚嚇，也會開始否認。然而，就像身體的受驚反應一樣，否認也是讓情緒恢復健康的必要過程，不需過度反應。若是強迫自己面對暫時需要否認的事，反而會讓自己崩潰。在我們能好好處理創傷之前，暫時別去面對才是上策。畢竟，要是我們隨時都想著一切有待治療的創傷，可能只會覺得深陷泥沼、舉步維艱。我們有時必須像參加戒酒無名會一樣，一步一步地處理問題，而非妄圖一次了結所有創傷。在與他人一同祈禱時，不要勉強人家碰觸過深的傷痕，而是要溫和地處理他已準備好和基督一同面對的創傷。[2]否認能讓我們不致被過多的焦慮、不滿與不安全感吞沒，因而一蹶不振，失去處理創傷的能力。

從某方面來說，否認就跟憂慮、悲傷一樣，如果適度，反而能幫助我們克服恐懼。近來研究發現，適度的憂慮與否認，有助於病人的術後恢復。在手術之前，研究者先依病人對手術的在意程度，將他們分為「過度憂慮」、「普通憂慮」、「毫不憂慮」三組。手術後的調查發現：過度憂慮（即極少否認）的病患恢復最慢，他們的恢復速度，幾乎就跟毫不憂慮（即太過否認）的病患一樣久（後者因為事前沒多想疼痛問題，對疼痛情緒反應很大）。普通憂慮（亦即普通否認）的病患則恢復速度最快，也最能面對疼痛，他們的止痛藥劑量幾乎只要一半，因為他們事前已預想過疼痛問題，而且適度的憂慮與否認，也減少了他們情緒上的痛苦。

適度的否認也有益於靈性健康。我每次避靜完，都覺得能把這五件重要的事做得更好：我會更常祈禱、花更多時間準備彌撒、對周遭的事更感謝、更懂得傾聽，也更能在工作時感受神的陪伴。但要是我太貪心，想一次完成這五件事，那我的精力會完全分散，最後沒一件事做得好。

好幾世紀以來，修士們會練習「專題省察」（particular examen），一天只集中精神改正一種錯，而非一下子改正五種。但奇妙的是，當我集中精神只改正自己不知感恩的毛病，並為周遭的一切感謝上主時，我的其他四種錯誤也會跟著消失——因為我一旦真的懂得感恩，那我就會發現神一直在我工作時陪伴我，而我也就會更願意傾聽、更想祈禱、更想好好準備彌撒，好向

2 每個人都有心理防衛機制，能讓我們在還沒做好準備時，不去碰觸那些可能讓自己過度焦慮的記憶。在和別人一起祈禱時，請千萬尊重這套自我防衛機制，不要勉強「突破」或「征服」它；反之，請謙恭地體會那慈愛、同情、不妄加論斷的治療。關於與別人一同祈禱的步驟，請參考Dennis & Matthew Linn and Sheila Fabricant, *Praying with Another for Healing* (Mahwah: Paulist, 1984).

上主獻上感謝。專題省察就像是健康的否認，它讓我不會同時注意所有自己需要改變的地方，反而能集中心思在其中一點上，全力將它矯正過來。同樣地，若是我們能善用否認，讓自己一次只專注一個基督想要治療的創傷，那也一定會比一次處理兩、三個創傷來得成功。

新教神學家保羅・田立克（Paul Tillich）不僅談過否認的作用，也提到不斷否認的代價：

> 在某段記憶太傷神、太痛苦時，我們內在的某個東西會阻止我們記起這段回憶。在感恩的負擔太沈重時，我們會忘記曾受的恩；在義務的負擔太沈重時，我們會忘記曾有的愛；當我們的心靈因記恨而混亂時，我們會忘記曾有的恨；當痛苦變得難以承受時，我們會忘記曾有的苦；當我們不再能忍受罪惡感的凌遲時，我們會忘記罪惡感。這樣的遺忘，跟日常生活中忘記事情並不一樣。這種遺忘需要我們與它合作，去壓抑那些我們再也無法忍受的事物。我們藉著把它埋葬在自己心裡來遺忘它。一般的遺忘是自然發生的，讓我們不被數不清的瑣碎小事束縛；然而，藉由壓抑來完成的遺忘，卻不能讓我們擺脫束縛、獲得自由，反而只是硬生生地斬斷讓我們受苦的東西。這時，由於記憶只是被埋葬在我們之中，並持續影響著我們的成長，因此，我們並沒有真的擺脫它的束縛。有些時候，它甚至能衝破它的牢籠，直接而兇狠地攻擊我們。[3]

過多的否認會擊垮一個人，但我們還是能在祈禱中獲得治癒。不過我們該怎麼做呢？

處理否認

在我們受傷、逃跑時，發生在厄瑪烏（以馬忤斯）門徒身上的事，也可能發生在你我身上。那兩個門徒試著擺脫基督受難的慘劇，我試著擺脫葛斯不留情面的批評，而那位蕩子，則可能想要擺脫家裡的誤解。然而，無論我們受到了什麼傷害，都可以跟厄瑪烏門徒一樣，藉著這三個步驟獲得治癒：⑴把自己的感受告訴基督（路加福音24:13-24）；⑵透過聖經，傾聽基督的感受（路加福音24:25-27）；⑶滿心狂喜，依基督的指引而行（路加福音24:32-35）。

厄瑪烏門徒讓基督吸納了他們的一切，也吸納了基督的一切，並因此獲得治癒。偉大的靈修神師大德蘭，不僅把這個過程推薦給初學修女，也同樣推薦給在密契祈禱上已登峰造極的人。[4] 大德蘭也向我們保證，這是所有偉大的默觀祈禱者都走過的路，是聖方濟（St. Francis）、聖安道（St. Anthony of Padua）、聖伯納（St. Bernard）、聖佳琳（St. Catherine of Siena）都走過的路。[5]

我們該怎麼判斷一個人真正做到了默觀祈禱？大德蘭說，真正的默觀者即使仍會犯錯，卻

---

3 Paul Tillich, *The Eternal Now* (New York: Scribner, 1963). 中譯本為《永恆的現在》（大林，1979）。

4 Teresa of Avila, *The Interior Castle*, Sixth Mansion, Ch.7 in *The Complete Works of St. Teresa of Jesus*, tr. & ed. by E. Allison Peers (New York: Sheed & Ward, 1950), Vol II, 305. 中譯本為《七寶樓台》（光啟文化，1991）。

5 Teresa of Avila, *The Life of the Holy Mother Teresa of Jesus*, Ch. 22, *ibid.*, I, 139. 中譯本為《聖女大德蘭自傳》（星火文化，2011）。

絕不會無法寬恕別人。[6] 大德蘭認為，真正的默觀帶來真正的寬恕——事實上，記憶在治癒之後，也能帶來真正的寬恕。真正的默觀者就像厄瑪烏門徒一樣，他們用愛凝視著基督的人性，直到心中充滿他們救主的愛與寬恕，並以祂的愛與寬恕來治癒痛苦的記憶。

◆第一步：把自己的感受告訴基督

要治療一段創傷的記憶，必須對自己的一切感受心存感激（即使是那些你想否認的感受也不例外），並將神希望我們治癒的那段痛苦回憶與祂一同分享。然而，要是我仍處在否認階段，我會為所有的一切感謝上主——除了我的真實感受之外。此外，要是我還處在否認階段，我也會覺得這本書是給別人看的，而不是給我看的。可是，我們每個人都必須治療創傷，不讓這些創傷繼續阻礙自己付出愛、接受愛。畢竟在午夜夢迴時，最常找上我們的，大概就是這些記憶。

問基督一些問題，可以幫自己認清祂希望我們分享的創傷：在生命裡，我希望哪些事換個方向發展？如果想對一切都感到滿意，我要付出什麼代價？我在害怕什麼？（我發現自己內心深處最大的恐懼，是害怕自己沒辦法好好祈禱、沒辦法繼續待在耶穌會，所以我才會盡量避開批評我的葛斯，卻到處詢問別人對那場座談的反應。）看到誰成功，會讓我最難感謝上主？（誠實回答！）我有沒有感覺到，自己的憤怒正偽裝成無法傾聽，或是我的怒火已直接迸發為毒舌批評？跟基督討論這些問題，讓我走出了否認，準備好面對自己的創傷。有些時候，我發現自己必須先好好寫下自己的想法，或是跟一位夠好的朋友深談一番，才能真正釐清、分享自己的感覺，並且誠實地回答這些問題。而且我發現，我越是把這些感受分享出來，就越是不會否認它們。

一旦開始碰觸自己的真實感受，我便將它們與基督一同分享，我還特意大聲說出來，好聽聽那是否真誠：「主啊，一切都很美好！謝謝祢讓我跟大家談談祈禱，大多數人都好喜歡！我知道有些人不太滿意，我也能接受，可是，有某些東西還是傷害了我，於是我發現自己到處尋求肯定。我知道我不喜歡自己的某個部分，也明白那個部分渴求被愛，但那是什麼呢？到底是什麼讓我精神緊繃，脆弱得一碰就碎？我是什麼時候受傷的？我真的是為朋友的批評而煩惱嗎？或者我煩惱的其實是還沒發生的事？」

在把自己的感受告訴基督之後，我會請祂引導我，帶我碰觸祂想治療的感受。我的經驗是：只要我們願意給基督一個機會，好好靜默幾分鐘、心存敬意地等待，祂一定會將那最痛苦、最需要治療的記憶，帶進你的腦海之中。

有些時候，基督會帶出困擾我們多年的過往傷痕。舉例來說，第三章裡提到的那位菲爾，因為太過害怕牙醫，廿三年都沒有看牙，後來帶女兒去看牙醫時，甚至還當場昏倒。他本來想接受心理治療，但一聽到光是發掘他如此恐懼的原因可能就得花上六個月到兩年，而且所費不

6 Teresa of Avila, *The Way of Perfection*, Ch. 36, *ibid.*, II, 159-60. 中譯本為《聖女大德蘭的全德之路》（星火文化，2011）。

背，他馬上就打了退堂鼓。但菲爾後來參加了我們的工作坊，在大家一起祈禱治療記憶時，上主讓菲爾意識到了他恐懼背後的記憶：菲爾十三歲時，有位同性戀牙醫對他口頭性騷擾，當菲爾表達不滿時，這名牙醫竟然把菲爾的雙手綁起，故意不用麻藥鑽他的牙，讓他痛個半死。最後，這名牙醫還打了他一巴掌，警告他說要是他跟別人提起這件事，以後每次看牙都會這樣整他。菲爾將這個創傷埋藏了廿三年之久，直到耶穌輕柔地喚醒這段記憶，並在祈禱中幫助菲爾原諒了那位牙醫。就在那一週，菲爾跑去看牙，想試試自己的恐懼是否已被治癒，結果，菲爾做了根管治療、補了四顆牙齒、裝了一個牙橋，卻一點都不焦慮！

有些創傷要回溯到十三歲之前，甚至要回溯到胎兒時期。[7] 芭芭拉．許勒蒙（Barbara Shlemon）曾提過一名女性（我們稱她為安妮特），她雖然已經接受心理治療十一年，強迫症的情況卻毫無改善，她一晚會醒來九次，一一檢查門鎖、爐子跟櫥櫃。她記不起自己的恐懼源自何時，在祈禱時，耶穌帶她回到了母胎，當時她媽媽剛失去了兒子、弟弟，很恐懼死亡會再次降臨。回到了母胎後，安妮特再次吸收了母親的恐懼，也發現她媽媽曾經因為懷她而身體嚴重不適了三天，從此以後，便無意識地想跟女兒保持距離。雖然在此之前，安妮特並不知道這些事情，但她還是寬恕了媽媽。讓她驚訝的是，在被治癒之後，她終於能一夜好眠了。安妮特的母親之後也確認了，在她懷孕期間，兒子、弟弟相繼過世，懷胎時也曾嚴重不適了三天。

基督有時會讓我們想起一件有待治療的創傷，有時則會在我們想著另一件事、甚至在睡夢中時，出奇不意地治好我們。有位女士參加了治癒早年創傷的祈禱會，卻不小心睡著了，但在她醒來之後，卻莫名地感到身心自在。回家以後，她不但不再做惡夢了，也更能和她那脾氣古怪的殘障母親好好相處。其實，有很多治癒是在睡夢中降臨的，如果我們在睡前祈禱尋求治療，這種情況尤其顯著。

我該怎麼知道基督希望我專注、分享哪個創傷？我總會先祈禱懇求祂的引導，接著告訴祂我現在有什麼感受，並集中精神在這感受上，直到祂讓我想起某個創傷。有些時候，我腦海中會浮現好幾個創傷，這時我會挑出最深或最舊的那個，因為這些最痛苦、也延續最久的創傷，通常就是傷我更深、也仍在困擾我的問題。我開始深深地潛進這個情緒，讓它強烈到連身體都產生反應，我可能會心跳加速、臉色緊繃、哭泣、發冷或冒汗，也可能瞠目結舌或打顫。在我真的感受到一股情緒，而非僅止於想像它時，我的身體總是會有些反應。如果我身體沒什麼變化，我就會繼續追問：「我還有沒有其他感受？」我會持續這個過程，直到發現一個夠深、夠強烈，足以引發身體反應的創傷。

如果我們請基督讓自己想起一個創傷，也花了好幾分鐘虔敬靜默、等待，結果卻什麼都沒發生，這時該怎麼辦？此時，你也許會感到深深的孤寂——請不要放過它，讓它將你帶回生命裡最感孤寂的時刻，例如三歲時等著進手術室的那一刻。即使我們已經把創傷記憶忘得一乾二淨，還是可以抓住當下的感受（例如孤寂），然後開始想像最接近這個感受的情景。或許你所

---

7 Thomas Verny, *The Secret Life of the Unborn Child* (New York: Summit, 1981). 中譯本為《準父母胎教經典》（新手父母，2001）。

懼怕的孤寂，並不是孤伶伶地待在樹林裡，而是出了車禍，身邊卻沒有一個人能幫忙，只能眼睜睜地看著自己血流不止，默默等死。如果這個情景更貼近你對孤寂的恐懼，那它可能就更貼近你對手術無意識的恐懼：默默地在手術台上死亡，從此永遠孤寂。即使那場車禍只是你想像出來的，和基督攜手走進「車禍現場」，祂還是能碰觸、治好你的創傷，治癒你三歲時因害怕死亡而產生的深層孤寂。

在我告訴基督自己很空虛時，好幾件創傷浮現在我的腦海：學生不用功、工作超量、葛斯批評我、若望死了、上司不滿意我的表現……不過在這些創傷之中，最契合我空虛、無助的感受的事，還是被自己的朋友葛斯批評，其他那些都不如這個不堪回首、也不那麼急需治療，看起來不是基督的優先選項。於是，我花了更多精神與基督分享被批評的感受。那好像背後被朋友捅了一刀，生命力幾乎流失殆盡。最後，我將一切的想法、感受通通放在基督手上，就此放下，好讓自己能專注在基督身上，不再緊抓著自己的問題不放。這時，我已做好了準備，可以開始傾聽基督對我的回應。

◆第二步：透過聖經，傾聽基督的感受

如果我祈禱有九成在講話，只花一成在傾聽上，那我祈禱前後的改變自然不大。很多人一定會問：我該怎麼傾聽一位「沈默」的耶穌？答案是**用心去聽**，而非用耳朵去聽。傾聽不是急著搜尋話語，而是深情地凝望耶穌，一如母親深情地凝望孩子，甘願為他獻出生命一樣。所謂

「傾聽耶穌」，其實更像是一種態度，一種只願祂所願的態度，一種即使祂的期待是我最懼怕的恐懼、侮辱，我也願意欣然接受的態度。所謂「傾聽耶穌」，不只是靜靜坐著，而是深情地凝望著祂、愛祂，直到你再也克制不住要去問祂：祢希望我做些什麼？越是愛一個人，就越是在傾聽一個人，每當我在信、望、愛上又前進了一步，我就越是能傾聽耶穌。

在傾聽耶穌時，我會問：若是我和基督一起走在前往厄瑪烏的路上，祂會跟我分享哪段聖經？在那兩位門徒要去厄瑪烏時，他們的感受一定跟我一樣——心裡困惑，對朋友失望透頂。基督回應了他們，所以應該也會回應我吧？

傾聽朋友的技巧，也有助於我傾聽耶穌。我會找個安靜的地方，放鬆、坐下，但專注傾聽，虔敬地捧起聖經，直到我對經上每一個字的力量都滿懷敬意。然後，我會慢慢地讀一段聖經，出聲恭讀三次或更多次，直到我閉上眼睛都能看見那些畫面，彷彿基督直接對著我說每一個字一樣。

我會閉眼放鬆，收攝心神集中於基督之上，好讓祂的話語能從我腦滲入我心。我越是放鬆、越是集中精神在祂身上，祂就越是能對我潛意識裡的創傷說話。為了在耶穌裡放鬆，我有時必須專注身體的每個部分，拉緊、放鬆，將它完全地交託給耶穌。在感受到祂的力量進入了我、所有的緊張一掃而空時，我會輕聲喚道：「耶穌。」慢慢地，我變得肖似於祂，一點一滴，從頭到腳，先是頭頂、額頭，接著眼睛、耳朵、下巴……直到腳趾。

接著，我會緩慢、深沈地呼吸。我一邊吸氣，一邊虔敬而渴望地呼喚「耶穌」，因為我需要祂，一如我需要空氣。[8]有時我甚至會停止呼吸，好增強自己對耶穌的渴望。呼氣時，我則將自己交給耶穌，聽祂呼喚我的名字，彷彿唯有祂愛著我、呼喚我一樣。隨著每個呼吸，我越來越深地向耶穌敞開自己，也將我生命中更深的層面交託給祂，於是，我呼喚耶穌的方式也隨之改變。如果發現自己分了心，我會馬上回頭呼喚「耶穌」。我持續不斷地這樣做，直到我感受到祂有多愛我，直到我全心被祂吸引，沈浸在祂的心靈之中，而不再耽溺於自己對祂宣洩的感受之中。

如果我不只把身體交給基督，也把想像一同交上，治療會更加深刻。我在想像中構築的畫面越是鮮明生動，我便越能感到自己像是親身經驗了一樣。為了增強想像，我會刻意閉上眼睛，開啟感官。[9]我見到基督走在厄瑪烏黃沙滾滾的路上，調整步伐與我同行，專注地聆聽我的種種創傷。我聞到了黃沙、汗水的味道，那也正是百合盛開的春天，空氣裡隱隱飄著花香。我感到陽光溫暖的照拂，腳下碎石的舞動，當一輛馬車要通過時，我們一起靠到路邊，我主的手還不經意地碰到了我的手。我聽見車輪滾動的聲音，聽見啁啾鳥鳴，更聽見我們自己的腳步聲。在完全融入這個畫面之後，我抬頭看著耶穌，祂撥去了吹進眼裡的沙，充滿慈愛地凝視著我，像是一個知心朋友一樣。祂露出溫柔的微笑，眼中滿是慈愛，我定睛看著祂，直到我似乎能猜出祂想說些什麼。其實，這一點也不難猜，因為基督就是愛，祂所說的永遠是愛的話語。在我傾聽自己最需要傾聽的話時，便是在傾聽基督。當祂在我心裡看著我的創傷時，祂彷彿對著我說：

想知道在你懷憂喪志時，我怎麼與你同在嗎？讓我告訴你吧！那些時候，我躲在每個幫助你的人身上，當你心情跌落谷底時，我總是在你身邊，用鼓勵的話祝福你。在你領聖體時，我急著被你吞下，與你一同面對一切。雖然我看似消失在你嘴裡，但我那時正與你同在。跟我在一起，你什麼都不用怕，即使是當面被葛斯批評都不用怕。看看我的遭遇——我曾被朋友拋棄、受盡折磨而死……再看看你現在的掙扎……就讓我告訴你，這些苦難為你帶來了哪些成長吧！這樣，我們就能一起感謝天父。讓我把你摟在懷中，用我的力量充滿你，這樣，你就能面對我預見你將面對的一切。

在我急需別人肯定我的座談時，我真正需要的其實是相信基督堅定不移的愛。在陷入困境時，我會跟猶太人一樣，重溫上主愛的歷史。猶太人在若蘇厄（約書亞）戰敗時，看出了上主的愛，因為他們自此更依靠上主，而非依靠武力；當若瑟（約瑟）家族遇上旱災時，猶太人也看到了上主的愛，因為這讓若瑟全家團圓；即使在埃及受奴役，猶太人還是能發現上主的愛，

8 關於〈耶穌禱文〉的實用介紹，請參考George Maloney, S.J., *The Jesus Prayer* (Pecos: Dove, 1975).（譯注：以呼吸配合默唸〈耶穌禱文〉，是東正教傳統靈修方式，吸氣時念「主耶穌基督，天主子」，呼氣時念「可憐我罪人」。關於東正教〈耶穌禱文〉靈修的中文書籍，請參考《俄羅斯朝聖者與朝聖者的再出發》，光啟文化，2005；以及《聖山沙漠之夜》，上智，2004）

9 關於想像祈禱（prayer of the imagination）的建議，以及其他兩百種祈禱方法，請參考Matthew & Denis Linn and Sheila Fabricant, *Prayer Course for Healing Life's Hurts* (Mahwah: Paulist, 1985).

因為這堅定了他們的心，讓他們甘願忍受種種磨難，也要穿越沙漠、走向應許之地。

在朋友歡聚、靈修長進、工作順遂、身體健康、偶有所得時，要感謝上主並不是難事；然而，如果因為學生反應不佳，我之後更努力備課、把書教得更好，我不也跟古代的猶太人一樣，從磨難中得到了成長嗎？如果我不只在順遂之時感謝上主，也能在困頓之時看出上主的苦心，而繼續感謝上主——那麼，我便已經做好面對新難關的準備，而不是只會否認。如果我感受到自己被愛、感受到安全感，我便能面對一切創傷。

就像厄瑪烏門徒的創傷被治癒之後，就願意回到傷心地耶路撒冷一樣，在我遇見基督、感到被愛、以祂的心為心、不再耽溺於自己的感受之後，我也能重新面對創傷的回憶。然而，要是我在感到自己更肖似基督之前，便急著想像在布告欄前那一幕，重新回憶那些傷痛，還期待基督能來醫治我的創傷——那不但愚蠢，而且有害！因為，如果基督在厄瑪烏的愛對我來說不夠真實，那麼在我回想布告欄前的創痛時，祂的愛對我來說也不會太真實。然而，如果我能超越最初的傷痛感，以基督的感受為感受，以基督的心為心，那麼，我就能用想像力回到布告欄前，以全新的視野——基督的視野——再次經驗這整件事。聖經不只向我揭示了基督的心，也給了我一個自我評估的機會，讓我知道自己應不應該與基督一同檢視創傷，或是我該再等一會兒，等到祂的愛與視野對我來說變得更加真實，再與祂一同治療記憶。如果我很難在聖經中發現基督的愛，那我也很難正視自己的創傷。

不過，如果我真正經驗了基督的愛，好像真的在厄瑪烏的路上與祂交談、被祂擁抱，那我一定會變得相當不同，我會覺得自己更被愛、更安全、更能與祂一同面對苦難——這時，我就能與祂一起回到布告欄前，回到那曾經讓我深深受傷的地方。我可以像回到厄瑪烏一樣，讓自己重新回到布告欄前，啟動自己的一切感官，直到我能聞到咖啡香、看到布告欄上的公告，並再次聽到那無情的話：「真不知道他還能在耶穌會裡待多久。」在震驚與絕望陣陣襲來之時，基督會走到布告欄前，用手摟著我，告訴我說：「別擔心。我一定會與你同在，我會陪你一起難過，而你也會和我一起分享我的榮耀。他怎麼想不重要，我怎麼想才重要。只要你和我在一起，就沒什麼好怕的。」

基督在創傷場景裡說的話，可能跟祂在聖經場景裡說的一樣，也可能相當不同。如果我能在聖經中真切地感受祂的愛，祂說的話會更深刻、更具挑戰性。祂所說的話，一定是我最需要聽的。如果我不太確定基督想說什麼，就會再次想想祂在厄瑪烏的回應，等到自己更瞭解祂的心後，才又回到布告欄前。我知道，在我最能向祂表達感受、也吸收祂的感受時，便是與祂同在了。這些時候，我會與祂交談、問祂問題，也回答問題，有時我只是愛慕地望著祂，或是吸進祂的感受，或是呼出我的感受。聖神最懂我的傷有多深，也最知道該怎麼治療。

即使感覺不出基督的回應，釐清創傷並與祂分享，還是能帶來不少幫助。我接過不少讀者來信，裡頭寫滿他們的創傷，也希望我能給些建議。但事實上，在他們寫信說出自己的感受時，通常已經在釐清創傷、也開始思考該怎麼處理了，所以信的結尾常常是這樣：「謝謝您讀了這一整封信。我現在覺得好多了，好像沒信上寫得那麼糟。請您慢慢來，不用急著回答我的問題。」你看，光是寫下他們的感受，想像我會怎麼回答，他們就已經找到了答案。

如果我們真的與基督分享了感受，也尋求祂的回應，祂即使沈默，實則也提出了解答。如果祈禱帶來了更深的愛、信仰、交託與信任，那我們就不是在自言自語，而是真的與基督對話——聖神的果實（迦拉達／加拉太書 5:22），即是傾聽基督的明證。

這個過程並非內省式心理分析（introspective psychoanalysis），不需要精神分析師來幫你想出問題。因為我們尋找的不是精神分析師，而是基督，祂呼召我們看得更遠、超越自己，直到我們能像祂一樣愛天父、愛鄰人。我們也不是在狂挖濫墾自己的深層潛意識，而是平靜地祈禱，懇求基督告訴我們，祂希望我們接受哪些感受，並用祂的方式來面對、處理。翻出陳年舊帳並無法讓創傷徹底復原，但藉著發掘基督並「穿上」祂（羅馬書 13:14），卻能獲得治癒。我們並不是靠自己來想出問題，而是不斷地吸收基督的愛，直到能以心交心。

治癒靠的不是嚴格遵循特定方法，而是能與基督心神相會。無論是讀經、祈禱、拜苦路、念〈玫瑰經〉，或是主動想像當自己受傷時，基督會對我們說些什麼、做些什麼[10]，能與基督相會的方法，便是治癒之所在。總之，最重要的步驟是面對創傷（把自己的感受告訴基督）、藉基督的心超越自我（傾聽基督的回應），然後依基督的指引而行。

◆第三步：依基督的指引而行

我們該怎麼依基督的指引而行？[11] 當我在否認階段時，我覺得基督主要想說的是：「不要怕！把那些你覺得難以面對的事，通通都告訴我。我們都遇過更糟的狀況，卻也都藉著十字架的苦難獲得成長。」從基督的眼光審視過去，有助於我跨越否認、面對憤怒。我越知道基督一直愛我、也一直透過我來愛人，我就越能在種種事物中找到祂的愛，就算是在憤怒、創傷之中，還是能發現祂的愛。我漸漸瞭解，即使是若望死亡、教學不順、朋友離別這些讓我憤怒的時刻，也都是偉大的恩賜時刻。在這些記憶被治癒後，我會變得更能面對憤怒與其他創傷，因為這時我已知道：它們可能也都是恩賜。

如果我只能看到一段記憶的傷痛之處（例如被朋友批評），卻無法發現蘊藏其中的恩賜，那就代表這段記憶一定要被治療，因為唯有如此，我才能不再害怕批評，不再藉著埋藏憤怒來否認它。如果記憶未受治療，人很容易一直停留在否認階段，無法處理憤怒的感受。如果我們曾因父母、同儕、朋友的憤怒而受傷，很可能會變得不敢發怒、無法與憤怒共處。在下一章裡，我們要接著討論如何將隱藏的憤怒交給基督，藉以釋放自己，不再逃避憤怒的人，也不再受壓抑的憤怒擺佈。

---

10 關於透過主動想像（active imagination）來進行治療，請參考Ruth Stapleton, *The Gift of Inner Healing* (Waco: Word, 1976) 以及*The Experience of Inner Healing* (Waco: Word, 1977).

11 關於如何藉著體驗神的臨在而依基督指引而行，請參考兩本靈修經典之作：Jean Pierre de Caussade, *Abandonment to Divine Providence*, tr. John Beevers (Garden City: Doubleday, 1975) 中譯本為《父，隨祢安排》（光啟文化，2006）；Thérèse of Lisieux, *Story of a Soul*, tr. John Clarke (Washington: Institute of Carmelite Studies, 1975). 中譯本為《聖女小德蘭回憶錄》（光啟文化，2009）。

第8章　第二階段：憤怒

即使是溫和善良的老奶奶，在停止否認自己得了癌症之後，也會變成一個滿懷憤懣的病人。她們會成天抱怨餐點難吃，動不動就按鈴把護士找來，責備醫生沒早點發現癌症，還會挑剔來訪的親友沒有送花等等。

在受到創傷時，我們會變得跟癌症病人一樣，隨時準備責怪他人。就像發生車禍之後，司機很少會承認自己有錯，他們總是怪別的司機不小心、怪路旁有死角、怪馬路沒鋪好、怪車子太爛……總之，憤怒必須有個發洩目標。

憤怒的症狀

坦白說，我就是個否認憤怒症狀的高手。我從小就被教育要當個堅毅不拔的美國人，要像維多利亞時代的人壓抑情慾一樣，壓抑好自己的怒氣。我聽人家說憤怒是大罪，所以即使父母打我、同學打我、被取了很難聽的綽號，我都不敢發怒，也不敢大聲咆哮。我學會隱忍對朋友的怒火，以免破壞交情，這樣日復一日到後來，我甚至連對自己都會隱藏憤怒。

所以，被葛斯批評之後好一段時間，我都不准自己對他生氣，但我感到挫折、緊張、不安、失望、情緒低落、缺乏愛心、看什麼都不順眼——簡單說來，我的憤怒用許多別的方式發作出來。有些時候，我甚至意識不到自己的負面情緒，只是覺得自己變得比較難開懷大笑、比較沒創意、比較冷淡、比較欠缺熱情。我明明很生氣，卻又不敢承認，怕會因此失去一個朋友，怕自己會因此受傷，甚至因此失控。

不過，隱忍怒火對友誼並沒有幫助，因為我變得沒耐心、愛批評，所以還是有不少朋友和我疏遠。沒耐心也讓我對時間極其敏感，要是有人遲到，我一定不給人家好臉色看。我總是趕著做完每一件事（狼吞虎嚥解決一餐），然後趕著去做下一件事（速讀報紙雜誌），再急著把那件事做完。我甚至變得很愛搶話，好讓自己能趕快發言，或是趕快修正人家的看法。等到終於跟人坐下來好好談談了，我也總是只把話聽進去一半，記得人家講的幾句話，卻全然忽視他們的感受。

我開始把學生當成「個案」而非活生生的人，期待的總是下課而不是上課。我毫無耐心地一個人埋頭苦幹，也不跟人合作，因為我覺得人家根本不想幫我，也不認為他們會把事情做好。我變得很愛批評，什麼人都不放過，批評人家不主動幫忙、批評人家愛遲到、批評世人太過冷淡，才讓世界變得不公不義。在祈禱時，我對神的態度也跟對別人差不多——話只聽一半、一直講自己的工作、抱怨別人的不公不義應該要改進（例如葛斯對我的批評），甚至還對上主的計畫失去耐性、覺得沒有效率。大部分時間，我表達憤怒的方式就是不斷希望某些事趕快改變、趕快變得更好、更完美。

一個人會怎麼表達憤怒，一方面取決於創傷多深，另一方面也取決於是否做好了表達憤怒的準備。憤怒就跟人一樣，有種種不同外貌。小孩的怒氣可能表現為尿床、忘東忘西；男人的怒氣可能表現為工作狂；女人的怒氣可能表現為嘮叨八卦；而修道人的怒氣，則可能表現為強顏歡笑、嚴格自律。有些工人生病請假，待在家裡發發脾氣就什麼毛病都沒了，但也有些人藉著喝酒、吃東西、吃藥，硬是把怒火吞回肚裡。

不過，如果總是把憤怒吞進肚裡，身體遲早會抗議，開始報以潰瘍、氣喘、高血壓、甲狀腺亢進、類風濕性關節炎、盲腸炎、偏頭痛、冠狀動脈疾病、心理疾病。憤怒的症狀與A型性格的症狀完全吻合，兩者都跟心臟病脫離不了關係。[1]未獲解決的憤怒，就跟A型性格一樣有害心理健康，因為隱忍憤怒常會造成自我厭惡與沮喪。要是我們堅持自己從不生氣，那憤怒遲早會轉化成疾病。

聖經裡的憤怒案例

某些創傷可能惡化為憤怒，而使蕩子向父親要求分家、遠走高飛，然後用糜爛的生活來掩蓋問題（路加福音 15:11-32）。然而，這些舉動終究沒能化解他的憤怒，於是他忿忿不平地想著：「我父親有多少傭工，都口糧豐盛，我在這裏反要餓死！」然後黯然返家。其實，無論是蕩子的憤怒或我們的憤怒，本身都是中性的，要判斷憤怒是好是壞，必須看它是讓我們遠離慈父，還是讓我們回到他溫暖的懷抱之中、重新獲得治療。

在蕩子回家時，他的父親似乎一點都不生氣，反而熱情地擁抱他。可是，蕩子的父親真的從沒生過氣、從沒希望事情別變成這樣嗎？這位父親既然這麼愛他兒子，當初就不可能無動於衷，一定為兒子離家傷心痛苦過。不過，憤怒之痛可能讓他始終留意著門外的路，每天企盼能見到兒子回家的身影。或許，正是因為他憤怒是自己讓兒子想離家，所以在兒子回家時，他才會大宴賓客，希望能彌補過去的錯誤。

蕩子和父親都選擇在憤怒中經驗愛與同情，但另一方面，蕩子的長兄卻選擇在憤怒中經驗敵意。聖經上說，他不但「生氣不肯進去」，還跟父親說：

> 這些年來我服事你，從未違背過你的命令，而你從未給過我一隻小山羊，讓我同我的朋友歡宴；但你這兒子同娼妓耗盡了你的財產，他一回來，你倒為他宰了那隻肥牛犢。（路加福音 15:29-30）

1 關於「匆忙病」，請參考Drs. Meyer Friedman and Ray Rosenman, *op. cit.*

長子的憤怒變成了敵意，不僅罵他弟弟「同娼妓一起」，還怪他父親這麼輕易就寬恕了他弟弟。長子之所以和父親、蕩子不同，不是因為他感到憤怒，而是因為他的憤怒轉成了敵意，他不滿弟弟什麼好事都還沒做就受到了寬恕，也不滿父親在弟弟贖罪之前，就熱情地宰了肥牛犢歡迎他回來。然而，所謂的「大罪」，並不是感到**憤怒**，而是縱容未處理的憤怒滋長，最後讓你產生**敵意**，開始用不得宜的幽默、尖酸刻薄的批評，或是其他缺乏愛的行為，去傷害別人。「感到生氣」是健康的，但「敵視他人」通常是不健康且有罪的。

我們可以和那慈愛的父親一樣，雖然感到憤怒，卻用愛來回應他的兒子，而不要跟那長子一樣，用敵意（傷害別人的欲望）來表達憤怒。因為真正的大罪不是憤怒，而是敵意，〈厄弗所書〉（以弗所書）不是說了嗎？「你們縱然動怒，但是不可犯罪。」（厄弗所書 4:26）如果憤怒能引導我們幫助那些傷害我們或別人的人，那麼這憤怒便是有建設性的。基督就曾怒斥伯多祿（彼得）：「撒殫，退到我後面去！」（瑪竇／馬太福音 16:23）因為祂深愛伯多祿，也期許他能勇於面對將臨的慘禍，從中獲得成長。此外，當聖殿商人、邪靈、法利賽人、惡僕傷害別人時，基督不也對他們發怒嗎？在那些時刻，基督並未退到一旁隱忍不發，暗自希望不公不義自動消失，相反地，憤怒促使他立刻挺身而出，糾正不義。祂就跟保祿（保羅）說的一樣：「不讓太陽在你們含怒時西落。」（厄弗所書 4:26）

不過，數百年來，藝術家們都較愛描繪基督慈愛的那一面，卻很少描繪祂憤怒的樣子。我們比較習慣聽祂和藹地說：「溫良的人是有福的，因為他們要承受土地。」（瑪竇福音 5:5）卻很少去想祂在聖殿前趕走商人的怒容。然而，或許是我們誤解了「溫良」的意思，在新約聖經的希臘文原文中，「溫良」這個詞用的是「praotes」這個字，它居於「過度憤怒」（orgilotes）與「過度不憤怒」（aorgesia）之間，意義近於「在正確的時機發怒」。是的，如果憤怒能成就「愛你們的仇人，為迫害你們的人祈禱」（瑪竇福音5:44），那麼發怒就有其正確時機。

天主跟基督一樣，並不吝於發怒。聖經裡與憤怒有關的詞彙，用在神身上的頻率比用在人身上高出五倍。[2] 而且，神最常發怒的對象就是祂最愛的以色列，在所有的以色列人中，祂又最常被那些祂最愛的人激怒，例如雅各伯（雅各）、梅瑟（摩西）、達味（大衛）。愛，總是帶著受傷與被激怒的風險。

同樣地，那些會對天主發怒的人，也是最愛祂的人。當天主擊殺烏匝（烏撒）時，達味對祂感到很憤怒（因為烏匝是為了防止約櫃掉落，才違反禁令，伸手觸碰約櫃），甚至拒絕讓約櫃進城（撒慕爾／撒母耳紀下6:6-10）。約伯也是一樣，在天主讓撒殫不斷降災試探他時，約伯滿腔怒火，不斷質問祂：「你為何遮掩你的面容，將我視作你的仇人？」（約伯紀13:24）正因為他們都深愛天主、對祂有更深的期待，所以在他們弄不清天主在想什麼時，會格外容易受傷。舊約聖經迫使我們捫心自問：我是否愛神愛到會對祂生氣？是否有那麼一個人，會讓我愛到會對他發怒？我對神的期許是否像約伯一樣深，深到一旦祂遮掩面容，我就會對祂憤怒不已？

---

2 John H. McKenzie, Dictionary of *Biblical Theology* (Milwaukee: Bruce, 1965), 32.

憤怒也可以是健康的

要是我們從不覺得憤怒，那一定是有什麼地方出了問題。畢竟，如果我們夠愛自己、夠愛別人，就一定會憎惡暴力、自私、偏見、沙文主義及其他不公不義。有些時候，憤怒能給我們力量去改變應該改變的事，讓世界變得更美好、更友善。在我工作的蘇族保留區，人民普遍貧困、失業、酗酒，常遭受種族歧視，也常有暴力衝突，如果我對這些苦難無動於衷、不感憤怒，那我就可能什麼都不做，只坐等其他人來解決這些問題。只有當我對這些苦難深感憤怒時，我才會「飢渴慕義」（瑪竇福音 5:6），為蘇族人挺身而出。

此外，憤怒也能幫我對抗我所恐懼的問題。比方說在高速公路上，如果有另一輛車突然插入我的車道，那我的身體會因為憤怒而立即反應——腎上腺素激增、血液湧進肌肉，於是，我就能立刻做出應變，避開我所恐懼的車禍。憤怒能幫我認清必須面對與克服的恐懼；相反地，埋藏憤怒卻會讓恐懼滋長，讓人越來越沮喪、甚至自殺。

感受憤怒，是克服恐懼的開始，無論是恐懼受傷、失控、失去朋友、不被接納都一樣。在聽到葛斯的批評之後，我得先獲得足夠的治療，才能有安全感承認自己很憤怒。一開始時，我以為憤怒不符合基督徒精神，所以一直試著埋藏它。但我有時很好奇，到底有多少基督徒只是「奉命」寬恕，勉強自己露出和藹的微笑，然後把未解的憎恨繼續深埋於心？然而在另一方面，假裝不憤怒也不會比較好，不僅會讓怒火越燒越烈，更會殃及無辜，例如我不對葛斯發怒，卻對學生、酗酒的人亂發脾氣，甚至還對一些原本需要關心的人生氣。我原以為否認憤怒能讓自己不致失控、不致失去朋友，卻沒想到怒火也會反彈，我毫無遮攔地嚴厲批評學生，最後也對葛斯非常苛刻。被埋藏的憤怒全成了肥料，不僅滋養了憤怒，更滋養了被埋藏的其他感受，我在心裡開出一畝憤怒的田。

我想舉個例子來說明這點。在納粹集中營裡，憤怒的囚徒會不斷被嚴懲，直到他們學會恐懼與隱藏憤怒才是活命之道。然而，壓抑的憤怒終究會反噬一個人，讓他或是追求立即的滿足（爭奪食物、狼吞虎嚥），或是整天做白日夢（幻想奇蹟發生，突然獲釋），有人甚至開始認同納粹守衛，幫他們「管教」新來的人——無論如何，他們最後都變得麻木不仁，對一切無動於衷。對這些現象，心理學家、意義治療法（logotherapy）創始人維克多．弗蘭克（Viktor Frankl）曾有詳盡紀錄，他忠實地寫下集中營囚友的變化，他們有些對集中營的殘暴深感憤怒，有些則強迫自己對這一切視若無睹，埋藏所有憤怒，讓自己變得麻木不仁。那些不斷封閉自己、試著無視一切創傷的人，最後會變得無精打采，對召集、放飯、洗澡都相應不理。他們像個行屍走肉，什麼都不在乎、也什麼都不怕，就算被施暴毆打，似乎也毫無感覺。這樣沒過多久，他們就都死了。[3]

很明顯的是，否認憤怒不但不健康，甚至可能毀了自己。相反地，在心理受傷時感到憤

3 Viktor Frankl, *The Doctor and the Soul* (New York: Bantam, 1967).中譯本為《生存的理由：與心靈對話的意義治療學》（遠流，1991）。

怒，就像肉體受傷時感到疼痛一樣健康。愛自己的人，在心理受傷時會感到憤怒；不愛自己的人，在心理受傷時則容易變得沮喪，甚至自殺。弗蘭克在集中營裡的觀察，也證實了這一點。由於憤怒常會變形為沮喪，轉而攻擊自己，因此，優秀的心理治療師在治療沮喪的病人時，也常會協助他們對適當的人適當地表達憤怒，藉此處理他們的沮喪。很多時候，一個人一旦試著回答「誰讓我生氣？」、「什麼事讓我生氣？」，沮喪的情況即會開始改善。

感受憤怒能讓人釐清創傷，並以健康的方式加以治療。要是感受不到情緒創傷，創傷常常會變得跟癌症一樣，迅速擴散，直到我們發現它的存在。唯有根除隱藏的病源，才能讓它不再傷害我們。憤怒像是一種警告，讓我知道自己受了傷害，知道自己有疏遠神、疏遠人的危險，因為這個警告，我才能主動地跟神、跟人分享讓我生氣的創傷。同樣地，憤怒也像是疼痛，讓我知道自己哪裡出了問題，需要趕緊加以治療。這時，我要做的就是好好想想：到底是什麼人、什麼事讓我這樣困擾？然後用適當的方式將它表達出來。至於什麼方式才算適當？比方說，警察開了我一張罰單，讓我非常憤怒，我覺得需要好好治療這個憤怒，適當的處理方式絕非狠揍警察一拳，而是請求上主或朋友幫我一同處理憤怒。

憤怒的作用其實不少，它不僅能指出創傷所在，讓我儘速治療、更愛自己，甚至也能幫助我去愛那些傷害我的人。在我承認自己否認憤怒之後，便能著手處理一直被壓抑的怒火，也能開始思考寬恕的必要。我可以否認別人的脆弱，只寬恕人家一點點，說一句：「其實你沒那麼壞啦，我原諒你了！」但我也能藉著自己的憤怒，進一步看到對方的軟弱，進而深刻地寬恕別人，誠摯地對他說：「我看到了你最糟的那一面，也知道自己因此受傷，可是，我還是愛你，就像基督也愛你一樣。」每個人都能愛別人完美無瑕的那一面，但憤怒卻能深化我們的愛，讓我們寬恕別人傷痕累累、醜陋不堪的那一面。只有在我們能和基督一樣，接受自己的憤怒與軟弱之後，我們才有可能接受別人的憤怒與軟弱。因此，憤怒能擴大我們的愛，讓我們能像基督一樣地愛人，不僅原諒自己的軟弱，也原諒別人的軟弱。

感受憤怒不僅能深化愛，愛被深化之後，也更能感受憤怒。比方說，一位愛丈夫的妻子，不會氣鄰居忘了她生日，但要是丈夫忘了她生日，她一定大為光火。我們越是愛一個人，就越有可能因為他不夠愛我們而受傷、憤怒。所以，傷你最重的人，往往就是和你最親的人。也因為如此，心理治療師在處理病人創傷時，才會那麼在意他們和父母、配偶的關係。

因此，如果一個人能為了感到憤怒而感謝上主，就代表他已能去愛傷害他的人，也代表他已夠愛自己，才會討厭受到傷害。承認憤怒、感受憤怒絕對是健康的，但如何處理憤怒卻有巧妙不同，如果處理得當，我們能變得更自由、更勇敢，但若處理不當，就會傷了自己。身而為人，原本就會感到疼痛、憤怒，這沒什麼不對。但如何表達傷痛與憤怒，卻的確有好壞之別。

處理憤怒

我們必須處理憤怒，否則就會反過來被它「料理」。內布拉斯加大學醫學院（University of

Nebraska Medical School）的弗洛伊得‧瑞恩（Floyd Ring）博士，曾研究對於憤怒的反應會如何影響人的健康。瑞恩博士請同事幫忙找了四百名病人，他們皆已被確診罹患預設的十四種疾病之一，但在此之前，瑞恩博士完全不認識他們。[4] 瑞恩博士試著光靠十五分鐘的性格訪談，來判斷這四百名病人罹患了什麼疾病。在訪談進行時，瑞恩博士和病患之間不但隔著布幕，還有兩名觀察者陪同監督，確保瑞恩博士沒有詢問或觀察到足以揭露病患疾病的症狀。

有趣的是，僅僅靠著性格訪談，瑞恩博士就準確診斷出所有的甲狀腺亢進患者，百分之七十一的冠狀動脈阻塞患者，百分之八十三的胃潰瘍、類風濕性關節炎患者，以及六成以上的氣喘、糖尿病、高血壓、潰瘍性結腸炎患者。他在頭兩次診斷中，便能正確診斷出百分之八十七的患者。他也發現，最有效的問診問題是：想像一下，在你生病之前，如果你坐在公園椅子上，有個身材跟你差不多的陌生人走過來踢你腳脛，你會怎麼做？

會罵人、甚至動粗的「過度反應者」（excessive reactors），通常會罹患冠狀動脈阻塞、退化性關節炎或胃潰瘍；壓抑恐懼或憤怒、什麼也不做的「缺乏反應者」（deficient reactors），往往罹患神經性皮膚炎、類風濕性關節炎、潰瘍性結腸炎；至於有意識到恐懼或憤怒，卻很少表達出來的「不壓抑反應者」（unrestrained reactors），則較易罹患氣喘、糖尿病、高血壓、甲狀腺亢進、偏頭痛。所以很顯然地，我們如何處理憤怒，也是導致疾病的壓力因素之一，而且這項因素似乎影響特別顯著。

從研究結果看來，一個人被踢時不論作什麼反應，好像都會生病。我覺得很可惜的是，瑞恩博士當時沒訪問一些健康的人做對照，看看他們怎麼處理憤怒。不過，心理學家倒是有做過類似調查，他們發現：健康的人不僅能意識到自己在憤怒，也會以適當的方式表達憤怒。

好好處理憤怒的方式很多，生氣的人有多少，有建設性的處理方式就有多少。[5]有些人覺得，砍柴、拖地板、刷牆壁能幫助自己排解憤怒。由於憤怒需要緊張來支撐（請試著在生氣時不緊張看看），所以能排解緊張的事（如沖熱水澡、跑步或散步），通常也能排解憤怒。不過，雖然這些活動通常能排解當下的憤怒，卻無法治療讓你不斷憤怒的過往創傷。

很多人發現，一旦能用言語描述自己的感受，並與他人分享因過往創傷而引起的憤怒，便能慢慢獲得治療。如果我們能勇敢地向朋友開口：「我現在覺得很生氣，請幫我克服它。」他們一定會給我們在受傷時最需要的愛與同情。如果你的朋友曾溫暖地接納了你的憤怒，那你一定更容易在祈禱中，經驗到基督接納了你的憤怒，反之亦然。

除了跟朋友、基督分享感受之外，有些時候，我們也能直接跟傷了我們的人談談，把自己的感受告訴他們，讓他們知道我們為什麼會生氣。當然，這需要彼此誠實溝通，相互坦誠、信任，才能不留下芥蒂或瘡疤。事實上，很少有人能坦然接受一個憤怒之人的建設性批評。在怒火攻心時，我們常常會誇大自己的創傷，也拒絕傾聽別人的解釋。只有在我們能用愛面對彼

4 Dr. Floyd Ring, in "Testing the Validity of Personality Profiles in Psychosomatic Illnesses," *Am. J. of Psychiatry*, 113 (1957), 1075-1080.

5 關於憤怒之心理學層面的一般簡介及處理方式，請參考Lerner, *op. cit.*

此、不相互攻訐之時，治療才能真正開始。憤怒是該表達出來，但表達的方式，應該要能讓彼此更親密，而非更疏離。[6] 如果我們想知道一群人的羈絆有多深，只需要問一個問題：他們是否夠信任彼此，信任到能用愛與建設性的方式表達憤怒？唯有充滿愛的群體，才能做出愛的導正。

基督非常鼓勵愛的導正：「如果你的弟兄得罪了你，去，要在你和他獨處的時候，規勸他；如果他聽從了你，你便賺得了你的兄弟。」（瑪竇福音 18:15）。不過在這個建議之前，祂也說了這樣做的先決條件：像小孩一樣謙卑（瑪竇福音 18:1-6），痛悔自身的過錯（瑪竇福音 18:7-9），還要像尋找迷路的羊的牧羊人一樣（瑪竇福音 18:10-14）。在生氣的當下，很少人能達到這個理想，通常都要等到認清、承認自己對受傷也有責任之後，才能誠心地寬恕別人，也請求別人寬恕自己。

總之，在規勸弟兄時，使用的方式應該要能幫助他傾聽、幫助彼此前嫌盡棄。伯多祿就是瞭解到這點，才會進一步問：「主啊！若我的弟兄得罪了我，我該寬恕他多少次？」（瑪竇福音 18:21）。基督的回答顯示：當我們成熟到能原諒別人七十個七次時，才是能帶著憤怒的感受去跟別人談談的好時機，因為到了那時，我們才不致像個不知感恩的惡僕，而知道自己已經得到了多大的寬恕。[7] 與傷害我們的人談談的前提，是我們要能明瞭自己的軟弱，並願意尋求對方的寬恕，而不是只要求對方道歉，並憤怒地將自己的軟弱投射在他人身上。我自己就發現，在我責備學生不用功時，常常是把自己沒用心備課的缺陷，投射到了他們身上。

我漸漸發現，在向葛斯或學生表達憤怒之前，如果能先跟基督訴說一下自己的憤怒，對解決問題會很有幫助。只有基督，可以全然瞭解你的感受，因為祂自己就被各種方式傷害過，也受過我們所受的一切創傷。不過，除了訴苦之外，我們更可以多聽聽基督怎麼說。耶穌基督能讓我們記起所有被否認的傷，也能用祂那不限時空的醫治的手，碰觸、治療我們的創痛。祂知道我們隱藏的創傷何在，也知道我們的不安全感阻擋了祂的愛與關懷。祂會治癒我們，就像祂曾治癒厄瑪烏（以馬忤斯）的門徒一樣，而我們需要配合的步驟，就跟處理否認時一樣：

---

6 很多人因為太急著寬恕，所以草草拋下了憤怒，然而，憤怒能幫我們體驗創傷的深度、感受需要治療的傷口，匆匆略過其實並無益處。舉例來說，曾被虐待過的人，往往需要表達憤怒，並在憤怒時被一位夠成熟的人接納與愛，這個人必須相信他的經歷，同情、接受他憤怒的感受，並適時點出這段經歷背後所可能隱藏的恩賜。請參考Alice Miller, *Banished Knowledge* (New York: Doubleday, 1990). 在表達過憤怒、創傷也撫平之後，受害者常常會很自然地發現：傷害他的人，其實也是受過傷、需要寬恕的人。弔詭的是，憤怒地拒絕寬恕，往往是寬恕過程的重要部分。案例請見Linns & Fabricant, *Healing the Eight Stages of Life*, op. cit., 10-19.（中譯本《心靈治癒：生命的八個階段》由上智出版）此外，受害者往往也需要戒酒無名會第八、九、十二那樣的步驟，來進一步自我改善（戒酒無名會的十二步驟，現今已被廣泛用於各戒斷團體）。（譯注：關於戒酒無名會十二步驟的全文，請參考第十章末），這部份的討論請見Dennis Linn, Sheila Fabricant Linn and Matthew Linn, *Belonging: Bonds of Healing and Recovery*, op. cit., Chapter 7.

7 譯注：此段出自〈瑪竇福音〉18章21-34節，大意為：伯多祿詢問耶穌，原諒得罪自己的弟兄七次夠嗎？耶穌回答不只要原諒七次，更要原諒七十個七次。回答之後，耶穌更舉例說：有位僕人欠了主人一大筆錢，原應變賣一切償還，但主人心生憐憫，免除了他的債。然而，這僕人在出去之後遇見了欠他一筆小錢的人，卻嚴厲要求對方還債，還將他下獄，直到他償清債款。主人聞訊大怒，便也將他交給刑役，直到他償清債款。

1. 太近把自己的感受告訴基督（路加福音 24:13-24）。
2. 透過聖經，傾聽基督的感受（路加福音 24:25-30）。
3. 傾聽基督的回應，依祂的指引而行（路加福音 24:31-35）。

◆第一步：把自己的感受告訴基督

在處理憤怒時，第一步是盡可能地藉著祈禱來到基督跟前，並與祂分享自己的感受。在否認階段曾幫助你釐清感受的那些問題，這時通常也能幫助你釐清憤怒：如果想對一切都感到滿意，我要付出什麼代價？我在害怕或逃避什麼？我希望哪些事換個方向發展？我希望誰當初能換個方式對我？跟以前比起來，我現在更懼怕、逃避、不愛、不想理會哪些人？看到誰成功，會讓我最難感謝上主？把答案寫下或大聲說出來，常常能激起更深的回應，讓我們發現哪些答案言不由衷。

我們的感受常常都有更深的層次。比方說，當我受到批評時，我會遷怒學生不認真聽課。我當然可以對基督說我很氣那幾個學生，但這其實只是遷怒，並非真正需要治療的深層創傷。這時，我可以進一步問：我什麼時候的感受跟這時最像？問自己這個問題，能讓我們發現更深的創傷，那可能是朋友的批評，也可能是另一個更久、更深的創傷。然後，我會將傷我最深的事告訴基督，那通常都是我仍在逃避、仍不敢面對其痛苦的創傷。

一旦能找出傷害自己最深的事，便能以想像加以重構，並將這段痛苦的回憶交給基督。越能鮮活地重構這段創傷，就越能將它交給基督治療。在前往厄瑪烏的路上，基督不是讓門徒說出所有的不滿嗎？同樣地，基督也希望我們說出自己的真實感受，不管是受傷也好、頹唐也罷，基督希望我們坦承，不要強顏歡笑，也不要報喜不報憂。治療記憶最常見的阻礙，通常都是我們無法面對因深層創傷而引起的憤怒，不敢將它與基督分享。

我會這樣祈禱：「主啊，請讓我見到自己言行間的感受。讓我與祢分享它的醜陋與傷痛，將它交託在祢的手中。我知道在我受傷時，祢也在場、也同樣受傷。請讓我記起被我埋藏的一切細節，讓我不斷向祢訴說詳情，直到道盡一切、認清痛苦。在我仍感傷痛的時候，請讓我不斷向祢訴說，即使我可能會痛上好幾個月，也請別讓我停止與祢分享傷痛。請吸取我的一切，我的每個回憶、每句刺傷我的話。祢一定有很多話要告訴我，也知道我的一切感受。請讓我與祢分享一切不對勁的事、傷我的事。請幫助我想像，幫助我重構那布告欄前的一切細節、一切傷痛。」

「主啊，現在，我又與祢一同站在布告欄前了。我能看到上面貼著訃聞，還有彌撒時間表。我聞到餐廳裡飄來的咖啡香，感覺真的不錯。我聽見人們彼此交談、歡笑，啜飲咖啡、吃著燕麥餅乾。突然，我聽到有人說：『你覺得剛剛講得怎樣？』另一個說：『我覺得跟初學生講得沒兩樣。真不敢相信他已經進耶穌會六年了，祈禱了這麼久還是如此，真不知道他還能在耶穌會裡待多久。』

「主啊，我覺得好害怕，整個人像被抽乾了一樣。但我真想衝進去問問葛斯他是不是真的這樣想，我真想看看他無地自容的樣子。我該不該問問他對這次座談的感想，再點破我早已知道他的批評，戳穿他的偽君子面具？這對事情會有幫助嗎？事情會不會因此變得不一樣？別人都說他們喜歡這次座談，不是嗎？我要成熟地告訴他這件事，讓他知道他錯了。我也要跟別人談談，看看他們怎麼想。

「主啊，當我跟別人談談、他們也說這次座談不錯之後，我開始覺得生氣了。他批評我祈禱不得法，但他又好到哪裡去呢？為了留更多時間吃晚飯，他每次主禮彌撒，都在二十分鐘內匆匆趕完。連彌撒都這麼草率，祢怎麼還讓他繼續待在耶穌會呢？看看他的批評曾讓多少人受傷！祢為什麼不把他趕到別的地方去，不要讓他繼續這樣打擊好人的士氣呢？我該怎麼做，才能讓別人不再受同樣的傷害呢？

「他也傷害了我。就是因為他，我才會責罵學生、看什麼事都不順眼。我開始懷疑人家的稱讚言不由衷，覺得別人一定在背後講我壞話。我甚至開始懷疑自己適不適合當耶穌會士、適不適合當老師！主啊！請收下葛斯帶來的一切傷害吧！請讓我在祢懷裡休息片刻，吸進祢的力量。（這時，我會休息片刻，請基督為我做我最想要、最需要的事。）

「主啊，祢可以跟我說祢愛他、願為他而死，但請別告訴我祢希望他變成現在這個樣子。祢愛罪人，卻不愛罪惡。祢為了讓伯多祿、法利賽人改變，不再傷害他人，也曾嚴厲地斥責他們。現在，也請祢做些事改變葛斯吧！畢竟祢愛他、願為他而死，也能做任何事，不是嗎？祢還在等什麼呢？祢告訴我要『為迫害你的人祈禱』，我也真的為他祈禱了，現在，祢是不是該做些事了呢？祢可以改變他，或讓我知道我能怎麼改變他。對那些他曾傷害過的人，他應該要說聲抱歉。祢能告訴他批評與恭維的不同嗎？祢能讓他祈禱，好讓祢有機會愛他嗎？老實說，我覺得這樣跟祢說話很傻，畢竟我知道祢瞭解他一切的需要，當然也深愛著他。那我這樣說吧：我想要的，也就是祢所希望的。請讓我知道他多需要祢的關心與治療，這樣，我就能為此向祢祈禱，並在時機來臨時，將祢的關懷與治療傳遞給他。主啊，請原諒他、幫助他。既然他傷害了這麼多人，那他的內在一定也滿是傷痕，需要祢的醫治。祢能說些什麼、做些什麼來治療他嗎？」

◆第二步：透過聖經，傾聽基督的感受

「主啊，祢什麼時候覺得自己受到無理的批評呢？在法利賽人請祢吃晚餐，又批評祢沒有先洗手時，祢的感覺應該多少跟我有點像吧？我現在要重讀〈路加福音〉十一章三十七～四十四節，在我讀的時候，請讓我知道該怎麼回應那個法利賽人，好讓他以後別再傷害更好的人（這時，我會放鬆、準備傾聽，用虔敬的心慢慢讀〈路加福音〉十一章三十七～四十四節。我會仔細重讀好幾次，直到我能像基督一樣地感受、思考，不用再讀都知道基督會說什麼、會做什麼。接著，我想像葛斯一邊談笑、一邊把餅乾浸到咖啡裡——就好像他把我浸到批評裡一樣。我看到基督走進了餐廳，聽見了他說的話。我用心凝視基督，直到覺得自己也有了祂的心神。於是，我開始想像自己說出、做出基督會說、會做的事。到這時，我已能輕易想像基督的回應，至於我還想

像不出、感受不到的部分，便是我還需要基督的愛與大能來幫助我成長的部分）。

「主啊，在我傾聽祢的時候，葛斯感覺起來不像祢遇到的法利賽人那麼糟了。葛斯的確能力很強，所以過去三年他才被指派了四項工作。但是，每當他一件工作稍有成績時，就得接手另一份更難的工作，那種感覺一定很差。他的工作越來越難，成果卻越來越少。祢似乎在說，他對自己缺乏成就而感到的憤怒，比對我的演講更多。感謝祢讓我看到他的批評只是因為其他失敗累積起來的挫折感的煙霧。我不該把它歸在自己身上。

「主啊，請讓我知道他的創傷，好讓我能為他祈禱，祈求祢治療他的創傷。他曾被誰傷害，導致他也傷害了我？別人批評過他什麼？我常看他埋首工作，文件堆得老高。祢似乎把手放在他肩上，想讓他更有餘裕、更有耐心地來回那些信，也許我下次可以問問他需不需要幫忙。不過，主啊，請讓我看見他更深的傷，我相信除了排山倒海的工作之外，他還有更深的傷。為什麼他會覺得自己很失敗？請祢讓我看見他的需要，好將他交託給祢，讓祢幫助他。讓我看到祢會對他說什麼、做什麼，這樣，我就能效法祢的榜樣，用祢的方式幫助他。

「主啊，我現在能稍稍看到葛斯的優點了——但我承認，我看到的缺點還是更多。因為他能力夠強，所以過去三年才能勝任四份工作。然而，挑戰越來越大、成果越來越少，一定讓他很不好受。主啊，請祢讓他善用隨機應變的恩賜，幫助他改變自己，勇於用新的方式面對人生，一如他勇於面對新工作一樣。主啊，除此之外，祢還在他身上看到了什麼東西，是我因為憤怒而看不見的嗎？請讓我不再被憤怒蒙蔽，看見祢要在他身上所成就的美好。

「主啊，祢會怎麼回應那些法利賽人，好成就他們身上的美好？我看到，你不斷被法利賽人傷害，卻還是不斷地和他們吃飯（路加福音 7:36、11:37、14:1），我想，祢應該也會這樣對待葛斯吧？祢一定會不斷地張開雙臂歡迎他。請讓我能像祢一樣，友善地與他共享餐食，讓我試著信任他、試著傾聽他的創傷。

「主啊，雖然法利賽人惡待你，但祢還是不斷行善。即使他們批評你，祢還是在安息日治好了手枯乾的人（馬爾谷／馬可福音 3:1-6），還是拯救了法利賽人鄙視的女人（路加福音 7:36）。請讓我不再斤斤計較那句批評，好好地去治療別人——治療被我批評的學生，治療被葛斯批評的老師。祢會為他們做些什麼呢？也許祢會默默指出他們的才能與優點，一如祢曾這樣對待那個被鄙視的女人。我曾四處尋求肯定，所以我也相信，若是他們得到鼓勵，一定也會更有力量、更有勇氣。

「主啊，祢也曾無畏地說出真理。這讓我們知道，該在意的不是法利賽人的態度，而是神的反應（路加福音 12:4-7）。除非祢認為葛斯的批評是對的，否則我不該害怕。在往後的日子裡，請讓我能從祢的角度看事情。在為真理發聲的時刻到來時，請讓我無畏地說出真理，因為我知道，『聖神必要教給你們應說的話』（路加福音 12:12）。現在，請讓我將一切的恐懼交在祢手中。啊，我看到祢的手挪去了我肩上的一切恐懼。謝謝祢。」

一般說來，在我承認自己生氣後，上主就會讓我看見我憎惡的傷害、我責怪的人，還有他們為什麼會變成那個樣子，上主還會讓我發現之前看不見的面向，讓我知道祂想透過我來做些什麼、說些什麼，好完成祂的醫治。8

◆第三步：依基督的指引而行

在我們終於能不被傷痛拘束、得到自由、承認憤怒，並將其轉化為關愛與不具敵意的行動時，憤怒會變得像引擎一樣，推動我們如基督一般地去愛。但另一方面，否認憤怒卻會限制行動，因為在這種時候，我不是對自己生氣、什麼都不想嘗試；就是對神生氣，所以不請祂幫忙便橫衝直撞；不是對別人生氣而無法與人合作，就是根本氣錯了對象，於是做什麼都不對。行動自由並非一蹴可及之事，我們必須先承認自己憤怒，運用它的能量來創造更好、更友善的環境，減少自己生氣的機會，才能慢慢培養出行動自由。我曾經想藉著和葛斯吃飯，來化解對他的心結，結果我們每次都對各種議題爭執不下、彼此冷嘲熱諷，三次吃飯都不歡而散，我也覺得自己變得更緊張、更好辯。所以我後來開始跟其他老師、學生吃飯，練習多說幾句正面積極的話，經由這個過程，我一點一滴地獲得自由，慢慢能愛他們、欣賞他們，只不過，我這時還是無法愛葛斯。

我漸漸學著放鬆，學著與基督分享感受，與願意傾聽、和我一同祈禱的人分享感受，有些時候，我甚至還會把感受寫下來。到了這時，免於敵意的自由才真正開始滋長。當我還在生氣時，只會全身緊繃，腦中充滿負面思想，而整個世界似乎也只剩下布告欄前那一小方天地。要到我能放鬆，甚至對自己的遭遇幽默以對（看看我，居然被兩句話弄得生不如死！）的時候，憤怒才會慢慢退卻。如果我能開始為受傷的人祈禱（包括葛斯在內），並感謝基督透過批評者讓我成長（畢竟，我因此能誠實面對錯誤，並加以改正），那負面的感受也不會持續太久了。如果我還能進一步請耶穌治療葛斯的軟弱，並感謝耶穌賜我成長的力量，那我也能進一步成長。我也發現，在我為了受到批評而感謝上主，並祈求上主讓我從中獲得成長時，我的心中也很難再有敵意。如果我能拓展我的世界，去探望醫院和養老院裡的人，我的一小方天地也將不再那樣晦暗。

在基督憤怒時，祂不會否認，也不會對法利賽人叫囂，然後就繼續去捕魚。基督會運用憤怒來處理不義、改正不義。在基督走進猶太會堂，發現一位手枯乾的人時（馬爾谷福音 3:1-6），祂同時也發現了一個不義的現象——不容許在安息日治療病人。祂的憤怒促使祂改變了這個不義，而其他人只是默默地吞忍憤怒，坐視陋習而不顧：

（耶穌）對他們說：「安息日許行善呢，或作惡呢？許救命呢，或害命呢？」他們一聲不響。耶穌遂含怒環視他們，見他們的心硬而悲傷，就對那人說：「伸出手來！」他一伸，他的手就復了原。法利賽人一出去，立刻便與黑落德黨人（希律黨人）作陷害耶穌的商討，為除滅他。（馬爾谷福音 3:4-6）

8 這種處理憤怒的步驟，與另一位學者的建議相似，請見L. Madow, *Anger* (New York: Scribner, 1974).憤怒階段，是以耶穌及他人的愛來治療創傷的關鍵時期。我們可以捫心自問：我失去了什麼？又能怎麼彌補？

同樣是憤怒，基督與法利賽人卻運用到了不同地方。基督以憤怒來改正不義，成就了愛與治療；法利賽人則以憤怒來製造不義，不僅毫無憐憫之心，還心生敵意要陷害耶穌。

治療憤怒的傷口必須從小處開始，但透過祈禱來尋求治療，常有極大收穫。我有個好朋友曾長期酗酒，在那時，無論是戒酒無名會、諮商師、甚至孩子們飢餓的哀嚎，都無法讓她拒絕酒精的誘惑。有一天她來教堂祈禱，祈求能克服酒癮，並好好照顧她長年忽視的四個孩子。在祈求節制時，她突然對兩年前殺死她丈夫的兇手滿溢著愛。這是她第一次不對那人心存敵意，她不但原諒了他，更祈求上主關心他。從那天之後，她不再酗酒，也成了個稱職的母親。往後幾年，她的寬恕越來越深刻，不僅偏頭痛好了，幾年前打架受傷的腕部神經也不藥而癒。

在基督帶走我們的憤怒，並賜下祂寬恕的治癒之後，偏頭痛、潰瘍、高血壓、失眠、結腸炎、氣喘、關節炎、甚至癌症等身體疾病，常常也能一同治癒。而這一切，往往能透過厄瑪烏三步驟實現。

第 9 章　第三階段：討價還價

臨終病患一旦不再責怪醫師與神，就會開始明白，如果想逃避死亡，或至少推遲死亡的到來，就要依靠醫師和神的幫忙。他會開始跟醫師或神討價還價，希望能開出條件來得到他們的幫忙：「如果我乖乖戒煙、好好吃藥、為生命奮力一搏，就請讓我活得更久、甚至復原……」神常聽到五花八門的討價還價，諸如「如果我好好作九日敬禮、下半輩子認真禱告，請祢至少給我一個機會……」、「我保證會戒酒，求祢讓我平安出院……」、「我願意接受死亡，但請先讓我看到女兒快快樂樂地出嫁……」等等。這種「如果祢如何如何，我就如何如何」的變形，可以說數不勝數。

面對死亡之外的其他創傷時，人們也常常討價還價。我們不是常哀求警察別開單，保證下次一定不超速嗎？被別人擦撞時，如果對方願意賠錢了事，我們是不是也根本不想報警？在鄰居到處說你閒話之後，如果他願意公開道歉，你是不是更願意原諒他？如果罪犯乖乖認罪坐牢去了，你是不是心裡比較好過？討價還價的公式，我們幾乎每天都在套用：「如果他先試著改變／道歉／戒酒／付出代價／保證永不再犯……那我就原諒他。」討價還價很容易被合理化——我們不過是推別人一把，幫他去做他該做的事嘛！

討價還價的症狀

簡單說來，憤怒是責怪別人、要求別人改變；沮喪是責怪自己、希望自己改變，而討價還價則是兩者的混和。正因如此，討價還價的症狀，也會隨著一個人是更憤怒或更沮喪而改變。在憤怒佔上風時，我可能會充滿精力，把整間房子全都漆上彩虹般的色彩；在沮喪佔上風時，我可能會覺得明亮的壁紙都變灰暗了，賴在床上不肯下來。討價還價是最愛斤斤計較的階段，我們會不斷衡量得失，不但計較別人給了我們什麼（因為「憤怒」是要求對方改變），也會計較自己付出了什麼（因為「沮喪」是希望自己改變）。[1]討價還價的公式通常都是「如果你改變，我就原諒你」，甚至「除非你改變，否則我不原諒你」。

當我還在討價還價的階段時，雖然嘴巴上說的是「如果葛斯道歉，我就原諒他」，但心裡想的其實是「除非葛斯道歉，否則我不原諒他」。討價還價的反面，則是無條件的愛——不管對方怎樣，都還是愛他。我必須老實承認，在我與人來往的經驗裡，常常出現討價還價的症狀。畢竟，唯有全然健全、全然自由的人，才能持續付出無條件的愛。

在聽到葛斯說我不適合待在耶穌會很久之後，我才真正進入討價還價階段。我那時漸漸能看到他的壓力、他的優點、還有其它讓他生氣的事，也發現自己有多渴望被愛、被幫助，於是，我開始討價還價。我那時甚至覺得，討價還價是為了他好，因為這樣才能幫助他改變：「如果他讓我知道他真心尊重我和我的祈禱，我就原諒他」、「如果他不再在背後說我閒話，這件事就算了」、「如果他能承認自己有些地方也沒做好，就也算是個不錯的人了」、「如果他能當面告訴我他只是隨口說說，那我就不再計較」、「就算他不願親口承認自己錯了，只要他願意幫我個忙，我就當作他道歉了」……

我那時盡力不去想葛斯可能不會改變。當時的我，已能如實回憶受傷的時刻，既不加油添醋、也不讓自己過度痛苦。我那時已經能接受葛斯沒那麼差勁，甚至還有不少優點，而且他之所以會傷到我，可能也是因為他被別人傷害過。在我學著像基督一樣地關心他的時候，我覺得

1 亞伯拉罕・馬斯洛（Abraham Maslow）在《存有心理學探微》（*Toward a Psychology of Being*, New York: Van Nostrand Reinhold, 1968. 中譯本由光啟文化出版，1986）中，曾區分B型之愛與D型之愛。B型之愛指的是「付出愛」（being love），這是一種賜與之愛（gift love），因欣賞對方的價值而生；D型之愛則是「缺陷的愛」（deficiency love），這是一種需要之愛（need love），是為了得到而付出，因付出愛的人的需要而生。用馬斯洛的話來說，討價還價即是D型之愛逐漸轉化為B型之愛的階段，而馬斯洛筆下的「自我實現者」（self-actualizer），則正體現了接受階段的特質。進一步的交互分析，請參見Thomas Harris, *I'm OK, You're OK* (New York: Harper, 1967)（中譯本《我好，你也好》由遠流出版，2004）。討價還價階段的特色常是「我不好，你也不好」，介於憤怒階段的「我好，你不好」及沮喪階段的「我不好，你好」之間，向著接受階段的「我好，你也好」前進。但另一方面，我們也能說討價還價階段也是「我好，你也好」，因為在這階段，我們變得夠尊重自己及傷害我們的人，因此能設下界線，決定自己可以承受多少不義，並向對方提出自己的需求。請參見本書後記。

跟他更親近了——不過，我還是希望他能做些什麼，好換取我的寬恕。然而，基督之所以想寬恕葛斯，不是因為他做了什麼所以值得被寬恕，而是因為葛斯本身需要被寬恕；此外，正因為基督愛他，所以也會給他改變的力量。反觀自己，我則是一直希望葛斯能做些改變，這樣我才能再次愛他。總之，如果我想拋下一切的討價還價，我就需要有基督一般的胸懷與心腸。

我在討價還價階段尋找的基督之心，被聖方濟的〈和平禱詞〉忠實地描繪了出來。這篇禱詞就像一把量尺，能讓人衡量自己是否正熱切地尋找基督之心。因為，唯有度過憤怒、進入討價還價階段的人，才能放下自己想先被安慰、先被諒解的欲望，誠實地以這篇禱文祈禱：

主啊！讓我做祢的工具，去締造和平；
在有仇恨的地方，播送友愛；
在有冒犯的地方，給予寬恕；
在有分裂的地方，促成團結；
在有疑慮的地方，激發信心；
在有錯謬的地方，宣揚真理；
在有失望的地方，喚起希望；
在有憂傷的地方，散佈喜樂；
在有黑暗的地方，放射光明；

神聖的導師！
願我不求他人的安慰，只求安慰他人；
不求他人的諒解，只求諒解他人；
不求他人的愛護，只求愛護他人；
因為在施予中，我們有所收穫；
在寬恕時，我們得到寬恕；
在死亡時，我們生於永恆。

聖經裡的討價還價案例

蕩子回頭的故事也有討價還價的成分。蕩子在回家之前，覺得自己或許要跟父親討價還價一番，也許得當父親的僕人，父親才會願意收留他（路加福音 15:17-19）。不過，他的父親根本不想跟他討價還價，只想無條件地接納他。當蕩子回家，「離得還遠的時候」，他的父親根本沒有多想他有沒有改變、是不是又回來要錢，就「跑上前去」擁抱他、親吻他。這位父親並不多想自己的創傷、沒有要求他道歉、甚至不等蕩子說完懺悔的話，就忙不迭地設宴慶祝，極力款待這個曾傷害他的兒子。這位父親就跟神一樣，不懂得討價還價，只會無條件地寬恕。

基督就跟蕩子的父親一樣，祂的寬恕也是無條件的。祂絕不會為寬恕設下條件，對你說：

「除非你悔改、道歉、將功抵過，否則我不原諒你。」即使有人不跟從祂（馬爾谷／馬可福音 10:21）、伯多祿（彼得）不認祂、猶達斯（猶大）出賣祂、士兵把祂釘上十字架，基督還是無條件地寬恕了他們，更希望他們能接受自己的寬恕。[2] 基督早已做好被傷害七十個七次的準備（瑪竇／馬太福音 18:22），也隨時準備寬恕我們，所以在懺悔之時，我們能得到寬恕。耶穌將他的生命給了我們，也在感恩聖事（聖餐禮）之中，不斷為寬恕我們的罪一再獻上自己（瑪竇福音 26:28）。耶穌說過：「人若為自己的**朋友**捨掉性命，再沒有比這更大的愛情了。」（若望／約翰福音 15:13）但他所做的比這更偉大，因為他不只是為朋友捨命，還為**敵人**捨命。基督之所以愛我們，並不是因為我們有了改變，而是因為我們就是自己，正是這樣的愛，給了我們改變的力量。

所以，我們要做的不是糾纏基督，懇求祂多寬恕我們一些，而是開放自己，好接受祂無限的寬恕。在我們敞開心胸接受祂的寬恕後，就也能像祂對待冒犯祂的人一樣，寬恕那些傷害我們的人。如果我們能對傷害我們的人說：「我好愛你，好想寬恕你。」那我們不僅是在師法基督寬恕罪人的榜樣，也是在對祂這樣說。如果我們不能愛弟兄中**最小的一個**（即使他是罪犯亦然），那我們便是不愛基督，也難以接受祂的寬恕（瑪竇福音 25:41-46）。基督隨時願意寬恕，但祂不會強迫我們接受，就像我們也無法強迫別人接受自己的寬恕一樣。然而，無論人家接不接受，我們都要像基督一樣，隨時準備全然寬恕別人，就像〈厄弗所書〉（以弗所書）說的那樣：「互相寬恕，如同天主在基督內寬恕了你們一樣。」（厄弗所書 4:32）[3]

治癒記憶的關鍵也在於此。當我們能像神寬恕我們一樣，全然、無條件地寬恕傷害我們的人之時，過去的創傷將不再讓人傷痛，反而能成為成長的跳板。我們會變得像基督一樣，不再自憐自艾、只關心自己的創傷，反而會說：「父啊，寬赦他們吧！因為他們不知道他們做的是什麼。」（路加福音23:24）那些痛苦的時刻，將突然轉化為寬恕之愛的時刻，我們將不再深陷於創傷，反而能靠近傷害我們的人，向他們伸出雙手。在我們經驗過基督的所思所感、超越自己有限的寬恕之後，這便會發生。記憶要獲得治癒，光靠「想通」是不夠的，更重要的是，我們要能以基督的心為心，從祂的大能得力量，藉祂的寬恕行寬恕。

在我們能以基督的心行寬恕之後，我們的祈禱將得到新的力量。我們常常會以為，祈禱的力量取決於信仰，但基督堅定地告訴我們，祈禱的力量不僅仰賴信仰，也**仰賴寬恕**：

> 我告訴你們：你們祈禱，不論求什麼，祇要你們相信必得，必給你們成就。當你們立著祈禱時，若你們有什麼怨人的事，就寬恕罷！好叫你們在天之父，也寬恕你們的過犯。（馬爾谷

2 Joachim Jeremias, *New Testament Theology* (New York: Scribner, 1971), 122 ff. 作者將基督關於寬恕的信息，視為「耶穌本人之聲」（ipsissima vox Jesus）（譯注：「耶穌本人之聲」為聖經學術語，意指忠實反映耶穌想法的概念，與「耶穌本人之言」[ipsissima verba]相對，後者意指耶穌親口說過的話）。

3 對聖安生（St. Anselm）「基督是為補償天父而死」說法的駁斥，請參考Don Gelpi, *Charism and Sacrament* (New York: Paulist, 1976), 234-238 傑爾平（Gelpi）也認為治療與聖事禮儀有關。關於聖安生神學其實只呈現了新約三大神學之一，請參考Dick Westley, *Redemptive Intimacy* (Mystic: Twenty-Third, 1981), 110-112.

福音 11:24-26）

若望也有提到祈禱必蒙應允，但他把重點放在奉基督之名：

> 你們因我的名無論求父什麼，我必要踐行，為叫父在子身上獲得光榮。你們若因我的名向我求什麼，我必要踐行。（若望福音 14:13-14）

對猶太人來說，「名」指的不僅是「耶穌」這個名字，而是耶穌這整個人、整顆心。所以，所謂「奉基督的名祈禱」，並不是在祈禱中提一下「耶穌」，而是以祂的心為心，思其所思，感其所感，像基督一樣地祈禱。我們能多像耶穌一樣地祈禱，祈禱就多能獲得應允。因此，治療記憶要能見效，光是深入過往、祈求醫治是不夠的，我們還要能以基督之心為心，原諒傷害我們的人（因為基督也會原諒他），創傷的記憶方能痊癒。〈斐理伯書〉（腓立比書）寫道，我們若能貼近基督的心，以祂在十字架上寬恕敵人為榜樣，我們的心就也能獲得治癒：

> 你們該懷有基督耶穌所懷有的心情：他雖具有天主的形體，並沒有以自己與天主同等，為應當把持不捨的，卻使自己空虛，取了奴僕的形體，與人相似，形狀也一見如人；祂貶抑自己，聽命至死，且死在十字架上。（斐理伯書 2:5-8）

討價還價也可以是健康的

討價還價就像X光一樣，能照出我們不像基督的地方。討價還價能讓我們知道自己的力量在哪裡變得軟弱，還有哪些軟弱的地方有待增強力量。

舉例來說，我為什麼希望葛斯別再批評別人？為什麼希望他能用某種方式，讓我知道他對我的祈禱和聖召已經改觀？我之所以會期待他別再批評別人，不完全是因為這對別人有好處，也是因為我覺得這對他來說並不難；而我之所以認為他做得到，也是因為我一下子就學會別再批評跟不上的學生。我總覺得，我做得到的事，他只要稍加用心也一樣做得到。但我沒考慮到的是：我本來話就不多，要不開口並不難，而且，或許神在背後推了我一大把呢。所以，我覺得是優點的地方，其實不過是自己太自傲。我因為驕傲自己做得到，所以也期待別人也要做到——討價還價讓我見到了自己的罪，驕傲。

討價還價不僅讓我看到驕傲吞噬了我的力量，也讓我注意到自己軟弱、容易受傷的地方。我那時成天希望葛斯會對我說：「真謝謝你的祈禱座談。老實說，剛開始我不太喜歡，因為那跟我的祈禱方式不同。但現在，我發現你的祈禱方式真的對你有幫助，而且也讓你變成了很好的耶穌會士。我想我接下來會試試你提的那幾種方法。」我真的很想聽到他說我祈禱得不錯，不會失去待在耶穌會的資格。但這是為什麼呢？我想，在內心深處，我應該很怕自己因為工作太忙，變得越來越少祈禱，最後就像那些停止祈禱的人一樣，黯然放棄了自己的聖召。我最想聽到的，常常就是我最需要改變與修正的地方。所以，在我越來越能像基督一樣愛人之後，我開始不再強求葛斯改變，也發現自己能先伸出寬恕之手。「他一定要改變」的想法，漸漸變成了「我可以改變，去愛那些很難去愛的人」。

弔詭的是，當我開始了新生活，變得越來越能寬恕、越來越能接納別人時，葛斯也改變了。對於那些我們寬恕的人，以及願意接納神的人，神都承諾要給他們新的生命（若望／約翰一書 5:16）。在一次內在醫治的工作坊中，幾位再婚人士花了整個週末，努力想要寬恕他們的前任配偶。他們經歷了寬恕的每個階段，最後，他們都對那痛徹心扉的離異充滿感恩，因為他們已能看見這讓自己有了什麼成長。

一年過後，我們再次相聚，我問大家工作坊為他們的人生帶來什麼不同？在七位原諒前任配偶的人當中，有五位的前任配偶突然重新與他們聯絡，並努力地想寬恕他們。其中一位的前任配偶，在工作坊結束後一週就打了電話來；另一位的前妻千里迢迢跑了兩千哩，特地來看看他的新家庭；還有一位的前夫，則是在音訊全無十年之後，再次寫了封信給她。這五位再婚人士除了祈禱、寬恕、請上主告訴他們如何與前任配偶和好之外，什麼事也沒做，但他們的前夫或前妻就是突然和他們聯絡了。也就是說，即使我們只學會了寬恕，還不知道該如何彌補裂痕，上主便能運用我們新生的愛，去灌溉那些我們寬恕的人，讓他們也有所成長。雅妮絲．桑弗（Agnes Sanford）就總是跟參加工作坊的人說：寬恕之後回家看看，那被寬恕的人一定會有些改變。

我們的寬恕能觸碰遠在千里的人，也能穿越時間，去愛那些已死的人。無論死者、生者，都是基督肢體的一部分，藉著祈禱，我們能透過基督彼此相助，就好像右手能幫左手提點東西一樣（羅馬書 14:9；格林多／哥林多前書 12:12 以下；瑪加伯下 12:44-45）。每當我們寬恕死者，或接受他們的寬恕時，便是將耶穌的愛交給他們，這有助於他們面對上主的審判，因為審判的依據，便是他們在世時多愛周遭的人——亦即多愛基督（瑪竇福音 25:31-46）。在我們寬恕死者時，他們便不再需要為了曾傷害我們而接受淨煉[4]，他們將能經驗我們的愛，這愛能釋放他們，讓他們有更大的力量去愛。[5]同樣地，死者也希望能透過基督，寬恕我們對他們的傷害。他們已面見基督，渴望能愛基督本身、也愛我們身上的基督。他們希望能寬恕我們，好讓基督之愛在我們身上滋長，讓我們最終能與他們同享永生。

雖然在被寬恕之後，無論是死者或是生者都會有所改變，但我們並不是為了讓他們改變才寬恕他們，因為這又會變成討價還價。我們要以基督為榜樣，不要因為對方是好人、或者會變成好人，才願意付出愛——正因為他們是罪人，所以才更需要被愛：

4 譯注：天主教教理認為，在天堂與地獄之間尚有煉獄，未純淨至能直接進入天國、但也罪不致永死的煉靈，需在此接受淨煉，待罪惡滌淨，即可進入天堂。

5 關於教父神學，以及他們認為「天堂是在愛中永恆成長」的觀點，請參考George Maloney, *Inward Stillness* (Denville: Dimension, 1976)；及其 *The Everlasting Now* (Notre Dame: Ave Maria, 1980).

為義人死，是罕有的事，為善人或許有敢死的；但是，基督在我們還是罪人的時候，就為我們死了，這證明了天主怎樣愛我們。（羅馬書 5:7-8）

討價還價能讓我們看到，自己其實只想愛好人。停止討價還價則能深化我們的愛，讓我們最終能像基督一樣，不愛罪惡，但愛罪人。

不過，愛罪人可不是件簡單的事。為了幫助人們寬恕嚴重創傷，我常常要盡力掩飾過錯。我很堅持一點：大多數創傷都是無意造成的，傷你的人往往只是反映他們的傷，並不是故意要找你麻煩，你得去看看他的優點，別讓憤怒蒙蔽你，讓你看不到他的改變。此外我會提出許多理由，解釋為什麼那個人當初很難不那樣做：他身體不舒服（生理因素）、IQ零蛋（遺傳因素）、童年受虐（心理因素）、在貧民窟長大（環境因素）、交友不慎（社會因素）……總之，我竭盡所能，想讓他們能像基督那樣地說：「父啊，寬赦他們吧！因為**他們不知道**他們做的是什麼。」（路加福音 23:24）

舉例來說，我曾勸一位會計原諒老闆解雇他，因為他老闆那時可能有其他工作與家庭壓力，只是不巧把矛頭指向了他，並不是故意找他麻煩。我勸他以基督為榜樣，試著對老闆說：「父啊，寬赦他吧！因為他不知道他做的是什麼。」然後我坐回位子，期待能見證另一次寬恕，結果卻聽到他說：「才不是！他明明知道自己在做什麼！」接著他舉證歷歷，強調他老闆就是故意要整他，所以才將他解雇。

不過，他卻為我上了一課，讓我見識到寬恕可以多深。講完之後，他跟我說：「雖然如此，我還是原諒他。父啊，寬赦他吧！因為**他知道**他做的是什麼。」這位會計一點也不掩飾憤怒，更不把事情合理化，或言不由衷地說：「是啊，他只是為了別的事發脾氣……」他坦然面對人性最糟的一面，也坦然面對罪人，在此同時，他還是對老闆付出了寬恕之愛——基督對罪人的愛。在擱下了最終的討價還價之後（「如果他只是為了別的事亂發脾氣，我就原諒他」），我們將能發現更深的愛——基督對義人與罪人一視同仁的愛。我們都像基督一樣，受召要愛罪人，無論他們像右盜一樣悔改，或是像左盜一樣至死都不放過我們，我們都要付出愛。[6]

然而，我們難道不能期待別人悔改、變得更好、接受寬恕嗎？當然可以！但這不該成為你付出愛的條件，就像父母不該因為孩子還沒學會走路就不愛他一樣。因為，正是父母的愛，能給滿地亂爬的小孩信心與力量，讓他們能鼓起勇氣站起來走看看。拋下討價還價的條件，就像對還不會走的小孩付出愛，我們付出了愛，也就給了他們跨出新的一步的力量。改變的動力往往不是來自挑戰，而是來自被愛。

成年人在面對由爬而走的大挑戰之前，也需要無條件的愛。我有個朋友叫喬伊，他在監獄進進出出了二十年，從竊盜到謀殺，什麼罪都犯過。很多人跟我說這個人死性不改，根本沒救了，但我還是試著陪伴了他好幾年。

6 譯注：耶穌被釘十字架時，有兩位強盜一同受刑。釘在他左邊的強盜不斷譏諷他，釘在右邊的強盜則向他懺悔。耶穌應允右盜於樂園與他同在。見〈路加福音〉23章39-43節。

我以前就聽戒酒無名會提過無條件的「強硬的愛」（tough love），但直到和喬伊相處之後，我才真正弄懂它的意思。十五年前剛認識喬伊時，我竭盡全力想幫助他。在他還被拘留時，我試著幫他找個好律師或較寬大的法官，希望他能不用坐牢。但後來，這小子還是繼續偷東西，指望我能再次幫他躲過牢獄之災。於是我發現，無條件的愛指的應該不是什麼忙都幫，這樣做的結果反而傷害了他，而是應該無條件地為他做能讓他成長、讓他更有愛的事。於是我不再試著幫喬伊逃避應得的懲罰，在他又被拘留時，我只會去探視他，不再東奔西跑當濫好人。我跟他達成了一個協議：要是他自己惹上了麻煩，就得自己試著解決。我發現就我而言，愛他的最好方式，就是把他當個成年人，讓他自己為行為負責。由於我學會如何付出無條件的「強硬的愛」，既不姑息、卻也永不停止愛他，喬伊現在不但自由了，還一天比一天成長，越來越能為自己負責。

為了幫助喬伊對自己負責，我徵得一位成功戒酒的朋友的同意，請喬伊每週跟他談談，這樣要是喬伊故態復萌，也能及早發現、及早處理。我這朋友跟喬伊一樣，都是曾深受酒癮之害的人，但他努力克服了難關，我相信以過來人的身分，他應該比我對喬伊有幫助許多。

我們都受召付出無條件的愛，但有些時候，這代表我們得適時後退，讓能對當事人最有幫助的人接手。當我們發現自己因為助人而感到低潮、絕望時，這一點尤其重要。有些時候，我們就是得暫時避開某些人，等到自己更成熟、更有力量了，再來幫助他們。在別人請我們幫忙時，要狠下心來拒絕，實在不太容易，但如果我們怎麼樣都做不到，我們最後可能會心力交痒，連自己都需要別人幫忙。不過，拒絕不應該是為了省麻煩，而是為了讓自己成為更健康的人，好付出更多無條件的愛。耶穌之所以能治療那麼多人，也是因為當他需要祈禱、重新獲得力量時，他懂得暫時避開人群。

就好像群眾喜愛接近耶穌一樣，我們也很自然地會被毫不討價還價、無條件行善的人所吸引。在許多宗教團體逐漸萎縮的今日，德蕾莎修女還是吸引了數以百計的年輕女性，加入她侍奉基督、侍奉最窮的瀕死者的行列。[7]修女們收容了沒有親友照顧、孤獨等待死亡的窮人，她們一無所求，只深感榮幸能照顧基督——照顧那最小的一位。而且，雖然德蕾莎修女是天主教徒，但她從不跟瀕死者討價還價，要求他們一定要接受基督，她只是無條件地愛他們，因為他們就是基督。如果一位快過世的穆斯林想聽人讀誦《可蘭經》，德蕾莎修女便會讀給他聽，而且虔敬恭謹一如讀誦《舊約》給基督聽。試問今日，還有誰比德蕾莎修女改變了更多人心？她對瀕死者付出的無條件的愛，就是這樣充滿力量！

現在，有很多人像德蕾莎修女一樣，渴望在異鄉服事最窮的人。在文立光（Jean Vanier）創辦方舟（L'Arche）團體後，五十個方舟中心總是爆滿志工，急切地想加入他的行列，一同照顧身、心受創的人。[8]文立光的想法很簡單：殘障的人和健康的人，其實都需要彼此。而且，那些殘障的人還付出更多——為了克服自身的限制與痛苦，他們的愛必須更深刻。此外，

---

7 關於德蕾莎修女的故事，請參考Malcolm Muggeridge, *Something Beautiful for God* (London: William Collins, 1971).

8 Jean Vanier, *Be Not Afraid* (New York: Paulist, 1975).

由於他們需要別人幫助，他們等於也幫助別人愛得更深、變得更能付出愛與關懷。方舟團體的成員，要學會愛一個人當下的樣子，而非為了他們的回餽而愛。在海地的方舟團體中，有位不會說話、對人充滿恐懼、成天躲在收容所的人，但即使是他，也讓旁人學會了付出更真、更深的愛，這愛超越語言、更消弭了恐懼。[9]受創最重的人，往往能讓方舟團體成長最多，讓志工們學會不再討價還價，僅僅付出無條件的愛。

文立光的人生哲學是，健康的人需要透過殘障的人來學會愛自己：

> 從殘障者、社會邊緣人、曾受傷崩潰的人身上，我學到了更多的福音真諦，他們教給我的，遠比學者教給我的更多。藉著他們的成長、接納與順服，這些受創的人讓我知道，我必須接受自己的軟弱，不要假裝自己很堅強、很能幹。這些殘障的人讓我知道，不僅我有殘障之處，大家也都有殘障之處。他們提醒了我：我們都很軟弱，也遲早會死——他們讓大家正視了我們最害怕的真相。[10]

同樣地，殘障者也需要健康者無條件的愛：

酗酒的人總會被告誡要戒酒，因為這對他身體不好。可是，他需要人家跟他說這種事嗎？——他每天都吐個半死，根本不用人諄諄告誡，他也知道「這對他身體不好」。他需要的不是告誡，而是有人能給他力量、給他目標，讓他對生命有所盼望。光是跟人說「不准偷東西」，他是不會改的。一個人要改變，必須要有力量，必須要相信有人會給他生命、勇氣、平安與關愛——唯有這些，才能讓人不再偷竊、酗酒、吸毒，不再憂鬱。[11]

現在，請思考一下：傷害我們的人，難道一點都沒讓我們有所成長嗎？難道他們並不需要我們無條件的愛？為什麼我們身邊就有殘障、需要改變的人，我們卻總是想要千里迢迢加入文立光的行列？

處理討價還價

由爬而走是個不小的挑戰。我們必須離開柔軟、平坦的地板，邁向充滿桌椅、櫥櫃等障礙物的世界。在這過程中，我們會常常跌倒、常常流淚、常常撞了額頭碰了腿。這是一個充滿「不行」、「不可以」的世界，每當我們爬上桌子、接近廚房，聽到的一定都是禁令。我想，小

---

9 在海地方舟團體中的切身經驗，請參考William Clarke, "Comfort for the Afflicted," in *The Way*, XVI:3 (July, 1976), 199-207.

10 Jean Vanier, *op. cit.*, vii.

11 出處同前，頁95。

朋友可能都有段時間很後悔不該學走路。

在通過討價還價階段時，我們也一樣得經歷許多類似的挫折。在憤怒的世界裡，是黑是白很清楚——我們是好人，傷害我們的人是壞人，因此，要跨出這樣的世界格外不易。基督「愛敵人、寬恕敵人」的訓勉之所以聽來奇怪，是因為我們從小生長的世界，就是只愛「值得」被愛的人、只關心「值得」被關心的人。所以每當我們朝寬恕跨出一步，等於就要碰撞既有的價值觀一次。

在寬恕時，我們要能說出：「我願意接納你對我的一切傷害，也會試著對你付出你所需要的愛，直到你的敵意消失、我的慈愛治癒你。」有一天，我們會不再憤怒地指責桌腳弄腫了我們的頭，反而會開始怪自己為什麼走路走不好。在我進入那個階段後，有時還真希望自己能繼續責怪別人，也後悔踏進了以德報怨的新世界，畢竟，要以基督對待我的敵人的方式來對待他，實在比單純把他當作壞人要難得多。

走過討價還價階段的步驟，也同樣是厄瑪烏（以馬忤斯）門徒三步驟：

1. 把自己的感受告訴基督。
2. 透過聖經，傾聽基督的感受。
3. 依基督的指引而行。

◆第一步：把自己的感受告訴基督

我們的第一步，應該是誠實地向基督說出自己的感受，而非告訴祂自己希望有何感受：「主啊，我現在知道葛斯也有不少壓力，可是為了他好，他還是該改變一下啊！這樣他才不會傷到別人。如果他能不要再批評別人，我想我能寬恕他、接納他。如果他還能有些小舉動，讓我知道他接納我的話（不管是一句好話、一個幫忙都好），我想我會更容易寬恕他、接納他。不過，我還是最想聽他說我是個夠格的耶穌會士、不會失去聖召……這些要求應該不過分吧？我已經覺得，即使他不公開或私下道歉，我都願意完全接納他了。這樣還不夠嗎？請祢幫助他改變吧！就像祢幫助我改變一樣。只有我被祢幫助，實在不太公平。」

◆第二步：透過聖經，傾聽基督的感受

走過討價還價的第二步，是要去問：基督什麼時候跟我感受差不多，那時祂又怎麼反應？基督什麼時候被朋友傷得最重？葛斯說我當不了神父，讓我想起伯多祿也曾不認基督。於是我想，基督在海邊對伯多祿的回應（若望福音 21），應該也能當我回應葛斯的參考。我慢慢地重讀那一段好幾次，接著闔上眼睛、放鬆身體，將自己交給耶穌，然後緩緩呼吸，輕輕地喚道：「耶穌……」大概十分鐘後，我感受到了祂的愛，我想像自己跟伯多祿與耶穌一同坐在海邊，旁邊生著火，我腳底觸著細沙，鼻了聞到烤魚的香味……

這一幕真是祥和動人，不過，基督和伯多祿之間卻有場小小的拉鋸。首先，基督踏出了寬

恕的第一步：「若望的兒子西滿（西門），你比他們更愛（agapao）我嗎？」在伯多祿不認基督之前，聽到這樣的問話，他應該會毫不猶豫地回答：「是！」因為伯多祿一向愛爭先，連看到基督走在水面上時，他都想第一個衝上水面試試（瑪竇福音14:22-33）。但這時，基督要求他付出「agapao」——願意付出一切，甚至為對方而死的「大愛」。曾經不認基督的伯多祿，此時也已明白自己的軟弱，所以他不敢承諾付出大愛，只敢說他能付出「phileo」——朋友之間尋常的「友愛」。[12]然而，基督還是欣賞伯多祿衝動的那面，雖然這一面曾讓他情急之下不認基督，卻也能讓他勇於任事，擔起領導之責。基督把伯多祿最大的缺點，轉化成了領導的恩賜——「餵養我的羔羊」。

接著，基督第二次問話，想再次試試伯多祿能否付出「大愛」：

> 「若望的兒子西滿，你愛（agapao）我嗎？」伯多祿回答說：「主，是的，你知道我愛（phileo）你。」耶穌就對他說：「你牧放我的羊群。」（若望福音21:16）

基督再一次地接受了伯多祿的原貌，不強求他改變、付出自己所期望的「大愛」。基督不只接受了軟弱、衝動的伯多祿，更接受了曾三次不認祂的罪人伯多祿，而且，完全不強求他改變。

於是在第三次問話裡，基督改口用了伯多祿自己的話，問他願不願意付出「友愛」。祂以這樣的方式，讓伯多祿知道祂接受了他的原貌，接受他是個無法付出「大愛」的罪人——總之，伯多祿贏了這場拉鋸戰：

「若望的兒子西滿，你愛（phileo）我嗎？」……「主啊！一切你都知道，你曉得我愛（phileo）你。」……「你餵養我的羊群。」（若望福音 21:17）

正因為耶穌能愛伯多祿當下的樣貌，即使他軟弱、只能付出「友愛」，也依然愛他，所以伯多祿對耶穌的愛才能慢慢滋長，最後成為「大愛」，讓他甘願在羅馬殉道。唯有先付出愛，才能讓一個人在愛中成長，光憑期待、乾等是做不到的。

雖然基督並未對我面授機宜，但透過對伯多祿說話，祂也對著我的心說話。基督似乎問了我不少問題：我能不能向葛斯踏出寬恕的第一步，就像基督對伯多祿那樣，先讓他滿載而歸、飽餐一頓，然後三次對他付出愛，好醫治他三次不認主的創傷？我可不可以像基督欣賞伯多祿的衝動一樣，也試著欣賞葛斯衝動的批評——說不定，這正是他誠實與領導的恩賜？我是否能像基督一樣，即使葛斯是罪人卻依然愛他，用愛讓他勇於嘗試改變？我能不能拋下所有討價還價的條件，對他付出基督無私的愛，只問自己能給他什麼，不問他能給我什麼？最後，如果葛

12 關於〈若望福音〉21章中agapao與phileo的論述，請參考John Marsh, *Saint John* (Baltimore: Penguin, 1968), 668.

斯還是繼續批評別人，也還是覺得我當不成神父，那我是否仍能繼續愛他？

◆第三步：依基督的指引而行

我能像基督對待伯多祿那樣地對待葛斯嗎？說起來容易，做起來卻不簡單。讀讀基督怎麼對待伯多祿的段落不是什麼難事，但要想像基督會怎麼對待葛斯，卻讓我絞盡腦汁。我想，也許基督會幫他倒杯咖啡，好好聽他說話，幫他發現自己的長處以及心中的深層創傷；基督會幫他排去心中的憤怒，讓他發現自己的力量，在他擔憂時給他希望，並慈愛地對著他微笑，撫平他的創傷……仔細想過之後，我會先想像自己像基督那樣地對待葛斯，如果有些地方實在做不到，我就先交給基督去做。這樣反覆練習，最後，我就能讓基督透過我，去做祂想對葛斯做的事。

我要怎麼確定自己不是鸚鵡學舌，而是真的以基督之心對待葛斯？我發現，如果我真的能以基督之心為心，那我就會拋下這兩種討價還價的想法：(1)如果你不再批評別人，我就原諒你；(2)如果你能改變對我聖召和祈禱的想法，我就原諒你。簡言之，如果我真心寬恕葛斯，我就能像基督一樣地說：「葛斯，我原諒你有意、無意所做的一切，即使你繼續批評別人、仍舊覺得我不是當神父的料，我還是愛你。」

如果我真的以基督之心為心，除了不會再討價還價之外，我也會看到葛斯更多的優點，即使又受到傷害，也不會再那麼挑剔別人。如果我能像基督一樣地去愛，也真的不再討價還價，那我會先求付出，而不先計較回報。當然，我有時不免還是會憤怒、挑剔，但那是因為在寬恕的過程中，我不但逐漸痊癒，也漸漸讓一些被埋藏的感受浮上檯面。不過無妨，因為我已決志要愛、而非批評，所以這些感受反而能被治癒得更深刻、更完全。愛是一個決定，而非一種感覺。在承認種種感受，並與基督分享之後，我們能將這些感受交託給祂，祂也會以祂的感受回饋我們，到了這時，原先的種種感受也就能獲得轉化。將感受交託給基督，並獲知祂的感受，是一個逐漸深化的互動過程。我越是能深深嘆息，將一切感受交託給祂，就越是能吸納祂的感受。

不過，當我越來越能見到葛斯的優點之後，我也開始責怪自己：我當時為什麼會有那種反應？我為什麼那麼容易受傷？我為什麼得花這麼久時間才能寬恕他？別人都可以接受批評，為什麼只有我不行？在我真止寬恕別人之後，我雖然不再責怪別人，卻進入了沮喪階段，覺得一切都是自己的錯。在此同時，我討價還價的方向也變了：之前是要別人改變，我才願意寬恕他；現在是要我自己改變，我才願意寬恕自己。我的感受甚至比之前更差，因為現在我的問題變得更深，從「他到底有什麼問題？」變成「我到底有什麼問題？」

原諒別人的結果，卻是陷入「我到底有什麼問題？」的沮喪情緒，聽起來似乎很費解，也很讓人失望。你可能還會覺得，只有在處理較小的創傷時會遇上這種狀況，在處理需要長期心理治療的重大創傷時，並不會讓人陷入這種複雜情結。在處理創傷時，我們不一定都會有意識地經歷討價還價階段，但要治癒創傷，卻都必須付出上主無條件的寬恕。集中營倖存者彭柯麗（Corrie Ten Boom）就曾驚訝地發現，上主的寬恕治癒效果之大，居然連她被囚集中營、家人慘遭殺害的嚴重創傷，都能獲得撫平。她簡單地說出了她的經驗：

我在慕尼黑教堂講道時看到了他，那個集中營淋浴室的警衛。從集中營生還後，那是我第一次再見到納粹警衛。一看到他，那些恐怖、悲慘的記憶頓時又湧入了我的腦海——滿屋子嘲弄我們的人、一疊疊罹難者的衣物，還有我姊姊臨死時那痛苦、慘白的臉……

禮拜散會後，那個人來到我跟前，神采奕奕地對我躬身：「這位女士，我真是感謝妳的講道。聽到妳說祂洗淨了我的罪，真是讓我振奮不已！」

他伸手想跟我握手，但我這個成天告訴別人寬恕有多重要的人，卻把手擱在身邊不動。我覺得怒火中燒、亟欲報復，他們的罪行一股腦兒地沖上我腦海。我試著冷靜下來，告訴自己：耶穌基督不是已經為他而死了嗎？我還能多要求什麼呢？我在心中默禱：主耶穌啊，請寬恕我，也請幫我寬恕他！

我試著擠出笑容，努力想把手伸出去，卻還是做不到。我覺得心如死水，什麼也感受不到，沒有一絲溫暖、一絲慈愛。於是我又深吸了一口氣，再次默禱：耶穌，我真的原諒不了他，請賜給我祢的寬恕。

在握住他的手時，奇妙的事發生了：有股暖流，風馳電掣般地從我的肩膀、手臂流至手掌，最後流到了他的身上，在此同時，我的心中猛然生起對這陌生人的愛，熾熱到我幾乎支撐不仕。

於是我赫然發現，治癒這世界的關鍵，既不是我們的寬恕，也不是我們的善行，而是上主的寬恕、上主的良善。在祂告訴我們要愛仇敵時，不只給了我們誡命，更同時給了我們愛。[13]

13 Corrie Ten Boom, *The Hiding Place* (Old Tappan: Spire, 1971).中譯本為《密室》（更新傳道會，1976）。

第10章 第四階段：沮喪

在臨終病人發現不管自己如何努力，精神、體力都還是無情地流逝之後，他終究會明白：無論是討價還價、名醫、祈禱、奉獻或是善行，都已無法挽回自己的生命。最後，他的怒火會猛烈地攻向自己。在一片死寂中，他的問題會一個接一個破殼而出：「為什麼我不早點去看醫生？為什麼我那時隨便看個醫生敷衍了事，沒去找最好的醫生？為什麼我沒跟家人好好出去玩一趟，多花點時間陪陪兒孫？一切都太遲了，我當初實在應該……」如果臨終病人是很珍惜生命、朋友的人，沮喪的情況常常更加嚴重。

如果我很珍惜生命和朋友，我一定也會沮喪。我之所以會為自己對葛斯的態度而沮喪，是因為這讓我失去了一個好朋友，更可能讓我沒資格當神父。如果我一點也不在乎葛斯、一點也不在乎當神父、一點也不在乎在祈禱中成長，我就不會感到沮喪。進一步說，如果我什麼人都不在乎、什麼夢想都沒有，那我根本不會覺得沮喪。換句話說，除非我一點都不想承擔愛與成長的風險，否則我一定會飽嚐沮喪之苦。

沮喪的症狀

沮喪的烏雲常伴隨著悔不當初。我通常不會意識到自己正在沮喪，只會覺得怎麼樣都不想起床，然後不斷找藉口讓自己賴在被窩裡。我讓兩條鐵律牢牢地把自己拴在床上：一條是重力；一條是莫非定律之二元律——如果有兩件事可能發生，會發生的通常是你不喜歡的。僵持到最後，我會跟自己說：「你一小時前就該起床了！」然後頹然下床，無精打采地開始工作、準備教學計畫。我把不急的先擺一邊，先解決不得不處理的事情。每當我陷入沮喪時，我都不會構思新點子，只會挖出之前的舊課程、舊講道。我會更常問人：「你覺得這次的講道怎麼樣？」但我聽不進讚美、更容不得批評。雖然依我當時的狀況，我寧可坐在台下聽最糟糕的講道也不願意上台，但我就是自告奮勇上台了，因為在沮喪時，我不但會變得更不敢拒絕，也會變得更想取悅別人。然而，不懂拒絕卻讓我攬了越來越多事，讓我更有理由怪自己管得太多，卻一件也沒做好。

不懂拒絕又攬了太多事，只是我罪惡的**沮喪模式**之一。要衡量我的沮喪多深，只要看我多常以罪惡的方式回應創傷即可。罪惡會讓我更容易受傷，而創傷也會讓我更容易犯罪。舉例來說，如果我犯了驕傲之罪，我就會更受不了批評，然後用更多驕傲的吹噓掩飾我的不足。如果我犯了貪戀之罪，在我的東西被拿走或弄壞時，我就會更感受傷，於是更牢牢抓著自己的東西不放，好掩飾自己的失落感。

這完全是惡性循環。在我深感罪惡（我當初應該……）、越看自己越不順眼時，我反而會犯下更多錯，讓自己更感罪惡。我犯最多罪的那幾年，就是我最沮喪的那幾年。我一邊怪自己六門課沒教好，讓一半的學生不再來上課；一邊怪自己的學生不用功；一邊吹噓自己工作過重。在此同時，我也越來越少祈禱，希望其他老師跟我一樣慘，也一直為葛斯的批評鑽牛角尖。我一旦沮喪，就會犯罪，而且越是沮喪，越會犯罪。

我試著打破沮喪的循環，想讓自己好好祈禱，坦承自己是個需要基督幫助的罪人，但結果總是想一意孤行，憑自己的努力掙脫困局。我老是把焦點放在自己的問題上，而非放在基督身上，百思不解為何祈禱反而讓我越來越沮喪。我每說一句「主啊，我感謝祢」，總會再補上十句「主啊，請幫助我改變」。我試著想恨罪惡、愛罪人，結果卻總是恨罪惡、也恨罪人。因為我不喜歡自己，於是也覺得神不喜歡我，所以我每次禱告都匆匆結束，有時甚至不祈禱。在沮喪時，我的心思都放在自己的問題上，完全沒把神放在心上，這樣的掙扎，遠比出聲祈禱和唱詩歌艱鉅得多。

在我能稍微靜下來思考或祈禱時，我能略微發現，其實讓自己受傷，自己多少也有些不對。雖然在表面上，我還是會合理化自己的反應、為自己的行為辯護，但在內心深處，我其實相當後悔，很希望自己當初換個方式做。在一開始時，我只注意到葛斯的批評，但現在，我也注意到了自己的過度反應，於是要處理的問題變成了兩個。我不再僅僅責怪葛斯傷害了我，也開始捫心自問：我跟其他人之前是不是傷害過他，所以他現在才這麼愛批評別人？我為什麼要花這麼多時間，才能去寬恕、幫助一位受到傷害的人？我以前為什麼看不到他的壓力？為什麼我好像越來越少祈禱？他的確有不對的地方，但我為什麼依舊不能愛他？

即使到了沮喪階段，我還是帶了些憤怒階段的東西進來，腦子裡還是不時嘶喊：「他錯了！」憤怒與沮喪的症狀常常同時出現，事實上，許多沮喪情緒其實是被壓抑的憤怒，如果我能好好回答「誰／什麼事讓我生氣？」，並好好處理憤怒，這些沮喪情緒自然會消失。就我來說，我很少在氣別人時（憤怒），沒有一併生自己的氣（沮喪），反過來也一樣。[1]由於我不喜歡自己憤怒，所以我常會為自己憤怒感到罪惡。在沮喪階段，我滿腦子都是「我當初應該如何如何」，而很少再想「他當時應該怎樣怎樣」。

聖經裡的沮喪案例

在蕩子回頭的故事裡（路加福音 15），父親的寬恕與歡喜恰與長子的憤怒成對比。長子只注意到弟弟的錯，卻忽略了自己冰冷的心。因為他正在氣頭上，所以他既無法對父親、弟弟付出愛，也同樣不能接受他們的愛。

年輕、沮喪的蕩子比他哥哥來得健康，因為他知道自己是罪人，需要得到寬恕。他會自責

1 關於投射作用及其他自我防衛機制的經典討論，請見Anna Freud, *The Ego and the Mechanisms of Defense* (New York: International Universities Press, 1945).

不是沒有道理的：他耗盡家產、捨棄了愛他的父親、也捨棄了上主。因此，他滿懷歉意，對父親說：「父親，我得罪了天，也得罪了你，我不配再稱作你的兒子了。」（路加福音 15:21）藉著懺悔、接受寬恕，蕩子打破了惡性循環（沮喪→犯罪→更沮喪→犯更多罪）。蕩子的沮喪（「我當初真不該離家」）比他哥哥的憤怒（「他該離我們遠點，別再回來」）更能讓人成長。

健康的沮喪最典型的症狀之一，即是急切地想得到寬恕。由於蕩子沮喪到願意回家乞求寬恕，他反而變得跟父親更親近，也得到了新的禮物（上等袍子、戒指、新鞋）。他那背離父親的罪，反而成了許多新恩賜的泉源：從此以後，這對父子一定更珍惜彼此；一定更肯定而非更挑剔對方；蕩子也許會更憐憫潦倒的人；他們也一定會更關心那個悶悶不樂的長子，不讓他憤而離家，重蹈蕩子覆轍。總之，這個寓言提醒了我們，承認沮喪及其症狀，可以導向更深的愛，讓人開啟全新的生活。

期待懺悔、獲得寬恕，也是伯多祿（彼得）和猶達斯（猶大）最大的不同。他們都曾不認基督，也都為自己的行為陷入沮喪，但只有伯多祿勇於懺悔，努力與主耶穌修好，回頭全心事奉耶穌。反觀猶達斯，他不但無法面對自己的罪，也沒有試著與他背叛的那位和好，於是，他的失足、沮喪導致了他的自殺。主耶穌寬恕伯多祿不認祂，也繼續愛他、信任他，甚至讓他領導教會、「餵養我的羊」。但另一方面，猶達斯卻拒絕與神和好，所以耶穌才說：「那人若沒有生，為他更好。」（瑪竇／馬太福音 26:24）

沮喪帶來的是絕望還是新希望，端看我們是把焦點放在自己的問題上，還是放在基督對罪人的愛之上。猶達斯光看自己的問題，於是上吊自殺；伯多祿則是在意基督的寬恕，坦誠地將自己的問題交託給祂。猶達斯覺得有些罪太重、得不到寬恕；伯多祿則清楚罪越是大，基督也越急著想要寬恕我們七十個七次。在聖經裡，得到成長的沮喪之人，都是那些願意懺悔、接受上主之愛的人。他們明白懺悔並不是為了改變神的心意、讓祂願意接納我們，而是為了改變我們自己的心，讓我們能接受神的寬恕，也就是基督在加爾瓦略山（髑髏地）給罪人的寬恕（若望／約翰一書 1:8-9）。

許多年來我相信，基督會愛蕩子、伯多祿那樣脆弱的人，但祂一定更愛那些能像神一樣完美的人（瑪竇福音 5:48）。由於看到基督要我們跟天父一樣完美，我一直把重心放在自己身上，變成一個以自我為中心的白拉奇主義者（Pelagian），以為靠自己的努力就能得救，而不是一個需要救主的罪人。後來我重讀了這一段（瑪竇福音 5:43-48），發現這段經文所說的，只是要我們在一個地方跟天父一樣完美——愛鄰人，並將這份愛推及敵人。〈路加福音〉在記述這段談話時，更以「當與天父一樣『慈悲』對待敵人」進一步說明了與天父一樣「完美」的意義。這句經文說：「你們應當慈悲，就像你們的父那樣慈悲。」（路加福音 6:36）這是我們能做到的。我們上主的要求不多，只希望我們在面對自己及他人內在的伯多祿與蕩子時，能以慈悲相待。我們最像天父與基督的時候，不是完美無瑕的時候，而是付出寬恕的時候。

天父之所以愛我們，並不是因為我們是從不犯錯的完人，而是因為我們是不斷透過錯誤學習的嬰兒、需要比成人更多的關愛。神對脆弱之人的愛，一如母親對脆弱的孩子的愛：「婦女豈能忘掉自己的乳嬰？初為人母的，豈能忘掉親生的兒子？縱然她們能忘掉，我也不能忘掉你啊！看哪！我已把你刻在我的手掌上。」（依撒意亞／以賽亞書 49:15-16）。

沮喪也可以是健康的

雖然「沮喪」的定義很多，本書對「沮喪」仍採古典定義：對自己憤怒。在沮喪階段，憤怒轉而向內，對自己容許自己受傷或傷害別人感到罪惡。「對自己感到憤怒」與「對自己的行為感到憤怒」，構成了「不健康的沮喪」與「健康的沮喪」的差別。健康的憤怒讓我對葛斯無情的批評感到生氣，但我還是能愛他、寬恕他；同樣地，健康的沮喪能讓我對自己無情的行為生氣（因而能加以改變），但還是能愛自己、寬恕自己（我因而能發現自己的恩賜，並運用這恩賜來改變行為）。

不管我是有意傷害自己或他人（此謂有罪的〔sinful〕），或是無意傷害了自己或他人（此謂邪惡的〔evil〕），我都必須愛我自己、寬恕我自己。大多數時候，我都必須為無意的邪惡寬恕自己。我常常出於好意卻做錯了事，例如不加思索地信任誤導我的人、埋頭瞎忙卻事倍功半、漫不經心沒注意到人家的需要。我通常很容易原諒自己的無心之過（比方說我無意讓自己被葛斯傷害，也無意傷害他），但對自己有意造成的傷害便很難釋懷（比方說我一直執著葛斯的批評，甚至打算給他難堪）。如果我不是有意為惡，我通常能告訴自己：「我也是凡人，難免會犯錯。」然後就此放下，原諒自己。在這種時候，我通常還有一半待在憤怒階段，不斷對自己耳語：「那是他的錯，不是我的錯。」然而，當我真正進入了沮喪階段，腦中充滿了悔不當初的罪惡感，那麼我可能就已意識到自己不只要為無心之過負責。如果我明明知道自己動機不壞，卻還是無法原諒自己犯錯，那我將能進入寬恕與愛的更深層次，去寬恕、去愛自己這個罪人，就像聖奧斯定說的那樣：「恨罪惡，愛罪人。」

「恨罪惡，愛罪人」讓我能改正自己需要改正之處。舉例來說，如果我發生車禍，但仔細想想後，確定自己開車沒有不小心，那我就會將車禍當成無心之過。不過，如果我仔細想想，發現是自己沒聽車廠的建議換煞車，那我可能就會為煞車不及而感到罪惡。當個負責任的罪人是有幫助的，因為這樣一來，我才會改變，下次才不會又因煞車不及而發生車禍。在此同時，我也必須原諒自己、愛自己，不然我可能在潛意識裡想懲罰自己，於是一再出車禍。在沮喪能讓人恨罪惡、愛罪人時，這樣的沮喪是健康的。

世界知名的梅靈格精神分析學院（Menninger Clinic）創辦人、精神病學家卡爾・梅靈格（Karl Menninger）醫師，曾在《罪從何而生？》（*Whatever Became of Sin?*）一書中指出：否認自己是罪人，是種非常不健康的態度。[2] 梅靈格在書中寫道：「所謂罪人，是能為自己無情的行為**負責**，也**能夠改變**的人。」如果我傷害了自己或他人，我可以選擇忽視它、繼續這個行

---

2 Karl Menninger, M.D., *Whatever Became of Sin?* (New York: Hawthorn, 1973).

為模式，也可以選擇承認錯誤、並加以改正。

梅靈格博士認為，我們有三種改過方式：第一，坐牢：當一個人無法改變自己時，只好出此下策；第二，進精神病院：當一個人精神失常，根本不知道自己做了什麼壞事時，也只好如此；第三，面對自己是罪人的事實：當一個人既未精神失常、也非惡性難改，可以為自己的行為負責時，便能接受這個事實。若我是個希望改變的健康之人，我就是個希望能遠離罪惡的負責的罪人。改過需要恨罪惡，也需要愛罪人——如果我不恨我的罪，我會對自己造成的傷害無動於衷，更別提改變了；如果我無法愛罪人，我會變得過於沮喪、嚴苛，還是沒有力量彌補自己造成的傷害。對梅靈格博士和聖奧斯定而言，健康的人會恨罪惡、愛罪人。左方表格簡單歸納了健康與不健康的沮喪的差異。

左方表格詳示了對罪惡與罪人的健康與不健康反應：

對象	健康的反應	不健康的反應
我的罪	恨我的罪： 瞭解罪惡造成的傷害 承認自己的責任 逐步改變	愛我的罪： 否認罪惡造成傷害 否認自己有責任 拒絕改變
我自己	愛自己這個罪人	恨自己這個罪人

健康的沮喪，是在恨罪惡的同時，採取這三個步驟：⑴瞭解罪惡造成的傷害；⑵承擔起責任；⑶逐步改變可改變之處。這同樣也是梅靈格博士在《罪從何而生？》中推薦的健康態度。

◆健康的沮喪：恨罪惡——瞭解罪惡造成的傷害

我們之所以要恨罪惡、愛罪人，不只是因為罪在兩千年前害死了基督，更因為直到今天，罪仍在凌遲在我們之內的基督。罪不僅傷害在我之內的基督，它破壞的漣漪更會穿門越戶，傷害別人之內的基督。水門案不就是活生生的例子？它讓我們看到，一個人的謊言如何荼毒了整個國家、傷害了選民對民主制度的信心。這謊言還成了國會、媒體的焦點，讓他們忽視立法，也忽視更急迫的飢餓問題、老人問題、健保問題。我有時會有種錯覺，覺得大概只有總統犯罪，才會造成這麼大的傷害。但實情並非如此，我自我膨脹和妄自菲薄的謊言雖小，卻還是散播了不信任感，營造出說謊沒什麼大不了的氛圍，於是總統便也像一般人一樣，覺得說謊沒什麼關係了。

罪的破壞力不僅能橫掃全國，更能穿越時間。一八七六年，美國人為了慶祝建國一百週年，派遣卡斯特（Custer）清剿蘇族，結果兩敗俱傷：卡斯特戰死，蘇族則被趕入更侷促的保留區，生活更加貧困，也更自暴自棄。幾十年後，菜鳥教師的我來到了這個地區，雖然我努力幫助蘇族人自立，但他們的自暴自棄實在讓我灰心；而因為我灰心，我就變得更經不起批評，於是我焦躁、沮喪，又進一步傷害了我的學生。這樣的惡性循環，難道跟卡斯特無關嗎？

◆恨罪惡——承擔起責任

我當然可以兩手一攤，說卡斯特殘殺蘇族人與我無關，我也不該為他們現在的悽慘處境負責（雖然他們的悽慘處境也讓我很悽慘）。不過，卡斯特難道不能說他只是奉命行事，要怪就去怪那些昏了頭的美國人嗎？那些美國人可能也不會乖乖認錯，於是一代一代相互卸責，最後怪到了亞當、厄娃（夏娃）頭上。推卸責任就像這樣，我還沒為蘇族人營造出一個愛的環境，就先助長了亞當原罪的破壞力。

所謂罪惡，不僅限於造成傷害，也包括你明知一件事是對的，卻撒手不管，「知善不為」與「知惡故作」一樣有害。我也許不必為卡斯特的罪感到罪惡，但要是我沒有好好幫助仍在受卡斯特遺毒之苦的蘇族人，我就該感到罪惡。今天，我們在集體懺悔禮中認罪，承認自己也是社會罪惡的幫凶，與這集體罪惡有份，也與教會罪惡有份，必須對世界上的貧窮與偏見負起責任。我們必須承認自己是罪人，必須為世界盡一份心，我們必須肯定自己有改善世界的恩賜，能讓公義、慈愛與寬恕瀰漫人間。我必須明瞭：正因為我明明能讓世界更好，卻沒讓它更好，所以我是個罪人。

如果我們要為自己的罪列出清單，不該只是列出自己犯過什麼錯，更要列出自己沒有善用哪些恩賜來幫助人。光是檢視自己犯了十誡幾次，並無法釐清何謂罪惡，要認識罪惡，應該好好想想自己有沒有善用愛人、愛上主的恩賜，或者就像聖經裡那個劃地自限的僕人一樣，白白埋沒了自己的天分（瑪竇福音 25:14-30）。那把主人託付的財產埋在地裡的僕人，並沒有犯十誡任何一誡，然而，因為他沒有好好善用自己的恩賜、白白埋沒了它，所以主人罵他「可惡懶惰的僕人」，並把他趕出門外（瑪竇福音 25:26-30）。[3]

同樣地，我的罪不僅在於傷害別人，也在於我埋沒或濫用了自己的天分，沒有好好用它來幫助人。舉例來說，我的天分是寫作，要是我埋沒自己的天賦，沒有好好靜下心來寫作，那是犯罪；但要是我濫用寫作的天賦，寫得太過頭，弄得自己精疲力竭、暴躁易怒，那也是犯罪。從另一個方面來說，既然我沒有歌唱的天賦，那我獻歌一曲唱得五音不全就不是犯罪，反倒心意可嘉。同樣是否認基督，但伯多祿、猶達斯否認基督，就是比群眾否認基督的罪更重，因為他們是門徒，更親近基督、瞭解基督，也更有愛祂、事奉祂的恩賜。正因為偉大的聖徒有更大的恩賜去愛，所以他們也更可能犯下大罪。

我不僅要為沒有善用愛的恩賜負責，更要為沒有讓愛的恩賜滋長負責。也許早在我一年級時，就曾因老師的批評而滿心傷痕，所以在聽到葛斯的批評時，我才會那麼恐懼、那麼憤怒。然而，我的罪惡並不在於感到恐懼、憤怒，而在於我明明發現自己恐懼、憤怒，卻還是決定把它們埋藏起來、不去處理，繼續對人充滿敵意，沒有試著用祈禱、與朋友分享、心理治療來好好治療創傷（在某些罕見情況裡，創傷可能與魔鬼有關，我們必須祈求上主帶我們脫離牠的魔

3 譯注：此寓言大意為：主人遠行之前，依僕人的才能將財產託付給他們。回來後驗收成果，受託付較多的兩位僕人，分別又賺進了一倍財富，但受託付最少的僕人，卻因害怕誤事，將受託的財產埋入地下，原封不動奉還。主人嘉獎了前兩名僕人，答應要讓他們負責更多大事，但責罵最後一名僕人沒有珍惜所託，將他逐出門外。

掌，可是我明明知道這點，卻還是沒試著用這種方法處理創傷）。

同樣地，我也許不必為感到憤怒負責，但我的確該為自己之後的選擇負起責任：我可以選擇把憤怒帶進工作裡，遷怒於學生，把自己弄得心力交瘁；也可以選擇好好祈禱、反省，讓自己重新獲得力量，好好處理當前的問題。感到憤怒並不是罪，但若是我不好好運用自由的恩賜獲得成長、親近基督，讓創傷獲得治療，反而縱容自己的怒火越燒越旺，那我就是在犯罪。簡單說來，只要我消極地任由往事侵蝕自己，找藉口不用自己仍有的恩賜繼續成長，那我就是在犯罪。

梅靈格博士希望有越來越多的人能夠承認：「我是個負責的罪人，我可以改變自己。」而不要把自己的行為歸咎於壞老師、壞基因、壞父母、邪靈作祟、傷人的話，或是同儕壓力。上述種種的確會影響我們，也要為我們的惡行負上部分責任，然而，如果我們想當個健康的人，就得好好思索該如何回應這些不好的影響——這個決定操之在己。

如果我們能仔細檢視受傷時的想法，往往更容易當個健康的人，並且承認「我是個負責的罪人，我可以改變自己。」為什麼呢？因為受傷時的想法，常常決定了我們的後續感受，同時也是終止惡性循環、產生改變的關鍵。改變的契機，往往是意識到自己的想法「不理性」，並代之以基督的想法。舉例來說，我後來發現，我之所以對葛斯滿腔敵意，不僅僅是因為他批評我，更是因為我不理性地詮釋了他的話。還記得葛斯是怎麼說的嗎？我們一起再聽一次：「我覺得跟初學生講得沒兩樣。真不敢相信他已經進耶穌會六年了，祈禱了這麼久還是如此，真不知道他還能在耶穌會裡待多久。」

這個評論本身不會傷了我，真正傷到我的，是我的反應。我當時可以這樣想：「忠言逆耳，也許葛斯說得沒錯。我的確是工作太多、祈禱太少。還好他及時提醒了我這點，現在問題還沒大到不可收拾。」就算他的批評完全沒道理，我還是可以換個方式想：「這傢伙真可憐。他一定受了什麼傷，或者正在生什麼氣。不知道我能幫他些什麼？」總而言之，這兩種反應，都能讓我更親近神和葛斯，也能讓我活得更快樂、更富足。

然而，我當初並沒有理性地這樣想，更沒有藉由這件事親近神與葛斯，反而覺得深受威脅，也很不理性地看待這則評論，只看到它有傷害性的一面，也開始覺得有些人壞透了（不只是做壞事而已，而是本身就壞透了），應該被狠狠懲罰、好好矯正。我憤怒地想：「葛斯是個混球！他應該要被好好懲罰一番，這樣他才會有些改變。我再也不會信任他了！」

在怒氣消散、沮喪到來之後，另一個不理性的想法又來了：「我至少要被我在意的人接納與愛，不能辜負他們的期許！」這種想法讓我不再關心葛斯有沒有改變，卻讓我非常在意自己有沒有改變。我不斷告訴自己：「你必須立刻改變一切！這樣一來，那些你在意的人才會愛你、覺得你這個人還算成功。」總而言之，光是那則評論，並無法讓我陷入憤怒、討價還價與沮喪的困境，我自己不理性的想法，狠狠捅了自己一刀。

理情療法創始人亞伯特・艾里斯（Albert Ellis）已在臨床上證實：人之所以會產生情緒，不單單是因為遭遇到什麼事，也是因為人會以特定的方式看待這件事。艾里斯還歸納出十種不理性的想法，認為它們不僅會造成負面情緒，更可能導致心理疾病。[4]艾里斯也認為，如果我們能用理性的想法取代不理性的想法，心理自然會恢復健康。我的看法是，這個道理也可以應用在記憶治療上：如果我們能拋去不理性的想法，並以基督的眼光重新看待自己遇到的事，我們便能重獲健康。艾里斯列出的十種不理性想法，絕不是什麼「創傷的恩賜」，反倒清楚點出了我們讓自己受傷的責任。

以下，我將艾里斯列出的十種不理性想法稍加簡化，並配上聖經經文，好指出基督的看法如何帶來醫治。如果你也覺得深有同感，那代表你已逐漸認清了讓自己受傷的責任，也漸漸能夠恢復健康。聖經上說：「聖神的果實是：仁愛、喜樂、平安、耐心、良善、慈愛、信心、溫和、自制：關於這樣的事，並沒有法律禁止。」（迦拉達／加拉太書 5:22-23）[5]這十條不理性的想法，恰恰說明了魔鬼如何打擊我們，讓我們無法享有聖神的恩賜。如果我們無法感受聖神的任何一種恩賜，就該好好審視自己的創傷，並捫心自問：「我是用了哪種想法來合理化自己對某人的憤怒？又是哪種想法讓我生自己的氣？」想清楚以後，我們就能為那不理性、不寬恕的想法懺悔，並舉目凝望基督，接受祂重生的恩賜。

☆十種不理性想法

如果我繼續不理性地像下面這樣想，我就得為受傷或無法康復負責：

1. 違反（不求回報的）仁愛：我必須被我在意的人愛與接納，並符合他們對我的期許。

幾時人為了我而辱罵迫害你們，捏造一切壞話毀謗你們，你們是有福的。（瑪竇福音5:11）

2.違反喜樂：我必須要完美、成功，才能對自己滿意。

有我的恩寵為你夠了，因為我的德能在軟弱中才全顯出來。（格林多／哥林多後書12:9-10）

3.違反（不因考驗而動搖的）真平安：逃避困難與責任比面對它們容易。只要我對它們視而不見，它們就會自己消失。

誰若願意跟隨我，該棄絕自己，天天背著自己的十字架跟隨我。（路加福音9:23）

4.違反耐心：我必須為自己的問題找出快速而完美的解決方案。

你們的耐心應當叫眾人知道……你們什麼也不要掛慮，只在一切事上，以懇求和祈禱，懷著感謝之心，向天主呈上你們的請求。（斐理伯／腓立比書4:5-6）[6]

---

4 Albert Ellis and Robert Harper, *A New Guide to Rational Living* (N. Hollywood: Wilshire, 1975). 關於艾里斯理論之靈性面向的推廣，請參考John Powell, S.J., *Fully Human, Fully Alive* (Niles: Argus, 1976).

5 譯注：為配合作者文意，本段經文在不違聖經原文的前提下略做調整。亦須注意的是，作者寫作時會視文意需要採取不同聖經譯本，並未嚴格對照聖經原文，為求忠實反映作者觀點，釋經學上的可能爭議只能暫時擱置，還望讀者見諒。

6 譯注：本段經文思高聖經譯為「寬仁」，和合本及現代中文譯本皆譯為「謙讓」。作者則採英王欽定版（King James Version），譯為patience，為配合作者文意，此處譯為「耐心」。

5. 違反良善：有些人壞透了，他們該為作惡付出代價，好好接受懲罰。

父啊，寬赦他們吧！因為他們不知道他們做的是什麼。（路加福音 23:34）

6. 違反慈愛：我要隨時做好最壞打算，常常為邪惡、危險、可怕的事做好準備。

在愛內沒有恐懼，反之，圓滿的愛把恐懼驅逐於外。（若望一書 4:18）（請用理性評估恐懼，並把注意力集中在上主愛的大能上，這能幫助你對抗恐懼。）

7.（長年）違反信心：往事深深桎梏了我，我不可能改變，誰也救不了我了。

所以誰若在基督內，他就是一個新受造物，舊的已成過去，看，都成了新的。（格林多後書 5:17）

8. 違反溫和：要是事情沒照我的計畫進行，那我就慘了。

阿爸！父啊！一切為你都可能：請給我免去這杯罷！但是，不要照我所願意的，而要照你所願意的。（馬爾谷／馬可福音 14:36）

9. 違反自制：我無法掌控自己快不快樂，只能隨波逐流，讓身邊發生的事決定我快不快樂。

眼睛就是身體的燈。所以，你的眼睛若是康健，你的全身就都光明。但是，如果你的眼睛有了病，你的全身就都黑暗。（瑪竇福音 6:22-23）（快不快樂並不取決於事，而取決於你怎麼看它。）

10. 違反自由（法律不禁止即是自由）：因循舊習，總是比改變容易。

愛不一意孤行……凡事包容，凡事相信，凡事盼望，凡事忍耐。（格林多／哥林多前書 13:5-7）[7]

◆恨罪惡——改變可改變之處

如果我真的恨罪惡，那我就不只要釐清自己的罪是什麼，更要設法改變它，就好像如果我想讓通話費少一點，就該少打長途電話一樣。從另一個方面說，我這麼愛打長途電話，是因為我喜歡聽到朋友的聲音，也想免去長久等待回信之苦。打長途電話的快樂及其所避免的痛苦，稱之為「次等收穫」，也就是這些次等收穫，讓我安於現狀，不想改變。這些次等收穫，我可能有意識到、也可能沒意識到，但無論如何，健康的沮喪應該要能助我拋開這些有害的次等收穫，勇於改變。

上述十種不理性的想法，不僅列出了犯罪的藉口及基督的回應，也點出了阻礙我們改變的次等收穫，如果我們能加以釐清，便能向基督認罪，藉著聖神的大能，以基督的眼光重新看待這些事。這些次等收穫常是貌似聖神果實的假果實，雖然看似甘美，實則毫無營養。簡單說來，如果我真心想原諒葛斯，我就得拋棄以下種種次等收穫：

7 譯注：本段經文思高聖經譯為「不求己益」，現代中文譯本譯為「不求自己的益處」，作者此處引用的是新標準修訂版（New Revised Standard Version）譯文"It does not insist on its own way"，較貼近直譯希臘原文，為配合作者詮釋，改譯為「不一意孤行」。

☆十種改變障礙

我不想改變、不想原諒葛斯，因為……

1.假仁愛：跟葛斯的敵人做朋友真好，他們都把我當成受害者，給了我十足的同情與關愛。同仇敵慨大概就是這麼回事吧，我不想管自己是不是不再愛葛斯，也不在乎他會不會繼續傷害別人。

2.假喜樂：看到葛斯的失敗，真讓我說不出地爽快！即使我好好祈禱、完成一個像樣的祈禱座談，大概都沒有幸災樂禍來得快樂。

3.假平安：事情都過去了，就讓一切恢復平靜吧，別再多費精神去跟葛斯重建關係了。沒什麼好寬恕的。

4.假耐心：葛斯的確不對，如果我有點耐心，搞不好可以看到他改變（至少，這比改變我自己簡單）。

5.假良善：看看葛斯多麼愛批評人，這讓我覺得自己其實還不錯，我比他對人友善多了。

6.假慈愛：為了讓大家好過一點，葛斯實在應該改改自己的個性，不要那麼愛批評別人。在他能做到這點之前，我最好還是離他遠點，免得又被他傷到，我這輩子已經有夠多創傷了。

7.假信心：我有信心可以寬容葛斯現在的樣子。他年紀大了，要改也改不了。我還是別再跟他打交道，把時間用在別人身上不是更好？

8. 假溫和：如果我溫和、慈愛地對待葛斯，他應該遲早會被感動，而對說過的話感到懊悔。這樣，他應該會想做些補償，變成我期待的那個樣子。

9. 假自制：我可以決定自己快不快樂，也可以決定我不想再跟葛斯有什麼往來。我不該插手這件事，因為要是我幫他，他會變得太依賴我，但他得靠自己學會自制。

10. 假自由：我現在沒時間也沒精力去管葛斯，我有自由去做更重要的事。幫助他只會讓他得寸進尺，對我要求越來越多，如此一來，我還有什麼自由可言？

值得注意的是，這些次等收穫也會讓我更難寬恕自己。健康的沮喪能讓我發現不理性的想法，讓我能為罪過承擔責任，並正視阻礙我改變的次等收穫。耐著性子對葛斯示好，並不能帶來真正的改變；要讓自己真正發生改變，我們必須看到不理性的想法與基督的想法多麼不合，明瞭就是這樣的想法讓我們無法承受批評，而次等收穫只會加深我們的創傷。有了這種領悟，我們才會憎惡自己罪惡的想法與行為，向基督懺悔一切，並善用基督賜予的成長禮物——因為祂愛我這個罪人。

◆健康的沮喪——愛罪人

我帶避靜時發現一件事：避靜者成長的關鍵，並不是發現自己不理性的想法，或為自己的問題找出答案，而是發現自己的確是個極不理性、問題重重的罪人，更重要的是——即使自己是罪人，耶穌依然愛他，所以他也能愛自己這個罪人。若是避靜者只把自己當成罪人，他很難勇敢成長；但若是避靜者覺得是因為自己很好、很有恩賜，天父才愛他，那他同樣很難認識上主深刻、平白賜與的大愛。

為義人死，是罕有的事，為善人或許有敢死的；但是，基督在我們還是罪人的時候，就為我們死了，這證明了天主怎樣愛我們。（羅馬書 5:7-8）

只有在明白自己罪惡多深，深到隔絕他人、甚至讓耶穌付出生命之後，我們才會明白上主的愛有多深。真正地陷入沮喪，就代表著你即將發現自己的確深深被愛。

神無限的愛的唯一限制，就是我們需要、渴求祂的幫助。祂有個愛的水庫，永不枯竭，但我們必須發現自己軟弱、需要祂的愛，才能空出瓶子讓祂把愛倒進來。

正是因為如此，聖徒們最接近上主的時候，往往都是他們覺得自己是個罪人、離祂好遠的時候。聖保祿（保羅）和伯多祿都是如此，他們之所以會成為偉大的聖徒，正是因為他們發現自己是多大的罪人。成為聖徒的關鍵，不是我們覺得跟神有多靠近，而是我們有多渴求神（但我要誠實地說，我的確比較喜歡接近神的感覺，而不喜歡在沮喪中渴求神的感覺）。在依納爵想接近神的時候，他總會用心想想自己的罪惡，如此一來，他便能憶起神是多麼慈悲，寬恕、拯救了他多少次，於是，他馬上能全心愛上主、感謝上主。我想說的是：聖徒也都是恨罪惡、愛罪人的人。

為什麼認真看待自己的罪惡與軟弱，反而能發現自己其實值得被愛？[8] 罪讓我們無法付出愛，卻不會讓我們無法接受愛。對於自己不付出愛、反而造成傷害的部分，我們是該痛悔，但在此同時，我們還是要感謝罪惡所帶來的成長，畢竟沒有十字架的毀滅，便沒有復活的冠冕。我們必須先瞭解的是，覺得沮喪、發現自己沒做好該做的事，其實是一種恩賜。我們之所以會覺得後悔，不正是因為發覺自己有更高的價值、也有潛力可以做得更好？我越是意識到批評的傷害，就越是明白自己原本可以不受它打擊，因此，對自己一再掉入被批評所傷的舊模式裡，自然也越是失望、沮喪。

只有在深刻瞭解自己所受的恩賜時，我們才會為自己內在的罪深深感到沮喪。就蕩子的故事來說，要是他的父親冷酷無情，把他趕出家門，那蕩子應該不會覺得沮喪。他可能會憤怒，但不會沮喪。然而他的父親恰恰相反，不僅重新接納了他，還為他大擺宴席、送他東西。就是因為他知道自己的父親會這樣，所以他才會為自己的罪深深感到沮喪，急著想回家。同樣地，除非我們發現自己領受了恩賜、卻誤用了它，否則我們很難真正感到沮喪，更不會由衷認為自己是罪人。一個人越沒意識到罪，就越難感受到神的恩賜。認識恩賜是認識罪惡的開始，而認

8 卡爾・榮格博士不斷強調，人要去愛自己人格中陰暗、被否認的一面，才能達到整全。雖然誰也不想讓這陰暗的一面失控，摧毀自己的人生，但愛它、接納它還是十分重要，因為被自我否認的那些面向，常常會轉而控制我們。

識罪惡，則是發現新恩賜的開始。

恩賜與罪有什麼關係？一般說來，我們都是在自己最有恩賜的地方犯罪。比方說，演說的恩賜固然讓人能言善道、條理分明，卻也可能讓人只顧自己說，不聽別人的意見，讓害羞的人更不好意思發言；發現問題、改正問題的恩賜，遭到誤用就變成了苛刻的批評；至於傾聽的恩賜，遭到誤用便是對不義之事沉默不語。

小學時，我很怕被叫起來朗讀課文，每次被點到，我都要鼓起十足勇氣才能順利唸完。我之所以這麼害怕當眾講話，是因為二年級時朗讀課文被人家笑。從那時起，我在課堂上就不再發言，只靜靜地聽別人怎麼說，即使有人在別人背後批評他們，我也保持沉默。其實，我當時如果想打破這種罪惡模式，要做的並不是鼓起勇氣挺身而出，而是好好善用自己傾聽的恩賜——我一直很怕被叫起來說話卻無話可說，所以聽人說話總是特別專注。我該怎麼善用傾聽的恩賜，來改變這罪惡模式呢？我可以仔細傾聽他人的話語，瞭解他的觀點，並發自內心關懷他，如此一來，我就能自然地說出自己的想法，為他辯護、擋掉無理的批評。此時，我等於發現了因為受傷而得到的恩賜，而我罪惡的沈默也隨之消失。

咬緊牙關告訴自己永不再犯，並不會讓罪惡消失，只有在能微笑著面對自己的衝動，並將其轉化為恩賜之後，才算真正地克服罪惡。舉例來說，與其為自己強烈的情慾感到低落，還不如為此感謝上主，並巧妙地加以轉化，讓它帶領我們更接近基督、朋友以及一直被忽視的人，性的誘惑便會自然消失。聖經裡不是也有這樣的故事嗎？那些通姦的婦人，在轉化了情慾之後，反而變得更愛基督了（路加福音7:37-50；若望／約翰福音8:3-11）。

不僅通姦的情慾可以被轉化，每一種讓人犯罪的衝動，都能被轉化為恩賜。基督把伯多祿愛爭先的衝動，轉化為領導的恩賜，也把保祿迫害基督徒的精力，轉化為往羅馬宣教的熱忱。不僅伯多祿、保祿的罪惡能被轉化，我們每一個人現在與過去的罪，都能成為恩賜之源，我們該做的就是誠心問問基督：祂能把我們對別人的傷害，轉化成什麼恩賜？[9]

你一定會問，真的每種罪都能變成恩賜嗎？有些罪過似乎太大，怎麼看都不可能變成恩賜：如果我酗酒弄得家庭失和，讓孩子深深烙下心理創傷，我要怎麼開始愛自己？如果我墮胎害死了一條無辜的生命，我要怎麼開始愛自己？如果我沒去關心一個沮喪的人，結果他自殺了，我要怎麼開始愛自己？如果我酒後駕車，弄得自己終生癱瘓，我要怎麼開始愛自己？如果我叛逆逃家，來不及在媽媽死前跟她說聲抱歉，我又要怎麼開始愛自己？沒錯，這些過錯造成的傷害都不小，看起來似乎很難變成恩賜。但你知道嗎？我就認識這麼一個人，把上面的每種錯都犯了（也許你身邊也有這樣的人），然而，只要他們願意為罪過懺悔、接受基督的愛，好

9 關於如何透過創傷獲得治癒，請參考盧雲（Henri Nouwen）之《負傷的治療者》（*The Wounded Healer*, Garden City: Doubleday, 1972. 中譯本由基道出版，1998），同作者亦著有《從幻想到祈禱》（*Reaching Out*, Garden City: Doubleday, 1975. 中譯本由香港公教真理學會出版，1987），該書描述了屬靈生活的三個重要階段：(1)從寂寞（loneliness）到獨立（solitude）（接受自我）；(2)從敵意到善意（接受他人）；(3)從幻想到祈禱（接受上主）。就治療重大創傷來說，這三個階段也很重要。此外，如果一個人真正進入了沮喪階段，也一定會經驗這三個面向。

好看看這些罪為自己帶來了什麼新恩賜，他們的沮喪一定能獲得治癒。

這真的可能嗎？我認識受傷最重的人之一，是一位學校老師。她很怕開車，成天緊張兮兮，總是不斷檢查門和燈有沒有關好，憂慮過去懺悔的罪到底有沒有被寬赦，而且即使她已備課備得很好了，卻還是忍不住一而再、再而三地加以修改。她能想起的最早一件遺憾之事，是她剛剛當上學校老師時，為了制止一個吵鬧的學生打了他的頭，沒想到那名學生竟因此喪失了部分聽力。她一直對此耿耿於懷、深感懊悔，但在祈禱幾天之後，她發現，即使在她打人的那個當下，基督也還是愛她。

她慢慢發現，這件事不僅是她各種問題的根源，也是她種種恩賜的泉源：因為她對自己傷了學生深感罪惡，所以她現在不僅更關心殘障的學生，也盡力把課教得更好，讓學生樂在學習，根本不想吵鬧；因為她細心無比，所以她數學和打字都教得很好；因為她曾對自己失望透頂，所以特別能安慰那些自我評價過低的孩子；而因為她意識到自己是罪人，有很多不足之處，所以她持續祈禱、依靠基督，也不斷進修，增進自己的能力。

雖然她傷害了一個學生，但這沮喪所帶來的恩賜，卻讓她幫助了更多孩子。以前，她只是深深地感到罪惡，但現在，她對一切充滿感恩。即使是過去視為缺陷的神經質，她現在也能正面看待，認為這能讓她保持警覺，避免很多傷害。更讓人高興的是，在她變得越來越懂得感恩之後，她的恐懼與神經質似乎也慢慢不見了。當她發現過錯也能被轉化為恩賜之後，她也不再要求自己盡善盡美，反而依靠基督幫她從過錯之中栽培恩賜。她親身經驗了基督愛她這個罪人，於是她也開始能愛自己這個罪人。

◆驗證健康的沮喪：我是否夠愛自己這個罪人，因而能將愛推及其他罪人？

我要怎麼確定，自己真的憎惡自己的罪惡，卻仍愛著自己這個罪人？又該怎麼辨別，自己是真正接受了基督對我這個罪人的愛，或者我還是不喜歡自己的某些部分，無法像基督一樣地愛自己？每當避靜者跟我說：「我現在真的知道神多愛我這個罪人了。」我總會問他一句：「在你人生裡，誰傷你最重？」然後請他回去祈禱一天，試著像耶穌一樣地愛那個罪人。這個檢驗方式很管用，因為只有那些真正瞭解基督多愛他們這些罪人的人，才能對傷害自己最深的人付出同樣的愛、無條件地接受他們。這項檢驗的根據是：我們多深刻地經驗到基督的寬恕，就能多深刻地寬恕別人，反之亦然。「互相寬恕，如同天主在基督內寬恕了你們一樣。」（厄弗所／以弗所書4:32）我們能多愛那些自己最不想愛的人，就是多愛基督、多愛自己。

我認識一位避靜者叫喬安，她很努力地要愛與寬恕一位精神失常的婦人，那位婦人會惡整每個進她家門的人，從不手軟。喬安跟她朋友曾與這位婦人共處一個屋簷下，一起度過一段惡夢般的日子。來參加避靜時，喬安艱苦地花了整整四天，都無法衷心寬恕這位精神失常的婦人。後來，喬安終於看到了自己的罪，她赫然發現，原來不只那位婦人不懂得付出愛，自己其實也不懂得付出愛！也正因如此，她才遲遲無法寬恕那位婦人，也無法不計前嫌地愛她。喬安終於明白，原來自己身上也有跟那位婦人一樣的缺陷。於是，喬安又花了整整一天，去體會基督如何愛她的軟弱，寬恕了她不知寬恕的心。在她經驗到神接納了她的軟弱之後，她終於獲得了成長，能寬恕那位婦人身上同樣的軟弱。

在能真正付出寬恕之前，我們常常要先意識到，雖然我們看不慣別人身上有某種缺陷，因此不願接納人家，但神卻沒有嫌棄我們身上的同樣缺陷，反而全然接納了我們。舉例來說，在我能真正寬恕葛斯之前，我必須先意識到我跟葛斯一樣愛批評，不同的只是他批評我，我批評學生。在意識到這點之前，我常常疑惑為什麼在我們祈求寬恕時，神不讓寬恕來得更快、更容易些。但現在，我親身經驗了學習寬恕有多難，於是也能接受對別人來說，這也不是很簡單的事。當我看到神接納了我們兩個現在的樣子之後，就能學著接納我們兩個現在的樣子。這種寬恕是更深刻的，因為在此時，我付出的是神賜給我的寬恕，而非我自己有限的愛。神賜我的寬恕與我給人的寬恕，關係就好似聲音與回音。

在我能衷心體會「我是耶穌所愛的罪人」之後，我就能真正做到恨罪惡、愛罪人，並敞開自己，迎接身、心、靈的治癒。承認自己是「耶穌所愛的罪人」，代表我願意治療自己造成的創傷，能與基督的愛攜手改變，瞭解祂更深刻的愛，更能掌控自己快不快樂，渴望以上主治癒的眼光為眼光、理性地活著，有更多機會發掘新的恩賜，也有更多能力去愛與寬恕跟我一樣的罪人。所以我才說，沮喪也可以是健康的。

接下來，我們歸納了如何驗證健康的沮喪。

☆驗證健康的沮喪階段：我好，你也好

對象	罪惡	罪人
對我自己	恨自己的罪	愛自己這個罪人：我很好
對其他人	恨別人的罪	愛別人這個罪人：你很好

☆其他不健康的選項

1. 要是我不恨我的罪，我可能就會否認自己的罪，甚至把罪投射到別人身上，然後讓自己陷在否認、憤怒或討價還價階段。該負責的人不是我，所以是你。我很好，但你不好。
2. 要是我不愛我這個罪人，我可能會覺得罪跟自己是分不開的，於是陷入不健康的沮喪。我不好，你也不好。
3. 要是我不恨別人的罪，對別人的怒火可能反噬自己，讓我陷入沮喪。你很好，但我不好。
4. 要是我不愛別人這個罪人，我可能會停滯在憤怒階段。我很好，但你不好。
5. 要是我既不愛自己這個罪人，也不愛別人這個罪人，我可能會在憤怒與沮喪間不斷游移。我不好，你也不好。

處理沮喪

如果我們不好好處理沮喪，最後不是心理出問題，就是身體出問題。羅林．史溫（Loring Swaim）是哈佛大學醫學院關節炎講師，有五十年骨科經驗，他發現，患者的類風濕性關節炎第一次發作，通常都是在經歷了不愉快的事、讓情緒非常緊張之後。[10] 如果患者能深刻意識到自己的痛苦與怨懟，開始原諒那些造成不愉快的人（憤怒），也原諒自己「未滿足的自私要求」（罪惡感），他們的症狀通常都會減緩，直到他們又沒好好處理憤怒與罪惡感時，疾病才會再次發作，但如果他們再度做到寬恕，症狀就又會消失。總而言之，如果我們不好好整治負面情緒，就會反過頭來被它們整治。

如果創傷很深，我們可能得花上好幾個月來處理沮喪，才能進入接受階段。但要是沮喪時間太長，讓你飲食、睡眠習慣都發生變化，甚至產生自殺念頭，那你可能要同時尋求專業協助。相反地，如果沮喪情況不算太嚴重，你也有好好地跟朋友分享感受、並獲得他們的鼓勵，就可能加速通過沮喪過程。我們都需要被他人接納，好進一步體驗上主全然的接納，並開始接受自己。在我被葛斯所傷時，同事們的接納讓我有安全感，讓我能在祈禱中領受基督的接納。上主的恩賜可能是專業協助、藥物、友情，或是祈禱中的接納，但無論是哪一種，我們都要好好運用。

該如何在祈禱中處理罪惡感？步驟其實跟處理任一個階段的感受一樣——厄瑪烏（以馬忤

斯）門徒三步驟：

1. 把自己的感受告訴基督。把那可怕的傷害告訴祂，讓祂知道我覺得自己該負責任，也想改變自己。
2. 透過聖經，傾聽基督的感受。好好體會基督會怎麼待我，怎麼待傷害了我的人。
3. 依基督的指引而行。

若我能進入基督聖心、依祂的榜樣而活，我就能被治癒。在此同時，跟好朋友談談、一起祈禱，也有益於每一步驟的進行。

◆第一步：把自己的感受告訴基督

在我陷入沮喪時，拜苦路和默想基督受難，常能幫助我認識基督如何經驗了我正面對的一切。我會請基督幫我釐清沮喪的原因，並與祂分享。我會請祂幫我弄清楚：我真的是在生某人的氣，或者我其實是在氣自己，懊悔自己當初為什麼要那樣做？然後，我會盡可能誠實地把

10 Loring Swaim, M.D., *Arthritis, Medicine and the Spiritual Laws* (New York: Chilton, 1962). 罪惡感也可能提高死亡風險。一項著名研究顯示：在性行為中猝死，佔內因性猝死數量的百分之零點六，其中大部分猝死者為婚外情。請參考Dossey, *op. cit.*, 38

自己的感受告訴耶穌。剛開始這樣做時，聽起來會很像在自憐自艾，但漸漸地，我會明白自己也傷了自己，然後，我會進一步成長，並求上主幫我認清自己不理性的想法，修復我所造成的傷害。在這個過程中，如果我真的夠坦誠，我會發現一些被遺漏的憤怒（它們往往偽裝成了自責）。逐一核對那十種不理性的想法，常能幫我釐清我的罪惡觀點，讓我更認識了自己的罪有多深，也更渴求基督的寬恕以及祂健康、治癒的眼光。我會像下面這樣祈禱：

「主啊，葛斯的確有些問題，但我也實在反應太過。我怎麼會這麼不理性，覺得自己非得受每個人歡迎？為什麼我老是不會拒絕別人，弄得自己心力交瘁，連一點批評都承受不了？我怎麼會這麼在意葛斯的想法，卻不在意祢怎麼看我？為什麼我自己在葛斯背後說他是非，卻還能義正辭嚴地說他不該在背後批評我？為什麼我這麼不敢面對批評，一直把它們深藏起來，累積到一發不可收拾？在我被派來這裡幫助蘇族人的時候，我以為自己剛好能藉此瞭解另一種文化，但現在，我怎麼好像連自己的耶穌會弟兄都不瞭解，聽不見他渴求幫助的呼聲？對一個這麼需要幫助的人，我怎麼反而生了這麼大的氣？我怎麼會這麼自私，只愛對我好的人？也許我真的不適合在這裡工作，甚至不適合繼續待在耶穌會；也許我真的沒認真禱告，沒資格當神父。為什麼我不反求諸己、好好開始祈禱，反而一直自欺欺人，一口咬定是葛斯不對？為什麼我不能把惡意攻訐拋諸腦後，誠實地面對逆耳忠言？主啊，我的愛與寬恕真不如祢！祢對葛斯的愛、對我的愛，我遠遠不及！求祢治療我、賜我力量。

「主啊，即使是我剛剛說的那些話，都太自我中心。我竟然只注意到我傷了自己，卻沒發現我其實也傷了祢。真正的悲劇原來不是我傷了自己，而是我傷了在自己、在他人身上的祢。祢曾說過：『凡你們對我這些最小兄弟中的一個所做的，就是對我做的。』每當我困於自己的問題而傷害學生、傷害自己時，我都是在傷害祢。[11] 但我總以為祢好遠好遠，所以我很少想到我傷了祢，更很少對此懊悔，反倒常常為傷了自己懊悔。主啊，求祢原諒我如此遲鈍，很少懊悔自己傷害了祢，也總是過度在意自己的痛苦，卻很少想到祢為了我而受難。主啊，我竟然無法告訴祢我真的懊悔，求祢醫治我冰冷的心。

「主啊，我好驚訝，才受了一點批評，我那冰冷的心就反應得這麼劇烈、犯了這麼多罪。看到自己這麼失控，反倒讓我疑惑為什麼自己沒有常常崩潰？我知道，一定是祢寬恕的愛與大能一直在保護我，不然光靠我自己的力量，我一定早就不成人形。請原諒我老是自憐自艾，卻沒有感謝祢看到了我的軟弱，主動用愛來保護我，讓我少受了好多傷害。我總以為自己要承認所有的罪，並設法擺脫它們，但現在我知道，在我做任何事之前，都要先接受祢的愛，才能獲得足夠的力量。求祢幫我別苛求自己、只想著解決方案，而是感謝祢讓我有這些感受、並讓我從中獲得成長。我現在才明白，原來我最大的罪是缺乏信心，不相信祢我可以一同彌補我造成的傷害、一起打造一個新的未來，原來我最大的罪是這個，而不是其他過犯。我主耶穌，求祢讓我看見我的罪！這樣，我才懂得歌頌祢偉大的愛與寬恕！祢的愛遠遠超過我的軟弱，能治療

[11] 關於基督是內在於我及他人之中的自我，請參考 Clarence Enzler, *My Other Self* (Denville: Dimension, 1958). 本書重新反省了基督宗教傳統對〈格林多前書〉十二章之基督奧體的信仰。

我的一切創傷。請讓我別再鑽牛角尖，成天只想著自己的罪，而是轉頭歌頌祢的愛與寬恕，祢治癒了我，也給了我成長的力量。

「主啊，我把所有悔不當初的事都交託給祢，因為我渴求祢的寬恕與醫治。別人曾被我的所作所為傷害，也曾因我袖手旁觀而受傷，甚至直到今天，我們都還在為我當初的作為或不作為受苦。現在，我把這些我對別人的傷害全交託給祢，求祢治癒我們。我不想對祢隱瞞任何需要治療的事，求祢幫助我，讓我想起祢想醫治的一切。」

◆第二步：透過聖經，傾聽基督的感受

在我把所有悔不當初的事、所有需要祂治療的傷害全都交給了祂之後，我等待祂的回應，專注體會祂想告訴我的事。就像厄瑪烏的門徒一樣，只要我誠心與祂分享自己的感受，傾聽祂怎麼解釋聖經，我的心就會燃起熊熊烈火，得到煉淨。

基督會對我說些什麼、做些什麼，好讓我能痊癒呢？祂會怎麼對待另一位像我一樣的人？福音書裡有很多罪人，但跟我看待自己的方式最像的一個，似乎是法利賽人西滿（西門），他瞧不起跪在基督面前的罪婦，後來卻發現自己是更大的罪人（路加福音 7:36-50）。我慢慢地讀這段聖經好幾遍，然後放鬆肩膀，集中精神在基督身上，仔細想像這段經文的每一個畫面，然後開始傾聽自己的心。

基督似乎在跟我說：「沒錯，你就跟法利賽人西滿一樣，看不起自己的弟兄，也忽視了我

在蘇族中的需要。不過，你至少知道自己是罪人，不像西滿根本不知道，你要為這點感恩。我給了西滿一些時間，讓他能改正自己的想法，自己發現自己是個罪人。我之所以沒有馬上跟你說你太愛批評、過度敏感，是因為我想讓你發現我寬恕了你多深，這樣，你就能同樣寬恕別人多深。現在你可以帶著五百元而不是五十元的債，來和我一起寬恕別人五百元而不是五十元的債。我這樣寬恕了你，所以你也會有力量這樣愛人、寬恕人。你既然知道自己得到了多大的寬恕，以後也一定可以去愛、去寬恕更多像你一樣的人。當你能在別人身上看到自己的過錯、並寬恕他時，要感恩！

「你害怕失去聖召。但你想想，跪在我面前的人是誰？想當完人的西滿批評我，反倒是那個知道自己是罪人的婦人愛我、走近了我。你越是軟弱，我們就越是接近，因為在那種時候，你會知道自己很需要我，而我也能為你付出更多。別在意自己完不完美，但要多想想你是否還在我跟前、有沒有讓自己被愛？我要召叫的是軟弱的人，是那些依靠我的力量，也承認自己的力量來自於我的人。

「你總是希望自己完美無瑕，總是覺得你越完美，就越能接近我。那是討價還價啊！你已透過我的眼光看過葛斯，能愛他現在的樣子；現在，你也要透過我的眼光看看自己，試著去愛軟弱的你。我知道你沒說出口的討價還價是什麼：『如果我能更少批評、更不脆弱、更能改過，那我就願意愛自己、寬恕自己。』別再討價還價了吧！你要恨罪惡沒錯，但也要**愛罪人**，不能只愛循規蹈矩的那個自己。

「我也同樣希望你能成長。可是討厭自己、努力改變並不能帶來成長，要獲得成長，你得先像我一樣地愛你自己，並且從我的愛中汲取成長的力量。在被愛包圍、撼動，讓你由衷也想付出自己所領受的愛時，你自然就會改變。所以，別成天苦思你該變成什麼樣的人，因為只要你如實發現自己是個罪人，你就會知道我到底有多愛你。如果你真的能變成完人，當然會有很多人愛你，但你要知道，只有我，才會全然地愛現在這個不完美的你。所以，別再跟自己討價還價了，就用我的寬恕與愛，去愛現在的你吧！我沒有把你造成天使，而把你造成了會犯錯、但也能從錯誤中學習的人。我從沒想過你該永遠溫柔體貼、剛正不阿、刀槍不入——只有好萊塢電影才有那種人物。

「你跟那跪在我面前的婦人一樣，不斷懇求我的寬恕，但你們都不知道的是：我早就已經寬恕你們了！若不是你已被我寬恕，你現在就不會求我讓你更能愛人。你現在該做的，就是好好接受我的寬恕——我為你們而死時已賜下的寬恕。摸摸我手腳上的釘痕，這還不足以說明我多愛你們嗎？把你的另一手放在我手上，好讓我知道你想靠近我、想比以往都靠近我……現在，我要把手放在你的肩上，用我的力量充滿你，這樣，你就知道該怎麼給一無所有的人力量，只求付出不求回報，不再只關心那些能愛你的人。

「你說，你覺得自己好像還不夠懊悔。你看，你又來了，你還是覺得自己必須做點什麼，才能換得我的寬恕，只不過剛剛是覺得自己必須更完美，現在是覺得自己必須更懊悔。你要知道，我之所以愛那個婦人，並不是因為她用昂貴的香膏抹我的腳，而是因為她空虛地來到我面前。你的缺乏感受，某種方面就是空虛的一部分——我正愛這樣空虛的你！你不必為了得到寬恕而強迫自己要有被寬恕的感覺，懷著信心，來到我面前吧！跪在我跟前的那個婦人覺得自己是罪人，所以領受了豐富的愛；西滿雖然渾然不覺自己是罪人，但你覺得我不愛他嗎？要獲得寬恕、獲得愛，並不需要先覺得被寬恕，甚至不需要先覺得懊悔。感受會來來去去，寬恕卻是更深刻的實體。別那麼在意你是否夠懊悔（你永遠不可能足夠懊悔的），只要記住我對罪人的大愛。雖然懊悔的感覺的確有益，但真正的重點是你要接受我的愛，不管你深感懊悔也好、心如槁木死灰也罷，這點不會改變。深深吐出你的沮喪、恐懼及一切不愉快，好好吸進我的平安與治癒的大能，靜靜地在我懷裡休息，讓我治療你，用我的愛充滿你……現在，你的信心救了你，平安回去吧！」

這時，我剛剛才跟基督提過的種種懊悔的往事，又一幕一幕浮上了心頭：在布告欄前為幾句批評崩潰；自以為是地批評葛斯和學生；什麼事都不拒絕，弄到自己心力交瘁，沒時間祈禱……在每一幕裡，基督都把手放在我的肩上，對著我微笑、擁抱我，祂能寬恕我五百元而不是五十元的債，讓我因為犯罪而更親近祂。我躺在祂懷裡，直到我覺得領受了足夠的愛，有力量微笑、有力量接受會犯罪的自己，就像基督接受了那些犯罪的我一樣。為了檢驗自己是否真的經驗了基督的愛，經驗到祂接納軟弱的我、給了我恩賜，我也開始想葛斯，看看自己能不能接納他罪人的那一面，就像基督擁抱了我這個罪人一樣。如果我真的經驗了基督的愛，那我一定會想把基督給我的接納與恩賜，毫無保留地遞給葛斯。

基督的話語與醫治無法以文字形容，因為祂是用心來說話與醫治，當我委身在祂懷裡時尤其如此。[12] 基督常常在我祈禱時對著我的心說話，在那些時候，我只想靜靜地躺在祂懷裡，感受祂的愛。這對我來說並不容易，因為每當我沈默不語，總會覺得有點手足無措。可是，如果我跟一個人非常熟稔，那我就能很單純地享受與他同在，不多說什麼、多做什麼，彼此心有靈犀，喜樂自在其中。祈禱的治癒時刻，往往不是我靈光一閃、偶有所得的時刻，而是我靜靜地躺在基督懷裡，呼吸祂愛的氣息之時。

◆第三步：依基督的指引而行

治療的第三步，是以祈禱開始。我請基督帶領我想像祂會怎麼做，並在我心中注入祂的大能，治療我和別人身上的傷。這有時不一定能成功，但之所以失敗，往往是因為我還在氣自己，於是半途而廢；不然就是我還在生神的氣，於是依然故我，以自己的力量和方式做事。我常常會這樣祈禱：

「主啊，我來到祢的面前，看到祢溫柔地治癒那在祢腳前的婦人，對她說：『妳的信心救了妳，平安回去吧！』我知道，祢也會對我做一樣的事。請告訴我，祢希望我怎麼以祢的心為心而活……祢似乎希望我現在就完全原諒葛斯，明瞭自己其實跟他很像，而祢卻全然接納了我。請幫我愛他現在的樣子，請幫我善用自己批判的恩賜，去幫他完成他正不知如何下筆的學生手冊。請讓我看到祢想怎麼幫助他，這樣我才知道該怎麼幫他、怎麼讓他成長。請讓我看到祢多愛他，因為我也想更愛他……

「主啊，謝謝祢幫我向葛斯付出祢的愛。在我能愛他現在的樣子、配合祢的期待去接觸他後，我覺得自己的寬恕更深刻了。我覺得現在的自己能靠他更近。在他也做好準備之後，請祢讓我發現一個最好的時機，讓我能像祢對我一樣地用耐心對待他。在未來的日子裡，請祢幫助我彌補我的惡言對葛斯的傷害、對學生的傷害。在我有機會說好話時，請讓我知道。

「主啊，我不願阻擋祢治癒的愛，不願周遭的人無法分享這份愛。請祢讓我知道，祢想怎麼運用我最不喜歡自己身上的那部分。請取去我對別人批評的敏感，而讓我能敏銳地注意到被批評的人。我曾因葛斯批評我的祈禱而受傷，現在，請祢讓我善用這份敏感，在蘇族人因為神聖管笛祈禱而受到批評時，能夠更同情他們的感受。在我今年夏天與蘇族人同住時，請讓我對各種空穴來風的批評更加敏感。請揭露我想隱藏的罪，讓它赤裸裸地暴露在我眼前，這樣我才會更熱切祈禱，不致失去聖召。請取去我曾因不被接納而產生的自憐自艾，並且使它轉化為一種動力，幫助我在這裡建立一個相互接納、相互支持的團體。請讓我看見祢賜給我的治療與恩賜，好讓我由衷向祢獻上感恩。」

每當我開始祈禱、把注意力放在自己的恩賜而非創傷時，我就不會繼續沮喪下去了。沮喪很大部分是一種選擇——選擇讓自己持續低潮，所以改變的方式也並不複雜，你要做的只是一

12 關於神有多愛我們的簡單小品，請見Peter van Breemen, *As Bread That Is Broken* (Denville: Dimension Books, 1974) 中譯本為《擘餅》（光啟文化，2001）。

個簡單的抉擇：要繼續為那幾句批評生氣，或是把它當成恩賜，運用它來做出必要改變，讓世界變得更加美好？每個摩擦都能帶來罪過，但也都能帶來美德，就好像信仰上的疑惑可以摧毀信仰，但也能讓信仰更加茁壯。我們不是生來就有美德，而是在種種試探之中讓美德生根，在種種失敗之中變得更依賴基督的大能。我們不應為犯罪而頹唐，反而應該為此更倚靠基督。聖徒不是不會犯罪的人，而是能因為犯罪而更接近基督的人。

◆透過懺悔依基督指引而行

有很多方法可以治療沮喪，例如：說聲抱歉、做出補償、跟朋友一起聊聊、祈禱、拜苦路、探訪病人、休息和娛樂，尤其是懺悔。我常常見證上主治癒一個人，有時是在避靜時，有時是在工作坊時，但上主最愛治癒一個人的時刻，似乎仍是他真心懺悔、辦告解之時。即使是沮喪到想自殺的人，上主都能在短短幾分鐘內，治好他們極深的創傷。懺悔的治癒力，並不取決於一個特別的聽告解神父，而在於我們是否渴望和上主一起回答這些問題：

1. 上主給了我什麼恩賜？
2. 我有多需要上主寬恕我沒有善用這些恩賜的罪？
3. 哪個曾經傷過我、需要我寬恕的人，讓我像罪人一樣地反應過度？
4. 這個傷害讓我有什麼成長？讓我不僅想感謝祂，更希望祂助我延續這份成長？

告解聖事現稱為「和好聖事」，和好聖事的新禮儀被重新設計，透過接受寬恕、賦予寬恕，以及為成長和可能成長而心存感激的步驟，使這聖事成為治癒的時刻。和好聖事的新禮儀比過去更強調懺悔罪過能帶來治療，所以在名稱上，不再稱之為只強調細數罪過的「告解」，而是和上主、和他人，以及和我們更深層自我的「和好」。

新禮儀的每個部分都在幫助我們藉著聖經重新瞭解基督，用祂的眼光來看待自己的處境，從而讓記憶獲得治療。新禮儀採對話形式，比單純陳述罪過更能深入創傷核心，其他的改變還包括：懺悔者補贖的方式更多元，不限於「念三串〈玫瑰經〉……」；覆手禮（這也是古代施行治療的方式）；新〈赦罪經〉：「願上主寬恕你，賜你平安……」；此外，和好聖事的結束詞：「我們讚美感謝天主，因為祂是慈善的，祂的仁慈永遠長存。」也提醒了我們，基督的治療永遠長存，祂的慈悲將帶領我們成長，讓我們終將認識創傷所蘊含的恩賜，並為此感謝祂。正因懺悔的治癒力量如此之大，因此每項聖事幾乎都以簡短的和好儀式開始。[13]

不過，無論是祈禱或懺悔，都不能替代直接修復人際關係，只能為此做好預備。告訴基督「我很抱歉批評了葛斯」，只是讓我做好準備跟葛斯說：「我錯了，請原諒我好嗎？」請求寬恕不是件容易的事，這需要很大的決心，但同時也能讓人得到治癒。先跟別人開口說聲抱歉，會比對人家說「我真的很氣你」更容易獲得善意回應，這也讓人家有機會仔細自我反省、獲得成

13 譯注：例如，每次彌撒於進堂、主祭致候之後即為懺悔禮，全體靜默懺悔或同念〈懺悔經〉之後，全體一同祈求上主垂憐，賜下慈悲與救恩。其他聖事亦以懺悔禮開始。

長，回過頭來也跟你說聲抱歉。不只在傷害弟兄姊妹時要和他們和好，在發現他們傷害了你時，也同樣要跟他們和好。比方說，無論夫妻哪一方消極忍受對方偷情，婚姻都會破碎，但如果他們能看到自己也要為對方偷情負上部分責任，婚姻關係往往能獲得修復。

衡量寬恕的判準，並不是道歉的詞藻多華麗，而是和好的行動多真誠。因此，新的和好聖事禮儀，更建議告解者採取行動，來彌補罪惡所造成的傷害。相較於念三串〈玫瑰經〉，新禮儀更鼓勵採取具治癒性的補贖行動，例如寫封信、打通電話給你傷害過的人，拜訪他們、讚美他們的長處，準備點小禮物給他們，在他們需要時伸出援手，齋戒、參與社區服務（例如為獨居老人購物）等等。舉例來說，如果父母對叛逆期的孩子沒耐心，讓親子關係出現裂痕，補贖方式就可以是單獨陪這孩子一段時間。花一個小時單獨陪這孩子，比花十小時為了他而和別人相處要有幫助得多。[14]

在彌補對別人的傷害時，也別忘了修復自己。如果我的確認為自己是聖神的宮殿、聖父的兒女，是值得被愛與寬恕的罪人，那我就應該要愛自己。與其選擇自我懲罰的補贖方式，我更該問的是：「如果我真的愛自己，我該怎麼做？」也許我該讀讀勵志書籍、好好睡上一覺、做做運動，或是跟好朋友聚聚。有些時候，為自己這個蕩子辦場盛宴，要比不斷自責更難，但你我都知道，後者是不健康的。如果你發現懺悔無法讓你歡慶新的自由，反而只是在不斷訴說同樣的罪，很少有被治療的感覺，也沒有獲得改變的力量，那我建議你去讀讀我們的另一本書——《治癒記憶》（*Healing of Memories*），那對你可能會有些幫助。[15]

有些時候，即使做了上述種種，卻還是覺得沮喪不已。當我們企望有別的感受、沒向基督順服自己的渴望、也沒將一切交託給祂時，這種情況特別容易出現。因為在這種時候，神希望我能對祂說：「我希望能從現在的感受中獲得成長，求祢幫我！」但我卻總是說我希望能跳脫現在的感受，不願順服祂的安排。然而，深刻的愛與寬恕的根基，是即使感受不到愛與寬恕，卻還是選擇去愛、去付出寬恕。與其陷在不健康的沮喪中，尋求治療與愛，對你是更有幫助的。

即使懺悔之後還是覺得沮喪、還是沒有被寬恕的感覺，也不用憂心。這種沮喪就像壞死而被截肢的手，雖然你可能不時覺得它還在，但它再也不會對你身體構成傷害了。如果你能好好照著本章的步驟做，不管你有沒有被寬恕的感覺，你都已得到了神的寬恕，遲早能感恩而不沮喪。這種寬恕會慢慢滲入你心深處，讓你漸漸能愛人、也能被愛。如果你還是感到沮喪，那就去探訪問題更嚴重的人：失業的父親、為疼痛所困的病人、貧苦的寡婦、病重的獨居老人……

14 關於如何治療孩童期創傷及內在小孩，請參考Linns & Fabricant, *Healing the Eight Stages of Life*, op. cit.中譯本為《心靈治癒：生命的八個階段》（上智，2011）。

15 Dennis and Matthew Linn. *Healing of Memories: Prayer and Confession—Steps to Inner Healing* (New York: Paulist, 1974). 關於剝奪型精神官能症（deprivation neurosis）如何讓人無法愛自己、寬恕自己，請見Conrad Baars, *Born Only Once* (Chicago: Franciscan Herald press, 1975)以及Anna Terruwe & Conrad Baars, *Healing the Unaffirmed* (New York: Alba House, 1976). 關於治療因失去深愛之人而起的沮喪，請參考Dennis & Matthew Linn and Sheila Fabricant, *Healing the Greatest Hurt* (Mahwah: Paulist, 1985).中譯本為《心靈的奧秘與治療》（上智，2000）。

在看到別人的重擔之後，我們就很難為自己的擔子沮喪了。

如果即使如此，我還是覺得沮喪，那真正的問題可能就不是沮喪，而是憤怒。如果我已好好審視了自己的罪，卻既不覺得獲得寬恕，也不覺得獲得恩賜，原因絕不是我惡貫滿盈所以得不到神的寬恕，而是因為我在生神的氣，所以才無法接受祂的愛。對神生氣的徵兆有時相當微妙而難以察覺：更愛工作而不想祈禱、不期待祈禱能帶來多少改變、覺得神要求太多、縮短祈禱時間、一邊承諾全然順服、一邊預留後路。如果我意識到了這些徵兆，我就知道自己必須回到憤怒階段，坐在約伯身邊跟他一起質問上主：為什麼祢奪走了我的家人、燒毀了我的穀倉、讓我全身長瘡？如果到了最後，這些質問能讓我在這些慘禍中看到祂的愛，那我就真的快到接受階段了。

也許這聽起來很複雜、很不真實。但克服沮喪就跟戒酒一樣真實、也不比戒酒複雜。在受到創傷時，有些人會借酒澆愁，另一些人則會以犯罪來逃避問題。但無論如何，復原的路都是一樣的：承認自己有問題，請求寬恕，祈求上主以祂的大能與眼光，幫助我們愛自己、愛別人。本章所述種種，正好可以簡化為戒酒無名會的十二步驟。[16]

◆戒酒無名會十二步驟

1. 我們承認自己無能為力對付酒精，而且生活已變得不可收拾。
2. 我們願意相信有一個比我們本身更大的力量，能恢復我們心智健康和神智清明。

3. 我們決定把自己的意志與生活，託付給我們知道會照看我們的上主。
4. 我們要徹底而無懼地檢討自我品格。
5. 我們向上主、向自己、向他人承認自己過錯的本質。
6. 我們完全預備好讓上主除去我們人格的缺點。
7. 我們謙遜地祈求上主除去我們的短處。
8. 我們要列出一份名單，記下所有我們傷害過的人，並衷心企盼能補償他們。
9. 我們要盡可能地直接補償他們，除非這樣做會傷害到他們或其他人。
10. 我們要隨時繼續自我檢討，若有錯失，要迅速承認。
11. 我們要透過禱告與默想，讓自己更能接觸我們所認識的上主，只祈求能明白祂對我們的旨意，並祈求有力量去奉行祂的旨意。
12. 實行這些步驟能讓我們靈性覺醒，我們要把這個信息帶給其他酗酒者，並在日常生活中實踐這些原則。

在我那酗酒朋友喬伊走過這十二步驟之後，他的沮喪轉化成了對酒癮的感恩。他現在把酒癮當成恩賜，認為這讓他經驗了上主的大能、經驗了豐沛的愛與寬恕，也正因這項恩賜，他現

16 關於透過戒酒無名會的十二步驟進行治療，請參考Linns, *Belonging: Bonds of Healing and Recovery, op. cit.*

在才有能力幫助其他的酗酒者。更重要的是，這種恩賜並不是戒斷酒癮者的專利，我們每一個人，只要走過沮喪、進入接受階段，都能獲得這項恩賜。

第11章 第五階段：接受

走進病房，映入眼簾的畫面常是祝福卡片、鮮花、點心，以及一個向你微笑的病人。即使病人快動手術、甚至時日無多了，當你問他好不好時，他總是會給你一個自信的微笑，燦爛一如競選中的卡特。過了一會兒，當訪客離去，病人常常馬上拿下「我很好」的假面具，開始抱怨護士怎麼還沒拿冰水給他。我們要怎麼知道一個面帶微笑的病人是真的接受了自己的命運，還是仍在否認呢？

我也常常假裝自己進入了接受階段。比方說，因為我自責於自己對葛斯的批評反應過度，我就想我已經完全寬恕他、接納他了。但一個禮拜過後，當他找我去他辦公室談談時，我馬上開始緊張、害怕。這次到底出了什麼問題？我甚至什麼事情也想不起來，但我在發抖。在被他的批評所傷之前，我從來沒害怕去他辦公室。但現在，我卻害怕再次受傷，因為我的傷口還沒復原，我也還沒真正原諒葛斯到能夠坦然接受他、信任他的程度。幸好，接下來幾週，我的寬恕逐漸加深，也不再害怕面對葛斯了。

接受的症狀

如果假裝接受一點都不難，我們該怎麼判斷真正的寬恕呢？否認和接受看起來很像。當我在布告欄前第一次聽到葛斯的批評時，我的反應是否認：「沒關係。他不喜歡，有別人喜歡。」到了接受階段，我想說的還是「沒關係」，但我已不再隱藏自己的創傷了。

否認創傷的方法很多：理性化、犯罪、逃避、尋求別人肯定，以及能掩飾自己不安全感的其他所有方法。在否認階段，我表面上還是能對葛斯微笑，但心裡仍舊怒火中燒，於是不僅遷怒學生，也責怪上主對我不公平。然而在接受階段，我不僅不再有這些症狀，還能感謝創傷讓我成長，也有信心將來如果遇上新的創傷，還是能從中獲得成長。我能夠對所有的情緒開放，也願意接觸人群、委身基督。凡此種種，在否認階段根本不可能出現。在進入接受階段後，我不再否認自己的經驗，反而會主動去問：「我要怎麼經驗更多、享受更多？我今天能得到什麼成長？我能從這人、這挑戰上得到什麼收穫？」[1] 若你能一天比一天對神、對鄰人、對自己更加開放，就能獲得更多寬恕、更多治癒。

接受的日子會是怎樣的呢？這樣的日子其實不多，就跟遇上寒流我仍想早起工作的日子一樣少。在接受的日子，我醒來時精神飽滿，興沖沖地想趕快開始工作，就好像要去郊遊一樣開心。我記得昨晚在夢中，我居然成功地賣掉布魯克林橋。我想我的舊傷已經痊癒，所以才會做了前所未有的好夢，將來可能也有餘力處理其他舊傷。在去餐廳吃早餐的路上，我經過了那個布告欄，這勾起了我的回憶，讓我不自覺地露出燦爛的笑容，對自己說：「發生了這些事，真好！」每件事看起來都非常美好，即使是冷掉的咖啡，我都喝得津津有味。我悠閒地吃早餐，開開心心地跟旁邊的人說話，一點也不趕著去做下一件事。這一整天的每一刻，我都對手邊在做的事樂在其中，享受每一個當下，不急著把它們做完。

早餐之後，上課時間到了。班上依舊稀稀落落只來了一半學生，但是這一天，我不去抱怨有一半的學生沒來，反而感謝一半的學生有到。因為我知道被批評的感受，所以我也變得更細心，會注意別讓學生因為被批評而受到傷害。在以前，要是他們跟我說：「我們印地安人不懂什麼數學啦！」我一定很生氣，然後扳起臉來教訓人。但現在，我知道他們常常被人批評，所以才那麼沮喪、那麼妄自菲薄。雖然我還是不知道該怎麼改變他們，但現在，至少我能更像他們的朋友，就像他們說的，朋友是「能為我承擔哀傷之人」。我經歷過的痛苦現在成了恩賜，讓我更能瞭解他人的傷痛。就像教室標語寫的那樣：「除非你滿手是傷，否則別去碰受傷的人。」

滿手是傷不僅讓我對學生更開放，也讓我對基督更開放。我發現自己的祈禱越來越誠實——甚至還跟基督抱怨祂治我治得太慢。我急切地想讓基督知道我的感受，好盡快以祂之心為心，進一步獲得治療。在一段傷痛記憶獲得治癒、我也能以基督的眼光重新看它之後，

1 這也是包約翰（John Powell）名著《整全的人，整全活著》（*Fully Human, Fully Alive*）的重要主題。

我不希望在寬恕之後就將它拋諸腦後；相反地，我希望能在寬恕之後，繼續以基督的眼光將它記下，因為在這之中，有基督所應許的成長：「我們也知道，天主使一切協助那些愛祂的人。」（羅馬書 8:28）於是，我請基督讓我看到被葛斯批評所帶來的成長，例如因為這個批評，我反而挽回了自己的聖召。如果我沒有受到批評，我或許就不會重新開始祈禱，也可能因此而輕易地失落了聖召，就像和我一起教書的同伴裡有一半離開了修會那樣。

我越是感謝被批評帶來的恩賜，就越是能夠寬恕。我不會妄圖憑一己之力原諒批評我的人，但我會請基督助我一臂之力，讓我的寬恕更加深刻，就好像祂深刻地接受了我一樣。走過沮喪階段，讓我認清自己有多軟弱，因此，我也從此難以批評別人的軟弱。在此同時，我也越來越不求全責備，不再覺得自己和別人有一籮筐的毛病要改；相反地，我越來越常來到上主跟前，請祂幫助我們從錯誤中成長。我曾祈求自己再也不要被批評所傷，但現在，我祈求上主在我未來受到批評時，能從中獲得成長。

神充滿耐心地對待我，所以我也得到了祂的賜福，能以耐心幫助別人成長。人的成長就像植物一樣，需要時間、和煦的陽光，以及不斷的灌溉。我不再要求害羞的紫蘿蘭，變成信心十足的玫瑰。我也不再強求別人改變、不再好為人師，反而開始耐心傾聽他們的心聲，讓他們犯錯、學習，就像我自己走過的一樣。人們越來越願意跟我分享他們的恐懼、憤怒以及沮喪，因為他們知道我也常有負面情緒，不會因此看不起他們。我們不再閒扯天氣跟運動，反而開始認真談心，分享彼此的心路歷程。被和煦的肯定照拂之後，我們終於能對自己的錯誤一笑置之，並重新開始。

在接受階段，我甚至能肯定批評我的葛斯。在他跟我說他上次避靜帶得不錯時，我不會急著想跟他一較短長，也不會嫉妒地想：「為什麼他總是能做我愛做的事？」相反地，我會由衷為他感到高興，由衷希望他大獲成功、廣受好評。當然，這也代表我還是希望他能成長、更少批評別人，但在此時，我不會坐等他自己改變，反而會主動向他伸出雙手。我開始跟他接觸，認真傾聽他的心聲，直到自己能瞭解他的想法（即使我未必全然贊同，但我還是會繼續傾聽、試著瞭解）。當他又找我去辦公室談談的時候，我不會再緊張地想自己做錯了什麼，然後忙著找好藉口。我會仔細傾聽他的憤怒，讓他暢所欲言，不再害怕再次受傷。當我不經意遇上他時，我的笑容更加篤定、也更加坦誠。我衷心希望他能覺得自己被寬恕、被接受，而不是被傷害。

衷心接受別人的結果，是我也更能接受自己了。以前偶爾聽到幾句讚美，我會忙不迭地推辭，說自己還有其他短處，但現在，我會開心地跟人家說聲謝謝；以前我總是在後悔，總是在想當初應該如何如何，但現在遇到挫折，我會更常去想：「我能從這次失敗中學到什麼？」我覺得自己已經準備好接受挑戰與失敗——即使要我再講一次祈禱座談，我都會樂於一試。在此同時，我也更有耐心處理困難的問題（比方說好好化解一個問題學生的心結，我原本還喪氣到想讓他轉班）。我現在變得勇於接受挑戰，也因而比以前更常面對失敗，但不同的是，現在的我，能夠藉著這些失敗得到了更多成長。

有時候，心理治療也能帶來同樣的效果，而使人對心理醫師心生讚美與仰慕。然而，如果我是透過祈禱獲得基督的指引，以基督之心為心得到這些結果，那我一定更願意追隨基督、委身基督。不但如此，我還能認識超越任何心理治療的愛的大能，經驗任何心理醫師都無法給予的無條件的接納，而在我接受了祂的愛、接納與治癒之後，我也能轉而將這些禮贈送給別人。

真正接納的判準，是看你能不能由衷地說：「基督愛我，我希望祂能成為我生命的中心。」只有全然無傷、全然自由的人，才能持續付出這種無條件的治癒之愛。我的需要與創傷，常常能領我更接近我的上主、鄰人，以及更深層的自己。如果接受階段這麼美好，我們又要怎麼做，才能始終維持在接受階段呢？聖經的答案是：像保祿（保羅）和那些活出真福的人一樣受苦。

聖經裡的接受案例

一個人多能活出真福（瑪竇／馬太福音 5:1-12），就多能活出寬恕，活出幸福、健康的人生，不在意創傷帶來的痛苦，而在意它所帶來的成長。心理醫生詹姆斯．費雪（James Fisher）認為，基督在登山寶訓裡提到的八種真福，已簡要歸結了心理健康的意義：

關於「心理衛生」這個主題，即使你讀遍所有最權威的心理學家、心理醫生的研究成果，也不過是登山寶訓的糟粕；即使你絞盡腦汁綜合各說、去蕪存菁，也只是勉強碰觸到登山寶訓的一隅⋯⋯即使桂冠詩人窮盡畢生之力，以最精粹的言語描述了最純淨的知識，與登山寶訓相較，也不過是小兒學語。[2]

八種真福並不是要我們變成被虐待狂，對貧困、羞辱樂在其中，而是上主承諾：**在我們能接受這些苦難之後，一定會為成長而喜悅**。舉例來說，蕩子離家原本是場悲劇，但這悲劇最後也以幸福告終（路加福音15）。在回家被寬恕、也付出寬恕之後，蕩子經驗了真福——被神接受、被父親接受，也被自己接受。因為他的靈性貧窮，所以他願意承認自己需要幫助，沒有辦法不靠著上主與慈父而活。

正因蕩子真心痛悔自己得罪了上主、也得罪了父親，所以他以後再也不會離家而去。雖然他因為自責，回家時只想當他父親的僕人，自覺不配再當他兒子，但他父親還是給了他戒指與新袍，藉此宣告他全然接受了這個兒子，也要讓他繼承自己的財產。經此一事，蕩子應該會更友善地對待僕人，關心他們的需要，因為他自己也曾挨餓受苦。只要蕩子別耽溺於自憐自艾，多去留意創傷所帶來的成長，他一定能享盡真福，喜樂地成長。

他的父親何嘗不是如此？這位慈父同樣接受了創傷，也順服了上主的呼召，從創傷中獲得

2 出處同前，頁169。

成長，領受了「締造和平」的真福。因為他坦然接受一切，所以在他看到怒氣沖沖、滿懷敵意的長子時，才會慈愛地跟他說：「凡我所有的，都是你的。」雖然他不盡同意長子的怨懟與敵意，但他還是傾聽、瞭解長子的不滿，平心靜氣地面對他的憤怒，在彼此之間締造和平。這位父親已經度過了沮喪階段，他知道小兒子會離家出走，部分原因可能是自己沒好好關心他，所以現在，他更努力地想化解大兒子的心結，以免大兒子也憤而離家。在與別人意見不合時，福音書並沒要我們變成唯唯諾諾的鄉愿，而是要我們締造和平，用愛與接納來和他們溝通，不要以敵意惡言相向。當我們需要反駁別人時，必須捫心自問：「我反駁他，是因為他讓我厭煩，還是因為我愛他？」

真福八端（登山寶訓）邀請我們去愛，即使在受傷之時也要去愛，唯有如此，我們才會加入饗宴，而非冷眼旁觀。不管遇到什麼事，我們都可以選擇成為長子，也可以選擇成為慈父。我們可以只在意創傷，怒氣沖沖地指責一切；也可以寬恕、接受創傷，並從中獲得成長。不管一個人像蕩子一樣自我改變，或是像長子一樣憤怒地拒絕改變，接納都能為他們帶來成長的力量。

真福八端呼召我們在苦難中成長。這不是什麼不切實際的理想，而是真真切切發生在聖保祿身上的事。不僅虛構的蕩子回應了真福的呼召，現實人生裡的保祿也回應了它的呼召。保祿的經驗讓他知道，只要與基督同行，他就能面對一切苦難，並從中獲得成長。他之所以誇耀基督對他的愛，並不是因為基督讓他不受傷害，而是因為基督讓他從船難、毆打、石擊、入獄、搶劫、挨餓中得到成長（格林多／哥林多後書 11:23-27）。既然「天主使一切協助那些愛祂的人」（羅馬書 8:28），保祿堅信沒有任何創傷或困阨，可以阻擋我們成長、接近基督：

> 誰能使我們與基督的愛隔絕？是困苦嗎？是窘迫嗎？是迫害嗎？是饑餓嗎？是赤貧嗎？是危險嗎？是刀劍嗎？……靠著那愛我們的主，我們在這一切事上，大獲全勝！因為我深信：無論是死亡，是生活，是天使，是掌權者，是現存的或將來的事物，是有權能者，是崇高或深遠的勢力，或其他任何受造之物，都不能使我們與天主的愛相隔絕，即是與我們的主基督耶穌之內的愛相隔絕。（羅馬書 8:35-39）

在〈得撒洛尼前書〉（帖撒羅尼迦前書）裡，保祿勸勉信眾：即使救主再臨之前會有許多苦難，但一定要保持信心，堅信自己能從這些苦難中獲得成長。不僅如此，保祿還透露了在一切困境中獲得成長的秘密：「應常歡樂，不斷禱告，事事感謝：這就是天主在基督耶穌內對你們所有的旨意。」（得撒洛尼前書 5:16-18）[3] 保祿能做到的，我們也能做到，只要我們正面看待創傷，為它可能帶來的成長感謝上主，我們就也能像保祿一樣，不斷從苦難中獲得成長。下列問題都是依真福八端的應許而設計的，想想這些問題，有助於我們看見隱藏於苦難背後的寶藏。

3 大衛・史丹利（David Stanley）認為：保祿祈禱的本質是喜樂地感恩，見氏著 *Boasting in the Lord* (New York: Paulist, 1975), Ch.4.

◆真福八端：為創傷中的成長感謝上主

1. 神貧的人是有福的，因為天國是他們的。（瑪竇福音 5:3）
    - 受傷之後，我是否願意承認自己需要幫助？是否更相信神？是否更相信自己能為神所用？我是否更常祈禱，變得更好？
    - 患難見真情，我現在這麼需要幫助，是否讓我跟朋友的感情變得更深？我現在是不是更明白自己的限制何在？
2. 哀慟的人是有福的，因為他們要受安慰。（瑪竇福音 5:4）
    - 受傷之後，我真的得到了好多安慰。我有沒有因此也想去安慰別人，特別是那些跟我受了同樣傷害的人？
    - 我是否真的得到安慰？再回憶一下這整件事，是不是比較沒那麼痛了？
3. 溫良的人是有福的，因為他們要承受土地。（瑪竇福音 5:5）
    - 受傷之後，我有沒有變得更溫柔？我有沒有更能幫助別人成長、幫助別人對他們的恩賜感恩？我有沒有變得比較不會傷害別人？
4. 飢渴慕義的人是有福的，因為他們要得飽飫。（瑪竇福音 5:6）
    - 受傷之後，我是不是更勇於回應受苦的人的需求？
    - 我有沒有從這個創傷中學到什麼，讓我更有能力、也更有意願去幫助別人？
5. 憐憫人的人是有福的，因為他們要受憐憫。（瑪竇福音 5:7）

- 我努力寬恕創傷的經驗，是否讓我更能接受那些努力想寬恕我的人？在能輕易付出寬恕之後，我是否也變得能輕易接受寬恕？
- 如果我必須立刻無條件地寬恕人家七十個七次，我是否覺得自己需要基督的幫助？我付出的寬恕，現在有更接近基督的寬恕嗎？

6. 心裏潔淨的人是有福的，因為他們要看見天主。（瑪竇福音 5:8）

- 被人傷害的經驗，是否讓我更能為神而活，較不在意世人的目光？
- 我能不能更不求回報地付出？是不是更能面對失敗？
- 我是否更能感謝上主的一切作為，不管那現在看來是好是壞？

7. 締造和平的人是有福的，因為他們要稱為天主的子女。（瑪竇福音 5:9）

- 在試著付出寬恕、與人和解之後，我現在是不是更懂得如何締造和平？
- 如果我沒有被人忽視，也不曾不被尊重，我現在還會不會善於傾聽？還會不會這麼努力地讓每個人都覺得被尊重？
- 我是否變得更善於與人建立關係？是否更容易發現自己或他人沒有好好傾聽？

8. 為義而受迫害的人是有福的，因為天國是他們的。（瑪竇福音 5:10）

- 受了那些苦難，有沒有讓我變得更有耐心、更堅定，讓我能一心一意追隨基督，無視種種挫折與批評？
- 我是否相信在遭受這些苦難的時候，我變得更肖似基督、與祂更近？我是否相信這些苦難補贖了我的罪？

- 在受到傷害時，我是否充滿耐心地加以承擔，並且相信我遭到的待遇越是不公，永恆的報償與基督的愛也越大？

接受可以是健康的

邁入接受階段，是健康與成長的基礎，對保祿來說如此，對現代人來說也是如此。佛洛伊德的精神分析學派試著讓隱藏在潛意識裡的創傷浮上檯面，第三勢力心理學（third force psychology）則進一步加入了另一面向——價值（特別是愛）在形塑行為上的重要性。無論是馬斯洛的「自我實現者」（self-actualizer）、阿德勒的「創造性自我」（creative self）、歐普特（G. W. Allport）的利他主義、羅洛．梅的愛的意志、羅傑斯（C.R. Rogers）的非引導性治療（non-directive therapy），或是弗蘭克的意義治療法，都很強調要能去愛恨你的人。[4] 對這些思想家來說，心理健康的人不僅能接納自己，也能接納別人。

弗蘭克不斷地自問：「為什麼有些人經得起集中營的磨難，成了健康的人，在別人爭奪食物、麻木而死時，他們還能將食物分給病人？」弗蘭克仔細觀察囚友之後，他發現，那些健康成長的人，受的苦並不比別人少，但是他們都找出了接受苦難的理由。雖然他們也受盡折磨，但因為他們仍企盼寫完一本書、跟孩子重聚、幫助別人承擔痛苦，所以他們的求生意志也比別人更強。

弗蘭克也發現，雖然納粹銷毀了他的畢生手稿，對他來說是一大災難，但也正因如此，他才能成功熬過集中營的磨難。弗蘭克重寫手稿的渴望，遠遠超過納粹暴行的痛苦。即使在罹患傷寒，高燒之時，弗蘭克還是念念不忘他的作品，想盡辦法找來一些碎紙片，把構想寫在上頭（後來寫成《生存的理由》〔*The Doctor and the Soul*〕，戰後出版）。換做別人，失去手稿可能讓他們失去求生意志，但弗蘭克不然，他反而將此轉化為忍耐、求生的理由。弗蘭克總結道：「人的一切都能被剝奪，唯有一件誰也剝奪不了——選擇如何在特定環境中自處。」[5]

即使是在集中營那樣險惡的環境中，我們還是能自由選擇要去憎恨，或是去付出寬恕與接納。不管是失去家人也好、失去手稿也罷，如果我們能在失去之中看到成長的可能性，我們就給了自己一個**寬恕與接受苦難的理由**。[6]

---

4 A. Adler, *Practice and Theory of Individual Psychology* (New York: Harcourt, Brace and World, 1927); G.W. Allport, *The Individual and His Religion* (New York: Macmillan, 1950); A. Maslow, *op. cit.*; Rollo May, *Love and Will* (New York: Norton, 1969)（中譯本《愛與意志》由立緒出版，2010）; C.R. Rogers, *Client-Centered Therapy* (Boston: Houghton Mifflin, 1951); Viktor Frankl, *The Doctor and the Soul*, op. cit., 72.（中譯本《生存的理由：與心靈對話的意義治療學》由遠流出版，1991）關於戒癮過程中真正的愛的治癒力量，請參考Paul Carnes, *Don't Call It Love* (New York: Bantom, 1991).

5 弗蘭克在《向生命說YES！》（*Man's Search for Meaning*）中，詳述了他的集中營經驗（中譯本由啟示出版，2008）。

6 每個創傷都蘊含了恩賜，每種成癮也都蘊含了天賦，請參考Linns, *Belonging: Bonds of Healing and Recovery*, *op. cit.*

接受苦難、付出寬恕的人，往往能成為健康的聖徒，有能力撫平周遭的苦難。一九七五年十二月廿九號出刊的《時代雜誌》（*Time*）裡，有篇文章叫〈我們之中的聖徒〉（*Saints Among Us*），講的就是德蕾莎修女這樣的當代聖徒，洋洋灑灑報導了十多位。我邊看邊想：他們原本都是平凡的人，到底是經歷了什麼事，讓他們變成如此可敬的聖徒？我發現，他們有兩個共同點：第一，他們都受過苦；第二，他們都將所受的苦**轉化為恩賜**——撫平他人苦難的恩賜。

舉例來說，井深八重（Ibuka Yae）曾被送進痲瘋病院裡等死，後來卻發現她根本沒有痲瘋病。經此一事，雖然她並未親受痲瘋病之苦，卻明白了痲瘋病人多被排斥與歧視，於是在往後五十五年中，她持續照顧痲瘋病人，直到七十八歲高齡仍努力不懈。另一位當代聖徒是許威斯特．瑟爾瑪．梅耶（Schwester Selma Mayer），她保持單身，在耶路撒冷照顧病人七十年。為什麼她要這樣做？因為她才五歲母親就過世了，所以她決定對別人付出她最思念的東西——母親的愛與關懷。她就住在醫院裡，還常常整夜陪伴病重的人。她的餘暇不多，但即使如此，她還是收養了兩個女兒，她們都跟她一樣從小就是孤兒。此外，赫曼．葛邁納（Hermann Gmeiner）也是從小失去了母親，二次大戰時他年紀還小，卻已飽受顛沛流離之苦。他也一樣終身獨身，好全力照顧他 SOS 村裡的一千五百名孤兒。這些當代聖徒原本都是平凡人，但在他們遇到創傷的時候，並沒有一蹶不振、永不寬恕，反而找到了創傷之中的恩賜，也善用了這些恩賜，因為這樣，這些凡人成了聖徒。

持續寬恕、為創傷之中可能會有的成長感恩，並不是不痛不癢的陳腔濫調，更不是什麼趨吉避凶的護身符。當馬丁．路德．金恩（Martin Luther King）原諒拘禁他的警察時，警犬還是咬他，監獄的門也沒有突然大開。付出寬恕並為成長感恩，並不是操控上主的方式，也不是讓我們「心想事成」的萬靈丹，而是讓神用祂的方式治療我們，遂行祂的旨意。神從未應許我們一生一帆風順，但祂的確應許會幫助我們面對困難，並讓我們從中獲得成長，直到我們能平靜祈禱，衷心誦讀〈寧靜禱文〉：「主啊！求祢賜我寧靜的心；去接受我不能改變的一切；賜我勇氣，去改變我所能改變的一切；並賜我智慧，去分辨這兩者的差異。」

處理接受

臨終病患若能靜靜握著接納他們的人的手，往往較能平靜地接受死亡。我們也是一樣，如果我們能握著朋友的手、特別是基督的手，往往更容易接受所受的創傷。厄瑪烏（以馬忤斯）三步驟在此一階段依然適用：

1. 把自己的感受告訴基督。
2. 透過聖經，傾聽基督的感受，領會祂的心神。
3. 以基督之心為心，依祂的指引而行。

◆第一步：把自己的感受告訴基督

在剛剛進入接受階段的時候，我已明白基督以我不能做到的方式接受了我們。我會這樣祈禱：

「主啊，我知道祢接受了我現在的樣子，我越是軟弱，我們也越是親近。不過，我好像只是理智上知道這件事，心裡並沒有完全體會。在我被葛斯的批評傷害後，我覺得跟祢、跟葛斯並不像以前那麼親近。就在昨天，我又問了他一次對我祈禱座談的看法，結果他顧左右而言他。我還是很難自在地跟他相處，我也沒有因為他批評我，就看見自己有什麼地方變得更好，我甚至還是不知道該怎麼關心他，他好像也沒什麼改變。主啊，請讓我透過祢的眼光看看自己的成長，看看自己如何運用祢的恩賜，在沒有得到回應時仍勉力付出。請讓我對葛斯、對祢懷有一顆感恩之心。」

◆第二步：透過聖經，傾聽基督的感受

接著我會問基督，祂會如何回應有我這種感受的人？在別人不理會祂的門徒時，祂會怎麼讓門徒知道恩賜何在、為何感恩？瑪竇聽祂說過不少創傷之中的恩賜，還把這些話整理成真福八端。當我試著用心傾聽每一個真福時，基督似乎拉開了我的視野，讓我在過去只看得到傷痛的地方，也漸漸看到了成長。

「主啊，謝謝祢讓我看見我從創傷中得到了什麼成長；謝謝祢讓我神貧、空虛，所以我才

會再次開始祈禱，不致失去聖召；謝謝祢在我哀慟的時候，透過我交的新朋友安慰我，要不是我急著到處跟人家談論那次的座談，我根本不會跟他們有深交；謝謝祢讓我更溫柔，讓我更想肯定別人，而非批評別人；謝謝祢讓我更能締造和平，我現在聽到別人被批評，更勇於為他們說幾句話了，我現在也更想幫助葛斯治好他的傷；謝謝祢讓我看見其他恩賜，讓我知道即使在困境中掙扎，也有益於我接納別人，因為在掙扎之時，我看到祢接受了我最糟的部分，我才能變得更加慈愛。不過，在抓到學生作弊時，要原諒他們實在不容易。請讓我看看要是我又遇上了這種事，祢會希望我怎麼處理？或者說，祢會怎麼做？……請讓我追隨祢的腳步，依祢的榜樣而行。他們會覺得不安、想作弊，背後一定有原因，請讓我能治療他們的不安……祢會為他們怎麼做呢？」

◆第三步：依基督的指引而行

我們不必想像自己把每種狀況都處理得很好。只要專心想像一種情況，看看基督會怎麼做。治療不是想像自己該怎麼做，而是讓基督指引我們，看看祂會怎麼做。然後，我們再反覆想像自己照著基督的方式做，直到自己開始能跟基督一樣思考、一樣感受。正如一位避靜者說的一樣：「我不再請基督與我同行，而是我與基督同行。」

如果我們想知道基督會怎麼回應每一種狀況，就要每天練習與祂的心神同行。為了能像蘇族人一樣思考、感受，我有一整個暑假都跟一家蘇族人在一起，說他們的母語、吃他們的食物、過他們的生活，他們做什麼我就做什麼。同樣地，要像基督一樣地思考、感受，我就必須在基督徒中生活，每天在聖經中、聖事中、祈禱中親近基督，多與肖似於祂的人相處，直到我能自然而然地以祂的方式過我的生活。基督會怎麼吃飯、怎麼洗碗？我能不能像基督對待伯多祿（彼得）那樣，容許別人犯錯、並從錯誤中學習？我能不能像基督在感恩聖事（聖餐禮）中那樣親近人——給予他們力量，成為他們成長的助力，而非阻力？

在感恩聖事中，基督進入了酒與餅，同樣地，基督也能進入我們，並透過我們進入世界、治療世界。在不斷祈禱、終於進入接受階段之後，我們不應劃地自限，僅僅處理自己的問題。因為，如果我們真的愛那些傷害我們的人，我們一定會盡力讓世界變得更友善，好讓他們的創傷可以痊癒，也讓別人不會跟我們一樣受傷。也就是說，如果我真心寬恕葛斯，我不只會好好對待他，也會盡力讓學校變得更友善，不讓大家彼此攻訐。

創傷可以讓人一蹶不振，但創傷痊癒後，往往能讓我們有力量去創造更好的環境，讓世界變得更加美好。就像在戒酒無名會裡，已戒酒的成員總能給戒酒中的人很大幫助一樣，在我們受傷、痊癒之後，也會有力量為周遭的人盡一份心，讓他們更體會到愛。我有個朋友曾遭強暴，但在創傷獲得治療之後，她帶領許多強暴受害者走出憤怒與罪惡感，重新接受自己、接受男性。因為這個痛苦的經驗，她變得更勇於對抗不義，不僅建立了一個充滿愛的家庭、公開反對暴力電影、認真對待每次投票、加入公益組織對抗飢荒，更積極參加公民團體，敦促政府善盡職責。如果治療無法激起我們改善環境的動力，那就代表我們仍未痊癒。

要創造具治癒性的環境，常常意味我們得去跟傷害自己的人打交道。真正的挑戰往往不是跑去非洲幫助窮人，而是去愛那個三更半夜大放非洲歌曲、吵得你整晚不得安眠的傢伙。對別人好一點不僅能治療自己、治療環境，更能治療這一個人。能不能好好對待一個死性不改的傢伙，往往是檢驗自己有沒有痊癒的最佳判準，如果我沒被治癒，那我很難真心對敵人好。我之所以願意清掃憤怒、增強寬恕，好去清掃另一個人的房間、增強他的數學，絕不是因為他做了壞事，而是因為我愛他。好好對人的關鍵不是這個人好不好、有沒有變，而是你願不願意付出愛。當我們開始捫心自問：「誰傷了我？我能為他做些什麼，好讓他更快樂、更有安全感，不再去傷害其他的人？」那世界的改變指日可待。

我越常幫助人，就越能發現自己還有哪些地方需要治療。舉例來說，我因為遭受批評，所以很想去幫助那些成天被批評的酗酒者。但一開始時，我發現自己其實很排斥那些成天醉醺醺、毫無自制能力的人，於是我意識到自己曾被喝醉、失控的人所傷，所以我得先治好這個創傷，才能真正幫助他們。治療自己的過程常常會冒出新的挑戰，有時候因為勾起的舊傷太多，我甚至會誤以為治療毫無進展。

創傷痊癒的過程有時很戲劇化，讓你驚奇、興奮不已，在我發現自己能好好面對葛斯、不再害怕被批評的那天，腦中滿是歡呼喝采，幾乎想對想像中的觀眾行禮致謝。不過，高潮迭起並不是治療創傷的常態，治癒過程有時就跟某些創傷一樣深沉，它們像是海底伏流，表面看似平靜無波，實際上卻穩健而持續地流動。治療創傷常常以祈禱為始，而每當我試著以基督之心為心、為創傷帶來的成長獻上感謝，就又緩緩地將治療推進一步。基督花了三年時間，才治好讓伯多祿變得自吹自擂又否認基督的那個創傷；但也有人像保祿那樣，一天就治好了創傷。治療創傷就是這樣，有時必須經年累月，有時則一蹴可及。多年下來，我兩種方式都看過，不過，伯多祿那種緩進的過程還是更為常見。治療記憶是一生的事業，正如培養感激是終身的功課。

其實，最深的治癒不是讓癱子能走，也不是原諒敵人、重拾快樂。耶穌曾治好十個痲瘋病人，派遣他們去請猶太祭司檢驗。這十個人的肉體都被治好，但只有一位撒瑪黎雅人得到最深的治癒——十個人裡只有他歡天喜地回來，感謝、讚美上主。耶穌說：「除了這個外邦人，就沒有別人回來歸光榮於天主嗎？……起來，去罷！你的信德救了你。」（路加福音 17:18-19）

所謂治癒，不應被窄化為讓癱掉的腳能動，或是讓十年的憂鬱症突然消失，治癒有更深、更美好的意義——讓我們的心神歸向上主。除非我們變得更愛基督，也更讓祂透過我們愛世人，否則我們不算真正獲得治癒；同樣地，除非我們能由衷感謝基督的愛，否則我們也不算真正進入了最終的接受階段。「我是否被治癒？」的答案，其實是提出另一個問題：「我現在是否能像基督一樣，對需要的人伸出治癒之手？」

第五部

臨終與寬恕五階段的總結：感恩聖事

每個月的第一個禮拜五，總有兩千名信眾湧入紐約的慈悲聖母教堂，人多到要擠進地下室裡，用聽的來參與樓上的彌撒。他們甚至會提早一個鐘頭進教堂，無論如何都不想錯過領聖體的機會，因為聖體具有治癒一切的力量，無論是破碎的婚姻或是癌症，都能藉著聖體獲得治療。[1]

然而，紐約的其他教堂卻乏人問津。大人們對感恩聖事失去信心，因為他們雖然不斷參與彌撒，卻還是挽救不了婚姻；青少年則是根本不來教會，因為他們看到大人去了教堂、領了據說有治癒力量的基督聖體，卻還是繼續說人閒話，甚至虐待子女。

有些人能從感恩聖事領受治療，有些人則不然，這一點都不讓人意外。畢竟，即使是基督親自擘餅，猶達斯（猶大）都沒被治癒。無論基督是在紐約或耶路撒冷舉行感恩祭[2]，無論參加的人是猶達斯或說閒話的人，只有當領受者有心治療記憶時，才會有更多的治癒發生。這個部分要談論的是如何治癒記憶的五個階段，也就是聖體治癒的模式。

---

1 譯注：「聖體」即基督新教聖餐禮中的聖餅。天主教相信，在感恩聖事中的酒與餅，是真實地成為基督聖血與聖體。

2 譯註：「Eucharist」一詞，源自希臘文，有「祝謝、感恩」之意。天主教會常按上下文，譯為「感恩、感恩禮、感恩祭、感恩祭獻、聖體或感恩聖事」，新教諸宗則多譯為「聖餐」、「聖餐禮」。這項禮儀的目的，在於透過重現最後晚餐的場景，紀念耶穌基督的犧牲。為使譯文順暢，會依語意採用適合的中文詞彙。

第12章 透過感恩聖事治癒記憶

為什麼感恩聖事沒有讓更多人獲得治療？有些黑手黨信徒十分虔誠，每個禮拜天都參與彌撒，殺起人來卻毫不手軟；神父們每天都會獻彌撒、領聖體，有些人卻還是深陷酒癮與憂鬱，一點也沒獲得治療的跡象。如果感恩聖事真的具有治癒力，為什麼那麼多人還是沒有改變？

不僅今日如此，即使當年基督親自舉行聖餐，也不是每個人都有獲得治療——最後晚餐才剛吃完，猶達斯就跑去出賣基督，伯多祿（彼得）就三次不認主。不過，基督舉行聖餐時，通常都能帶來治癒，在祂為厄瑪烏（以馬忤斯）門徒擘餅時，他們終於認出了祂（路加福音24:30-31）；在祂與伯多祿在海邊用餐時，伯多祿也再次認祂為主，表白對祂的愛（若望／約翰福音21）。在基督舉行聖餐時，與他同餐的人常常能獲得治癒，治好傷痛回憶。

在〈路加福音〉記載的最後一場聖餐裡，[1]基督治好了厄瑪烏門徒的傷痛回憶，讓他們能

1 路加以「拿起餅來，祝福了，擘開，遞給他們」說明了感恩聖事。請參考Carroll Stuhlmueller, "The Gospel According to Luke" in *Jerome Biblical Commentary* (Englewood Cliffs: Prentice-Hall, 1968), 163.

為基督受難原諒大司祭、也原諒自己。而且，厄瑪烏門徒並不是寬恕之後就將一切拋諸腦後，而是在寬恕之後繼續紀念基督受難，因為他們此時已被治癒，能以復活的基督的眼光來解讀聖經，重新認識基督受難的意義。對他們來說，基督受難不再是不堪回首的慘禍，而成了值得紀念的祝福。在他們與基督同餐之時，治癒記憶的力量達到高峰，於是他們重拾信心，再次返回群敵環伺的耶路撒冷（路加福音 24:52）。擘餅之所以能為他們帶來治癒，是因為他們將破碎的心交給了基督，於是他們得到了基督的心，那充滿熊熊愛火的寬恕之心。

不僅厄瑪烏門徒獲得治癒，伯多祿也是如此。在他再次見到復活的基督之前，他羞愧到無地自容，不斷回想著幾天前三次不認基督的事，也許因為這樣，他才重操舊業、出海捕魚，想讓生活回到認識基督之前的樣子（若望福音 21）。不過，在與基督再次共餐之後，[2] 他也漸漸明白，三次不認主的魯莽，可以轉化為領導教會的衝勁，所以，他不像猶達斯那樣，覺得自己的背叛只能以死謝罪。在海邊看基督擘餅的時候，伯多祿應該會想起自己在最後晚餐後三次不認主，但他誠實地接納了自己，坦誠地跟基督說他不能付出大愛（agapao），只能付出友愛（phileo）。基督感受到了這份坦誠，於是也慎重邀請他領導教會，將福音傳遍萬邦。雖然在當時，許多猶太基督徒因為外邦人不守猶太律法，因此瞧不起他們，但這時的伯多祿，已能由衷接受自己的軟弱，所以也能接受外邦人的軟弱，不帶偏見地向他們傳福音（宗徒大事錄／使徒行傳 10）。伯多祿透過聖餐治療了記憶，不再繼續當個自怨自艾的漁夫，反而成為教會的有力領袖。

直到今天，基督還在透過感恩聖事治療記憶，正如祂曾藉著聖餐治癒了伯多祿和厄瑪烏門徒一樣。雅妮絲・桑弗不僅建立了牧靈關懷學校，訓練許多人藉著祈禱尋求治療，也運用感恩聖事來治療陳年創傷。[3]每個禮拜六，桑弗都會花點時間檢視人生裡的某一年，到了禮拜天，她會帶著那年所有的創傷上教堂，在感恩聖事中把它們交給耶穌，不再讓這一年阻礙她的腳步，反而將它轉化為恩賜，讓她能散佈基督在感恩聖事中的愛。

但有些時候，我們沒時間檢視過去，反而要立即處理當下的嚴重創傷。我記得有位印地安奶奶的先生被醉鬼殺了，她哀痛欲絕，根本原諒不了那位兇手。槍擊事件後的那幾天，她極其寂寞、六神無主，然而，她還是帶著傷痛的記憶來到教堂，參與感恩聖事，想辦法與主同行，一起熬過這段痛苦的日子。她祈求上主幫助她去寬恕，並從這個悲劇中為她帶來新的生命。後來，她請全教會跟她一起原諒那位兇手。最後，她甚至還請大家原諒她，因為她發現自己太深陷於傷痛，以致沒有注意那位兇手跟他的家人現在有多受孤立。她變得更關心孤獨無助的老人與小孩，直到今天依然如此。

耶穌在最後晚餐時說：「這是我的血，新約的血，為大眾傾流，以赦免罪過。你們每次

2 《新美國版聖經》譯者群在腳註中指出，〈若望福音〉21章裡提到的海邊聚餐，對早期基督徒來說可能有感恩聖事意義，因為〈若望福音〉21章13章節的用語呼應了最後晚餐（譯注：「拿起餅來，遞給他們」），分餅分魚的舉動，也讓人聯想起〈若望福音〉6章11節中五餅二魚的神蹟。雖然在〈若望福音〉21章裡，耶穌並未祝聖麵餅，但作者似乎為其賦予感恩聖事意義。請見*New American Bible* (New York: Thomas Nelson, 1971), p.1203.

3 若想看看每天有多少治癒發生，可參考雅妮絲・桑弗振奮人心的自傳：*Sealed Orders* (Plainfield: Logos, 1972).

喝，應這樣行，為記念我。」（格林多／哥林多前書 11:25；瑪竇／馬太福音 26:28）無論是印地安奶奶、桑弗、伯多祿、厄瑪烏門徒，或是我們自己，只要透過感恩聖事與基督一同治癒記憶，便是接受了基督在最後晚餐時提出的邀請，與祂一同「這樣行」。所謂「這樣行」，指的不僅是重演獻上酒與餅的動作，而是把自己付出給別人，像基督在最後晚餐、厄瑪烏還有海邊時一樣，獻上自己「以赦免罪過」。

在原諒別人、原諒自己，甚至將傷痛視為恩賜時，我們便是在效法基督的榜樣，無條件地為他人犧牲，不管那人是伯多祿或猶達斯，基督都願意為他們獻上自己。即使基督明知猶達斯要出賣祂，祂還是與他分享聖餐，因為基督已將死亡的痛苦視為恩賜，藉此顯明祂對罪人的大愛（羅馬書 5:8）。當我們在感恩聖事中治療記憶，將死亡轉化為生命時，我們便是宣告自己與基督一同就死，也與祂一同復活。現在，我們要問的問題是：該怎麼領受感恩聖事，才算接受了基督「這樣行來紀念我」的邀請，讓我們能像印地安奶奶和海邊的伯多祿一樣，獲得同樣的治癒？

如何讓感恩聖事更有治癒力？

你也許參加了幾十次感恩聖事，卻從沒體驗過像伯多祿那樣的治癒；你也許一直覺得自己是個局外人，不像被基督治好的血漏病婦人，反而更像在一旁看熱鬧的群眾（路加福音 8:43-

48）[4]。明明大家都在基督身邊，為什麼其他人沒被治好，只有這名婦人被治好？這名婦人與群眾的不同，在於她不只帶著病痛來到基督跟前，更全然相信只要摸到基督，一切病痛都會消失。她不是愛湊熱鬧的旁觀者，而是渴求治癒、也相信自己一定會被治癒的參與者。

或許我們都不如這名婦人那樣熱切、那樣有信心，在參與彌撒時跟旁觀者沒什麼兩樣，就這樣讓一個鐘頭匆匆過去，什麼事都沒體驗到。然而，如果我們真的帶著傷痛來到教會，不僅渴求治癒、也相信自己一定會被治癒，那麼我們一定能碰到基督，聽到祂說：「你的信德救了你，平安去吧！」我們可以像桑弗一樣，帶著陳年舊傷來到教會；也能像那位印地安奶奶一樣，帶著當下的創傷來到教會；但你可能比較想像不到的是，我們甚至能帶著在感恩聖事中體驗到的傷痛，來到上主跟前。感恩聖事（Eucharist）的希臘文原意是「感恩」，所以，我們只要去問：「我最難為哪些事物感恩？」就能知道上主想在感恩聖事中治癒什麼。有些時候，我們可能因此發現自己很難感謝某些人，或是很難接受某些彌撒形式。

沒有人可以對每個人都一樣感恩。我們可以問問自己：我最不希望跟誰一起待在荒島？是那位〈玫瑰經〉念得太大聲的老太太嗎？還是那位根本不唸〈玫瑰經〉的赤腳年輕人？有些時

4 譯注：〈路加福音〉8章43-48節大意為：有位長年罹患血漏病的婦人，相信自己只要摸到耶穌的衣袍，就能完全痊癒，於是擠進圍繞耶穌的人群，摸了他的衣角，血漏立刻止住。耶穌感覺到有能力從身上出去，詢問誰摸了他。婦人見無法隱瞞，遂一五一十地說了自己的想法與經過，耶穌聽了之後，對她說：「女兒，妳的信德救了妳，平安去吧！」

候我們甚至不是生教友的氣，而是生神父的氣，因為他居然講道講了一個鐘頭那麼久，或者根本不講道。還有些時候，我們是對沒來彌撒的人感到生氣，因為我們覺得他們明明更該來參與彌撒。總而言之，如果我們能發現自己跟某人格格不入，就等於發現了一個治癒的機會，也更接近完整的基督。

另一些時候，不是教友讓我們不舒服，而是彌撒的形式不合我們胃口。有些人喜歡傳統拉丁文彌撒，有些人則希望彌撒熱鬧、歡樂一點。在我服務的教堂，早上八點的彌撒比較肅穆，適合不愛手舞足蹈的老年人；中午的彌撒則較為活潑，也有更多詩歌，適合喜歡熱熱鬧鬧的年輕人。我們之所以會把一個教會分成兩群教友，分別為他們舉行不同形式的彌撒，就是因為在感恩聖事時，我們發現自己似乎沒治好不同世代的不同困擾。於是，我們做了這些改變。正因為發現有些人不喜歡某些形式的彌撒，我們才有機會讓彌撒更具治癒效果。

無論我們是被人傷害、對彌撒形式不滿，或是有其他困擾，都能將這些問題帶來教會，告訴上主我們的感受，也聽聽祂怎麼回答，只要好好這樣做，任何創傷都能獲得治療。我最近參加了一場八點的彌撒，結果發現了一大堆的治癒機會。彌撒開始時，管風琴師不知為何把每個音都拖得很長，好好的一首〈讚美我主〉聽起來活像輓歌，我幾乎每唱完一個字都得停下來喘口氣，而且全場只有我一個人唱，因為來參加的人全都八十好幾了（幸運的是，他們可能連管風琴聲都聽不清楚）！接著，一個體型肥胖的老神父搖搖擺擺地走上祭台，看都不看我們一眼，而且彌撒進行得很趕，好像他非得在十五分鐘內趕完，免得要多付停車費似的！我當時真想掐死自己，非常後悔為什麼沒選擇參加另一場彌撒，我茫然看著幾乎沒人的聖堂，懷疑有沒有人想跟我一樣趕快衝出去。我滿懷怒火地問基督：「祢怎麼會讓這種人把年輕人都嚇跑呢？祢怎麼不好好治一治他，讓他更能傳播祢的愛？」

我滿腦子都是怨懟，根本沒聽他致候，就這樣不知不覺地，彌撒馬上到了懺悔禮的階段。這是將我的憤怒交給基督的時刻，也是祈求上主垂憐我、垂憐傷害我的人的時刻。如果在大家一同懺悔時，我能把某人傷害我的記憶帶給基督，並告訴祂我的感受，那和解與治癒，也將於焉展開。

於是，我在唸〈懺悔經〉時，跟上主說我多希望這位神父獲得治療、並有些改變，然後，我開始仔細傾聽上主要說的話。那天的讀經選的是〈路加福音〉四章十六～三十節，內容是關於耶穌在猶太會堂裡讀〈依撒意亞〉（以賽亞書），表明自己被聖神充滿，要來使被壓迫者得自由，也表明自己在家鄉不會被接受。我一邊聽讀經，一邊請耶穌也讓聖神充滿這位冷淡的神父，使他能讓教區裡的被壓迫者獲得自由。

這樣跟耶穌講完之後，我有些得意地坐下來聽講道，但在那時，我開始心想：「神當初在木匠之子耶穌身上顯出作為，但那些納匝肋（拿撒勒）人卻視而不見；現在，神是不是也在這位神父身上顯出祂的作為，只是我視而不見？」不過，接下來的講道真的讓我失望透頂，他二十分鐘的講道，居然全都在勸募建堂經費，我越聽越覺得自己需要聖神的幫助，好平息逐漸上升的怒火。但是幸好，這場講道真的非常無聊，讓我可以好好治療自己，完全不會因為聽講道而分心。我開始為這位神父的改變討價還價，最後我跟耶穌說：「主啊，如果這位神父能像關心建堂經費一樣地關心教友，那我就原諒他。請祢治癒他，別讓他又建一座更乏人問津的教堂。」

到了聖祭禮儀的奉獻禮，我試著以基督之心為心，不多想自己獻上了什麼，而是去想，那些總是讓教堂乏人問津的神父，到底有什麼隱藏的恩賜？說得更精確點，現在這位主祭神父，到底有什麼恩賜呢？奉獻之後，當他又匆匆忙忙地帶領大家感謝上主時，我也感謝耶穌給我們一位超有效率的神父，如果有哪位教友只剩十分鐘可活，想參加一場十分鐘就收工的彌撒，找他就對了！

我跟耶穌開完這個玩笑之後，覺得火氣慢慢降下來了，在此同時我也終於能發現，這位神父也受過傷、也害怕做自己。我感謝耶穌沒讓他怕到不敢繼續當神父，而且還給他力量，讓他努力主禮彌撒，甚至還想建一座新堂，好讓更多人能來祈禱。他就像一個沒被擦亮的聖爵（聖餐杯），高高舉起，等待基督的到來。如果我真的有信仰，那我一定會相信無論聖爵是新是舊，是光可鑑人或污點斑斑，基督都會在感恩聖事時降臨其中。我為這位老神父的信仰感謝耶穌，因為即使他老態龍鍾、缺乏活力，他還是懷抱信仰、主禮彌撒不懈，甚至還夢想要建一座新堂。

在我簡短感謝完耶穌之後，老神父也準備要祝聖聖體聖血了。若我能以基督的心願為心願——化做麵餅，使人神共融，這便能成為獲得治癒的時刻。基督企盼著躍入麵餅，好靠近那些冷淡、問題重重的教友，在他們願意改變之前，基督就已迫不及待地想接近他們。在第一次感恩聖事、也就是最後晚餐時，即使猶達斯準備出賣他，其他門徒也隨時可能棄他而去，他還是毫無保留地邀請了他們。這時的耶穌脆弱無比，但他心甘情願被一而再、再而三地傷害，就像那麵餅一樣，被一而再、再而三地擘開。祂不強求我們進入祂的世界，反而成為麵餅，完全獻出自己，主動進入人的世界，與我們共融。我聽見聖體的呼召，要我和教友去愛這位老神父現在的樣子，直到他也能經驗豐沛的愛，讓內心堅強、有安全感，到了那時，他自然也能付出愛。慢慢地，我停止了討價還價，不再跟基督抱怨：「主啊，請讓他像關心建堂經費一樣地關心教友吧！」反而開始祈禱：「主啊，請讓我們能效法祢的榜樣，像祢在感恩聖事中一樣地全然獻出自己，對人付出關心。這樣，老神父遲早也會懂得如何關心別人。請祢寬恕我們，治療我們，阿們。」

越是接近領聖體的時刻，我也越是覺得儀式照顧了我被寬恕、被治療的需要。我們獻上自己身為罪人的沮喪，同聲齊唱〈天主經〉（主禱文），乞求上主寬恕。唱完最後一句「救我們免於凶惡」，全體互祝平安，並吟唱〈羔羊經〉：「除免世罪的天主羔羊，求祢垂憐我們……」最後，全體同禱：「主，我當不起祢到我的心裏來，只要祢說一句話，我的靈魂就會痊癒。」我一邊念這些禱文，一邊請上主讓我知道自己哪裡需要治療、需要寬恕。我為什麼對老神父一直談錢感到氣憤？是不是因為我即使在很需要他人金錢幫助時，也仍然開不了口？其實，我說不定該跟他學學這點，雖然要討厭他這點的確容易多了。還有，我剛剛不是很後悔沒參加另一場彌撒嗎？老神父縱然冷淡，但我的這種反應是不是也對他太冷淡了一點？我是不是只看到別人眼中的刺，卻沒發現自己眼中的樑？從齊唱〈天主經〉到領聖體之間，彌撒中的禱詞都跟祈求寬恕有關，我一邊跟著大家念，一邊請耶穌原諒我、治療我，我發現了自己那些冷淡、沒安全感、不請人幫助的傷，我將它們全都交給基督，請祂幫我治好它們。

領聖體的時候，我靜靜地在耶穌懷中休息，感謝祂對我、對老神父都付出了治癒之愛。在耶穌進入我生命時，我把一切感受都告訴祂，也請祂讓我進入祂的心神，好讓我能像祂一樣地處事待人。慢慢地，我也開始感謝耶穌給了我新的渴望——渴望能更恭敬地主禮彌撒、渴望能以更多的愛去愛人；我感謝祂寬恕我如此冷淡地對待一位老神父；感謝祂讓我知道老神父也受過傷，並讓我現在能愛他；感謝祂讓我發現我必須更愛自己，才能樂於接受別人的愛與幫助。我靜靜地愛耶穌、敬拜耶穌，也讓祂愛我。在領聖體時，我常常會這樣做，當我能用愛凝望耶穌的時候，我的祈禱往往能帶著新的治療力量，走向新的方向。有些時候，基督會讓我想起一個舊傷，並邀我與祂一同治好它，另一些時候，我們只是靜靜地一起敬拜天父。如果我能好好善用我內在的基督之愛，去愛天父、愛自己、愛所有傷害過我的人，那上主的治癒，便已確確實實地發生。

以治癒的方式來參與彌撒，不僅能讓內在獲得治療，也能讓肉體獲得治療（格林多前書11:17-34）。領受感恩聖事的人，絕對能期盼獲得整全的醫治。在領聖體之前，主禮神父會默唸：「願我領受了祢的聖體聖血，因祢的仁慈，身心獲得保障和治療，而不受到裁判和處罰。」

隨後，全體會一起說那位有信心的羅馬軍官說過的話：「主，我當不起祢到我的心裏來，只要祢說一句話，我的靈魂就會痊癒。」[5]雖然聖奧斯定一度認為，只有早期教會才會發生治癒疾病之事，但他後來修正了這個看法，因為他親眼見證透過感恩聖事及其他方式，還是能讓疾病獲得治癒。[6]我當駐院神父時也有類似經驗，在領受感恩聖事之後，很多人的病情獲得改善，有些人的變化甚至有被心臟監視器紀錄下來。

聖體（感恩聖事）的治癒效果可能是有形的，也可能是無形的，有時是血壓恢復正常，有時是讓一顆冷淡的心重新充滿愛。只要我們願意把自己的鐵石之心交給耶穌，並接受他在加爾瓦略山（髑髏地）上敞開的血肉聖心，聖體就能帶來治癒。在他的胸口被長矛刺開的時候，他給了我們上主應許的寬恕之靈：「我還要賜給你們一顆新心，在你們五內放上一種新的精神，從你們的肉身內取去鐵石的心，給你們換上一顆血肉的心。」（厄則克耳／以西結書36:26）只要我們願意換上基督的心，記憶就能獲得治癒。

感恩聖事的程序，說明了換上基督之心的過程：

5　譯注：據〈瑪竇福音〉8章5-13節，有位羅馬軍官請耶穌治療他重病的僕人，耶穌答應之後正欲前往，羅馬軍官卻說：「主！我不堪當你到舍下來，你只要說一句話，我的僕人就會好的。」耶穌對他的信心甚感詫異，便對他說：「你回去，就照你所信的，給你成就吧！」僕人就在那時痊癒了。

6　關於聖國瑞．納祥（St. Gregory of Nazianzus）、聖安博（St. Ambrose）、聖奧斯定等教父對感恩聖事治癒效果的經驗，請參考Kelsey, *Healing and Christianity*, *op.cit.*, 167-191.

感恩聖事程序	換上基督之心的過程
懺悔禮	承認自己的創傷與憤怒，以克服否認
聖道禮儀（讀經、講道）以及奉獻	傾聽耶穌的看法，想想冒犯我的人有什麼恩賜，將之奉獻給上主，以處理憤怒
〈感恩經〉	不再討價還價，無條件地接受冒犯我的人，正如基督在感恩聖事中無條件地接受了我們一樣
〈天主經〉、領聖體	承認自己為罪過而沮喪，並乞求寬恕
領聖體後經	為創傷中的恩賜感謝耶穌，請祂讓我能以祂為榜樣，以祂的方式處事待人

我通常不會急著在一場彌撒中度過五個階段，而是在一場彌撒裡好好走過一個階段。比方說，如果我正處在沮喪階段，在彌撒時我就會好好跟祂說說我的罪過，並仔細在彌撒的每一階段傾聽祂的回應。讓彌撒發揮治癒效果的重點在於：不要急著在一場彌撒中衝過五個階段，而要好好把自己的感受告訴上主，並仔細聆聽、吸收祂的回應，這樣，我才可能在彌撒結束後「平安回去，愛主、事奉主」。

如今在彌撒結束時，我們不會只說「彌撒禮成」，而會加上一句「平安回去，愛主、事奉主」[7]，因為在我們與基督一起回到家庭、社會時，彌撒的治癒力量也會繼續發揮作用。治癒不只會出現在教堂裡，也會出現在彼此分享基督之愛的團體裡。就像在我們的工作坊中，參與者不僅透過祈禱與感恩聖事來治療傷痛，也能透過彼此相愛來獲得治療，在他們遇上一個充滿愛的人的時候，自然也會與治癒相遇。我們雖然有傷害人的力量，能夠挫傷別人愛人的能力，但我們也有基督的愛的力量，能夠無條件地愛受傷的人，讓他不再恐懼受人傷害。如果你聽到有人跟你說「我真希望我朋友能像你一樣」，那就表示你已成功地治療了一個人，你們之間的友誼，彌補了另一位朋友帶給他的創傷。

如果我們想繼續這樣治療受傷的人，就要學會全然獻出自己。基督是全然獻出自己的典範，不僅在十字架上獻出自己，也持續在感恩聖事中獻出自己。要做到這樣的奉獻，我們一定需要上主及他人的幫助。比方說，如果有一家人來找我們幫忙，他們無米下炊、無衣禦寒、目不識丁，但需要一個安身之處、醫療保險，還有一份能餬口的工作，我們可能滿足他們的所有需求嗎？要徹底幫助一個人，一定要靠團體的力量，因為沒有人能掌握所有資源，一定要靠大家合作，才有可能像基督那樣全面地照顧好一個人。當我們在愛的團體裡彼此關懷時，治療記憶的齒輪便已啟動，而感恩聖事的治癒力量，也開始散播。

我們在紐約的慈悲聖母教堂，也是這樣一個追求互愛的愛的團體，也在散播感恩聖事的

7 譯注：此為美國天主教會做法，台灣天主教會並未採用。

治癒力量。每個月的第一個禮拜五，小小的教堂總會湧入兩千名教友，他們渴求領受感恩聖事的治癒力量，好修復自己破碎的人生。每到這天，聖堂裡總是座無虛席，很多人得擠到地下室去，根本看不到主禮神父，只能用聽的來參與彌撒。但即使如此，大家還是甘願擠在一起，為什麼呢？因為大家都盼望感恩聖事能治好他們的創傷，有的是夫妻失和，有的是親子冷戰，還有的是討厭自己。每個月的首週五，教堂裡總是人滿為患，而且人數越來越多——只要有人在感恩聖事中經驗到基督之愛的治癒力量，下個月一定會呼朋引伴，帶上更多人來。即使是吸毒成癮的青少年，都能在彌撒之中發現基督的愛，重回正軌，而且到了下次彌撒，他們滿腹狐疑的父母往往也會跟來，想看看他們的子女為什麼會突然變了一個人。

領受感恩聖事力量的人，常常也會透過小組將這股力量散播出去，他們有的每週一起祈禱，有的探視老人、病人，有的則是去監獄輔導受刑人。他們已能深刻體會到「感恩聖事」即是「感恩」，他們感謝基督聖體的治癒，使他們成為基督奧體的治癒者。

第六部

著手治療記憶

我們常常限制自己對記憶的治癒，就像我們限制自己與基督相遇一樣。很多人說他們能在聖經裡發現兩千年前的基督，卻不能在日常生活中找到基督；還有人說自己能在祈禱中遇見基督，但無法在做無聊家事時發現基督。第十三章試著提供這兩類人一些指引，希望能幫助他們在當下的艱困處境裡，發現充滿治癒力的基督。如果我們每天的創傷都能獲得治癒，憤怒與罪惡感就不會越積越多，持續荼毒往後的每一天。

還有一些人，他們能夠把過去、現在的創傷交給基督，卻對未來的恐懼緊抓不放。他們宿命地相信，要來的一定會發生。他們宛如癱瘓一樣，害怕未來的考驗，而不是藉著祈禱和行動治療未來、改變能夠改變的，以及從那些必須忍受的事物中成長。第十四、十五章是關於如何治療未來的創傷，而不要消極地被它們弄成心靈的殘廢。

有些人只有在獨自祈禱時，才能感到自己接近基督，另一些人相反，只有在跟其他人同禱時才能找到基督。第十六章是為他們而寫的，我希望他們在讀過這章之後，不管是獨自祈禱、或是與他人同禱，都能找到具治癒力量的基督。

至於第十七章，則有待你親自來寫，因為治癒記憶的方式有多少，與基督相遇的路就有幾條。

第13章　每天祈禱治療一則記憶

在你已經分別讀過五個階段之後，你也許會有點好奇：如果想在祈禱中綜合五個階段來治療一個記憶，那該怎麼祈禱？每一天結束時，我都會祈禱治療一個記憶，但今天下午，當我又開始例行祈禱時，我發現自己不甘願祈禱。我今天早上的晨禱更是枯燥無味、毫無感動，而且不斷分心。我覺得自己從頭到尾都在自言自語，感受不到任何東西，傾聽不到神的話語，我甚至提早十分鐘結束祈禱去吃早餐。當晚，我回想起早上祈禱的狀況，我便這樣祈禱，來治療我祈禱上的創傷。

◆否認

「主耶穌基督，我知道祢已經找我一整天了，現在，請幫我看到祢一整天都在哪裡。我要深深呼吸祢的靈，輕輕呼喚祢的名，請讓我尋見祢——耶穌，耶穌，耶穌……請幫助我在祢的大能中放鬆每一吋肌肉，讓我的身體完全屬於祢。我把我的眼交託給祢，也請祢讓我透過祢的眼來看。請讓我看到我找到祢、並隨之成長的那一刻；也請讓我看到我沒注意到祢，因此錯過祢成長的召喚的那一刻。請問，祢是怎麼看待我的這一天呢？

「請祢讓我學會感恩，為今天接受愛、付出愛、接受寬恕、付出寬恕的每一刻而感恩。謝謝祢讓我終於回完了那些信，也謝謝祢讓那麼多人寫信來，告訴我祢怎麼改變了他們。對了，我還要感謝祢今天賜下的其他恩賜——讓我有時間作研究、有喬治這個好朋友、坦然接受了比爾的讚美，還有那些樂在工作的時刻。這些事真美好啊！想到這些，我覺得心中充滿感恩，幾乎忘了今天遭遇的困境。耶穌啊，現在，請祢再幫我一把，讓我看看那些我今天仍未感恩的事。」

◆憤怒

「雖然我明明看到祢治療了我，也看到祢多想讓我變得更好，可是我現在還是很不想祈禱。我覺得自己只想趕快祈禱完，言不由衷地說句『謝謝』就了事。可是，今天除了晨禱很不順利，其他的一切似乎都很不錯啊！主啊，請讓我再仔細體會一下當時的感受，讓我將自己的心神託付給祢，並換上祢的心神。我覺得，我那時真的想盡力把事做好，獻給祢最好的祈禱、合祢的心意過好一天，我盡力要讓自己專心，也特地找了安靜的地方祈禱。我想我對祢有點生氣，我做了我的部分，但祢似乎沒盡好祢的責任：讓我的祈禱更好。我還能做什麼呢？我那時應該去和我的燈說話的，它會為我帶來更多的洞察和光照，讓我瞭解聖經。

「祢為什麼叫我透過祈禱治療記憶，卻又不幫助我好好祈禱？如果我自己都沒經驗到祈禱的治癒力量，我要怎麼寫作、怎麼帶避靜？我原本希望這禮拜能好好祈禱的，因為週末我要帶避靜，我真的需要祢的幫忙！祢的沈默不語不僅傷害了我，也會傷害到來參加避靜的那些人，因為他們原本希望能透過我來認識祢！主啊，我不想做個偽君子，讓他們對一位沈默不語的隱密上主訴說心事。看來今天我好像只對祢有些不滿。祢想對我說些什麼呢？

「我聽見祢說：『我跟你一樣，也不喜歡枯燥冷淡的祈禱。但你知道嗎？跟我在革責瑪尼園（客西馬尼園）的經驗比起來，你的經驗還沒那麼糟──我那時輾轉難眠，三次試著想把伯多祿（彼得）他們叫起來陪我祈禱（瑪竇／馬太福音26:36-46；馬爾谷／馬可福音14:32-42）。你知道我當時多絕望嗎？那種孤寂，絕不下於我在十字架上高喊：我的天主，我的天主，你為什麼捨棄了我？』（瑪竇福音27:46；馬爾谷福音15:34）

「耶穌，我的確像祢一樣，覺得自己被遺棄了，也像祢那晚一樣，覺得怎麼祈禱都不對勁，好希望有人能跟我一起祈禱。請祢降臨，與我同在，陪我一起修復早晨那場孤寂而乾枯的祈禱。」

◆討價還價

「主啊，請讓我看到我在討價還價什麼，也請讓我看到我想要的改變。怎麼做會讓事情比較容易？如果我那時能知道發生了什麼事，我會原諒祢，也會接受祢在祈禱中的沈默。祢曾讓聖十字若望（St. John of the Cross）[1]神枯數年之久，好讓他專心尋找祢，而非尋求祢的恩賜，祢早上對我沈默，目的也是這樣嗎？不過，我的問題好像還沒聖十字若望那麼大，至少我沒有每天都遇上祈禱瓶頸。或者，不是祢在躲我，而是我在躲祢，因為我隱隱約約覺得自己需要改變，卻又沒勇氣面對？可是，除了祈禱上的困境之外，我實在想不到自己現在要改變什麼。又或者，其實我只是太累了，所以才一時無法面對祢？不過，我並不覺得自己很累，我做別的事都精神奕奕，只有在祈禱時委靡不振……如果祢讓我知道今天早上為什麼祈禱這麼不順，我就原諒祢。

「我還想再跟祢談另一個條件：如果我能繼續寫作、帶避靜，我就原諒祢在我祈禱時沈默不語。只是，我覺得自己現在完全被榨乾了，根本不可能跟人家說祢多關心我們、與我們多親近。主啊，我明明知道自己必須做某些事，卻完全無力去做，祢是否瞭解這種感受？

「我想祢會說：『我那晚在園子裡就是這樣，不但沒有一個門徒理會我，連天父好像都沒在聽我祈禱。我也跟你一樣，不斷跟討價還價的心態搏鬥。為什麼天父要讓我經驗這麼黑暗的乾枯，連伯多祿、雅各伯或若望都不想面對它？我甚至連說服這三位昏睡中的、我天父所關心的宗徒的能力都沒有。我為耶路撒冷哭泣，如血的汗珠灑落在地，因為需要做的事情是那麼多，而我所完成的卻那麼少。我希望事情改變，所以我才會說：我父！若是可能，就讓這杯離開我吧！』（瑪竇福音 26:39 ；馬爾谷福音 14:36 ；路加福音 22:42）

「主啊，我聽見了，現在，請幫助我拋下一切的要求與條件，像祢一樣地說：『不要隨我的意願，惟照祢的意願成就吧！』我也希望能像祢一樣，即使被不明所以的黑暗所籠罩、即使自己心力交瘁，仍能勇敢地面對困境。」

◆沮喪

「主耶穌基督，祢的聖死比一切教誨都要有力。請祢原諒我，因為我竟然覺得寫書、帶避靜，要比順服天父來得重要；請原諒我那麼在意祈禱未獲回應，結果縮短了祈禱、也拋下了祢。我教導別人無條件的愛，自己卻只能付出有條件的愛，在祢或他人保持沈默時，我便轉頭離去。我願意不計代價治好創傷，只求以祢的方式、祢的步調來處理問題。請祢對我心低語，讓我聽見祢的旨意，比以往更靠近祢。

「祢彷彿把手放在我肩上，對著我說：『我之所以揀選了門徒、揀選了你，並不是因為你們才華洋溢，而是因為你們軟弱、非依靠我不可。你仍舊覺得自己必須好好寫作、帶避靜，才能贏得我的愛。但我跟你說：你只要傾聽我的靈，我就會幫你帶好避靜。在祈禱遇上瓶頸時，千萬不要害怕，因為這樣，你就能把你的空虛交託給我，讓我為你填滿它。現在你要好好放鬆，深深呼吸我治癒的愛，讓這份愛注人你的每個細胞。』

「主啊，我感受到了祢的治癒，我不再緊張地想掌控一切，反而能放手讓祢掌管我自己；

1 譯注：聖十字若望，為中世紀靈修聖師（1542-1591）。

我也想放下長久的積習，不再用成功來衡量自己的價值，反而能多看看祢是多麼愛我，因為唯有這件事，才能決定我的價值。」

◆憤怒

「主啊，請讓我想起那些因為失敗而讓我覺得自己一文不值的時刻：第一年教學、辯論賽慘敗、成績單難看、比賽時答錯問題（結果老師、同學都不想理我）。主啊，請祢進入那些枯竭的時刻，用祢的愛灌滿它們；也請祢進入那些我期待別人有所回應，卻因他們的沈默而受傷的時刻，請祢治療那些創傷。」

◆沮喪

「祢有特別想治療哪些時刻嗎？我最痛苦的記憶就是校際辯論賽，我那時把所有重點忘得一乾二淨，我覺得很丟臉，學校也因此輸了比賽。就是從那時開始，我總是覺得事前準備要更好、更完善一點。也許就是因為這樣，我才會覺得祈禱一定得讓我靈感不斷、愛火燃燒，才算為避靜做好了準備。主啊，請原諒我忽視這個創傷這麼多年，也請幫我重新體會這則記憶，把一切的失望交託給祢，仔細留心祢要對我怎麼說、怎麼做。主啊，請祢治癒我，讓事前準備成為一項恩賜，而不要變質成執迷於成功的強迫症，這樣，我就能更依靠祢，而非依靠自己。」

◆接受

「主啊，我曾經請祢醫治過去與現在的傷；現在，我也請祢醫治未來的傷。祢曾應許要在我們身上，成就超越我們所求所想的大能（以弗所／厄弗所書 3:20）。現在請讓我知道，我該為祈禱不順向祢祈求什麼？又能藉此獲得什麼成長？

「大概是一年前，我有一次避靜失敗，祈禱不順、心靈空虛，我當時懊喪不已，但沒想到的是，我其實正需要這次失敗，來改善我在蘇族中的服事。我那時很氣祢在避靜中沈默不語，但那也讓我恍然大悟：原來我的冷淡也傷了蘇族人的心——我總對社會議題避而不談，不會說也聽不懂蘇族話，沒辦法好好為戒酒的人打氣，也總是吝於傾聽、無法給他們太多建議。那次避靜失敗，反而刺激我學了蘇族話、開始為弱勢發聲，也更耐心對待自己和他人的軟弱。主啊，請祢再次讓我聽見祢的信息，讓我知道這次祈禱瓶頸藏有什麼恩賜。」

耶穌似乎回答我說：「那晚，在乾枯、沒有回應的祈禱之後，我離開山園，感到非常孤單。但我也跟你一樣，因此更能感受別人的孤單。天父在祈禱時的沈默，使我更能同情為我哭泣的女人、我母親、若望、右盜，還有所有感到孤單的人。你孤單的感受，能讓你更善於鼓勵在避靜中遇到困難的人，也能讓那些感到孤單的人透過你的書獲得鼓勵。我的孤單與祈禱困境，讓我更珍惜西滿（西門）、韋羅尼加和其他門徒的扶持，所以現在，我也希望你的祈禱困境，能讓你更珍惜其他人在避靜時付出的努力。」

「主啊，謝謝祢透過我的祈禱困境，讓我更珍惜別人，也更同情孤單的人；也謝謝祢藉著這次瓶頸，讓我更努力尋找改進祈禱的方式。謝謝祢的沈默，因為這讓我更渴求親近祢，也讓我更有力量。」

簡易見效的方式：每天治療一則記憶

以上祈禱是不是看起來有點眼熟？每天治療記憶的祈禱，就跟傳統的良心省察十分類似，數百年來的每一夜，無數聖徒以此修補他們當天對創傷的罪惡回應。[2] 透過獨自祈禱來治療記憶，是大多數聖徒的祈禱核心。如果有個大忙人只能用一天來做神操，聖依納爵會強烈建議他花十五分鐘做良心省察。聖依納爵要追隨者每天都要反省這一天，並學會分辨將我們引向上主的聖神推動（信、望、愛），以及讓我們無法在萬事萬物中尋找並找到上主的推動（未獲治療的焦慮、恐懼、憤怒與罪惡感）。對聖依納爵來說，有智慧的人並不是讀了很多書，而是仔細「閱讀」了自己的生活，深刻反省了自己的經驗。

在運用十五分鐘良心省察來治療記憶時，相當重要的是：**找出這一天裡造成善行與罪行的感受與態度**。在良心省察時，我們不僅要回顧這一天裡平安、喜樂、慈愛的時刻，也要找出那些引起焦慮、沮喪、憤怒、絕望、自怨自艾的事件。在日常生活中，我們既能隨聖神的引導行事，也會隨本性的私慾行事（迦拉達／加拉太書 5:16-24），在良心省察的分辨過程中，我們的重點不是機械性地列出善行與惡行，而是釐清、甚至醫治引起善行或惡行的**感受與態度**。

以我自己為例，在我省察前述問題時，我不會把焦點放在我縮短了祈禱時間，而會更留意被我否認的主因——亦即，因上主沈默而受傷，並隨之生起憤怒的感受與態度（開始討價還價：如果寫作、帶避靜成果不錯，我就繼續祈禱）。因為是我自己容許這些創傷讓我沒安全感的，所以如果我能寬恕這些創傷（上主沈默、辯論失敗），我就不需要繼續犯罪（過度在意成功與否）來讓自己重新得到安全感。簡單說來，如果我能寬恕創傷，創傷就不會導致罪行，反而能變成恩賜。例如「上主沈默」這個創傷，如果我不斷否認它、不斷為它生氣，我只會更疏於祈禱、更自怨自艾，然而，如果我寬恕了這個創傷，我就能意識到自己多需要眾人的扶持，或是更意識到自己的漠然也會傷害別人。

在前述祈禱中，我只是單純地告訴上主自己在每個階段的想法，並認真傾聽祂的感受。這樣的祈禱通常不會靈感不斷，反而常常充滿靜默。然而，只要我坦承地跟上主分享我的感受，老實告訴祂我很氣自己沒有好好祈禱，曾讓我半途而廢的怒火，便能被轉化為祈禱的恩賜。還有些時候（例如前述祈禱的沮喪階段），耶穌會進一步帶我進入更深、更根本的回憶（比方說帶我回到那次悽慘的辯論賽，我就是從那時開始變得有準備強迫症）。要發現這些深層創傷，你可以試著問自己：「我第一次有這種感受是什麼時候？」、「我什麼時候的感受跟現在最像？」在某些治癒祈禱中，基督會讓我暫時放下手邊的創傷，帶我一次走過另一個深層創傷的五個階

2 關於良心省察的類似方式，請參考George Aschenbrenner, S.J., "Consciousness Examen," in *Review for Religious*, XXXI:1 (January, 1972). 中譯本為《神學論集》〈對意識流的省察〉（1983，陳寬薇譯），55，頁149-170。

段；但另一些時候，祂可能只是讓我的憤怒與沮喪浮上檯面，等到下次祈禱，再引我進入接受階段，讓我明瞭輸了辯論賽帶來了哪些恩賜。

也許我明天的祈禱會平淡如水，不強求進入下一個階段，僅僅感謝上主藉著打輸辯論賽給了我恩賜。事實上，我大部分的治癒祈禱都是在第一階段，僅僅感謝上主愛我、也透過我愛人。治療階段的推進，並不在於有系統地逐步「征服」每個階段，而在於坦承地把自己的心交給耶穌，並虛心接受基督之心。每次祈禱，我都只是單純地告訴耶穌我的感受，然後請祂用祂的方式與步調愛我，如此而已。某些很深的創傷(例如好友的批評)，可能得花上好幾天祈禱，才能順利度過一個階段。

每天跟耶穌分享感受，停下腳步治療記憶，絕不是浪費時間。有位精神科名醫就發現，與其跟病人談足一個小時，不如只跟他們談四十五分鐘，然後用省下的那十五分鐘「打掃情緒」，好好處理自己在諮商過程中浮現的心理創傷，這樣一來，病人的治療效果還更顯著。在這十五分鐘裡，這位醫師只是單純地告訴上主他的感受，尤其是對病患和傷害病患的人的感受，然後，他就靜下心來傾聽上主的回應。這種做法不僅有益於他規劃更好的治療方針，也能讓他心靈澄澈，好好地去傾聽、去愛下一位病人，不把上個鐘頭的情緒波瀾帶到下個鐘頭。他也教病人如何檢視一天裡的種種情緒，然後在協談時間與他分享，如果他們對祈禱態度開放，他也會請他們跟耶穌一起分享自己的感受。

有些人需要更多協助，才能好好與耶穌分享感受，並傾聽祂的回應。在附錄裡，我試著寫了一份〈每天治療一則記憶〉的祈禱大綱，並為每個階段補上細節。創傷獲得治癒的時間不定，有些只要一次祈禱就能治癒，有些則需要每天照著那份大綱祈禱十五分鐘（甚至更久），才能慢慢走過一個階段。即使治癒的路上充滿挑戰，我們也不必膽怯，因為在面對挑戰時，如果我們覺得更有信仰、更仁愛、更喜樂、更平安、更順服、更有耐心，那我們便是與聖神同在（迦拉達書 5:22），而非孤身一人。到了那時，我們便領受了聖神的自由，不僅能回應挑戰，更能主動出擊。

第14章　治療未來

「治療記憶對某些人也許有用，可是我想不出自己有什麼痛苦回憶，那我要怎麼祈禱讓內在獲得治癒？」在工作坊裡，常常有人問我類似問題，有的人是記性不佳，有的人是從小無憂無慮。每次人家這樣問，我都會回問他們說：「那你想像一下，自己最難接受什麼事發生？」答案五花八門，有的說太太過世，有的說車禍造成終身癱瘓，有的說小孩不上教堂、還染上毒癮。

等他們說完之後，我們會一起想像那些畫面，任由恐懼填滿它，然後我們想像基督進入了那些畫面，再把這些恐懼交託給祂，看看祂會怎麼做。如果他們真正進入了那個情境，也能告訴我基督怎麼處理他們最深的恐懼，他們的肌肉往往會隨之放鬆，也不再懼怕面對未來。因為在此時，基督已經讓他們看見了創傷能帶來的成長，於是太太過世、終身癱瘓、子女染毒也有了新的意義，基督賜給了他們新的自由。

如果你能在想像中先「預習」怎麼面對恐懼，那麼，即使恐懼之事真的發生了，也會變得比較容易面對（特別是當朋友支持你，並一起「預習」恐懼時）。籃球員都知道，如果你多多想像投籃成功的畫面，進球數會比總是去想投籃失敗高出兩倍。尋求心理治療的人，如果能事先想想自己恐懼、卻又不得不面對的事（例如面試、演講、考試、退休），到時也較能安度難關。如果能事先想像自己恐懼的事，並做好預備，在它們真正發生時，傷害就能降到最低。同樣地，如果我們能與基督一同面對恐懼，它也不會再那麼令人害怕了。

基督希望我們將恐懼交在祂手中，這樣一來，祂就能告訴我們怎麼避免災難降臨，還有我們能從中獲得什麼成長。只要我們願意與神合作，不管我們要面對什麼，神都會以愛來回應，不僅讓我們成長，也增強我們對上主、對鄰人、對自己的愛（羅馬書 8:28）。保祿（保羅）要我們「事事感謝」（得撒洛尼／帖撒羅尼迦前書 5:18），因為他確實明瞭，即使是未來最大的慘劇，都無法讓他失去最深刻的成長——與耶穌基督親近：

> 我深信：無論是死亡，是生活，是天使，是掌權者，是現存的或將來的事物，是有權能者，是崇高或深遠的勢力，或其他任何受造之物，都不能使我們與天主的愛相隔絕，即是與我們的主基督耶穌之內的愛相隔絕。（羅馬書 8:38）

不幸的是，保祿「事事讚美神」的教誨（得撒洛尼前書 5:6-18），已被許多書所扭曲，他們居然說只要我們不斷讚美神，一切就能隨心所願。依照這種看法，如果我們丟了工作，只要讚美神，神就一定會幫我們找到一份工作。這種觀點的謬誤在於：第一，我們絕不該為上主憎惡的罪惡而讚美祂，例如戰爭罪行、吸毒問題、惡意裁員、家庭破碎等。相反地，我們應該竭盡所能對抗這些罪惡，並讚美祂透過惡所取出的善，例如一個孩子染上毒癮後，一家人變得更加凝聚。所謂「事事讚美神」，是要我們為未來可能的成長而讚美上主，並且要採取各種步驟，掌握、捉住這成長。

其次，讚美神不該變成操弄神的手段，以為只要恭維祂幾句，祂就會實現我們的心願。相反地，我們應該效法耶穌的榜樣，即使在一切都不順遂時，仍要完全順服天父的意旨。不論是耶穌、保祿或是其他殉道者，面對的都不是平安、祥和的未來，反而是酷刑、慘死——但是，這些慘禍都引導他們走向更深的愛與順服。「事事讚美神」的真義，並不是把讚美當成討價還價的手段，藉此讓天父依照我們的要求行事，而是要讚美祂藉著基督的愛，以祂的意旨為我們帶來成長。保祿在羅馬被監禁時也讚美神，但他沒被釋放，反倒被斬首。

兩千年來，聖徒們在面對恐懼時，都回應了保祿的教誨，也見證了基督與他們同在。舊約裡最大的恐懼是赤貧、無後、奴役，但藉著基督的愛，修士們以安貧、守貞、服從的誓願，將這些恐懼轉化為成長的力量。幾百年來，聖依納爵的《神操》也協助了無數的避靜者，讓他們透過祈禱消除恐懼、親近基督，無論未來是貧窮或富貴、健康或疾病、尊榮或屈辱、長壽或短命，都能泰然處之。此外，即使面對的是常人最恐懼的酷刑與死亡，每一代的殉道者還是選擇了為基督作見證。有無數人都透過信仰克服了恐懼，我們又有什麼好怕的呢？

處理未來的恐懼

在革責瑪尼園（客西馬尼園）裡憂悶不已的基督，是我們面對恐懼的榜樣。他畏懼將臨的苦難，光是想像就讓他汗如血滴。他本來想跟門徒們談談，但他們都在沉睡。最後，他決定把自己的恐懼告訴天父，他這樣祈禱：「父啊！祢如果願意，請給我免去這杯吧！但不要隨我的意願，惟照祢的意願成就吧！」（路加福音 22:42）

耶穌的祈禱有兩部分，而其處理憂悶的步驟，就跟我們治療未來恐懼的步驟一模一樣：

1. 不斷把自己的恐懼告訴基督，直到我們連身體都能感受到這份恐懼。
2. 觀察基督如何回應我們的恐懼。

- 基督或天父會怎麼做，來避免這件事發生？（「免去這杯吧！」）
- 如果神的旨意是要我經歷我最恐懼的事，基督或天父如何應許這能帶來成長？換成是基督，祂會怎麼面對、處理我最恐懼的事？

如果我們能面對恐懼、全然將它交託給基督、接受祂的指引避開能避免的壞事，並從無法避免的恐懼裡獲得成長，治癒便已降臨。這樣做之後，我們的目光也將從恐懼轉移到基督身上，看見祂的應許：「我同你們天天在一起，直到今世的終結。」（瑪竇／馬太福音 28:20）

事實上，我們恐懼的事大概有三分之二可以預防、甚至不會發生。尼尼微人可以痛悔前非，因此避開了先知約納（約拿）所預言的災厄（約納／約拿書 3:4-10），同樣地，我們也有能力採取行動，改變未來。我知道有位女士曾做過預知夢，在丈夫出車禍之前，她鉅細靡遺地夢見了車禍的過程。但在不幸發生之後，她也頓時明白，自己可以靠著祈禱懇求基督的幫助，於是她祈禱說：「父啊！祢如果願意，請給我免去這杯吧！」不久之後，她又夢見自己的兒子在街角出車禍，被一輛高速行駛的黑色轎車攔腰撞上。接下來兩個禮拜，她不斷地把自己的恐懼告訴基督，請求祂保護她的兒子。隔天，她兒子回家時一臉蒼白、渾身發抖，因為他在街角差點被輛黑色轎車撞上。這難道是巧合嗎？或許是、或許不是，但我覺得更合理的解釋應該是：藉著行動與祈禱，我們的未來是可以改變的。

然而有時候，許多人即使祈禱得很認真，他們還是會面對親友死亡、意外發生。在這裡我們一定要記得的是：祈禱除了請神帶領我們避開禍患之外，更重要的是要堅強地說：「不要隨我的意願，惟照祢的意願成就吧！」如果只是口頭上說說，那很簡單，但是真正的挑戰，是鼓起勇氣不斷去想自己最害怕的事，直到自己覺得能充分體會基督的心，以祂的方式來面對、克服這些難關。如果我們能面對現實，不再否認自己害怕的事可能會發生，並開始探求這能為我們帶來哪些成長，那恐懼也自然會消失。

為未來的恐懼沉浸祈禱

恐懼有時消失得很快，但更多時候，我們要不斷地沉浸祈禱，恐懼才會慢慢變小。我有一次在斯托鎮學院（College of Steubenville）帶避靜，刻意跑去俄亥俄河邊五百呎高的懸崖邊祈禱。我和懸崖保持廿五呎的距離慢慢走著，結果居然看到一個慢跑的人，怡然自得地跑在懸崖邊上（只要一步踏錯，他這輩子就不用再慢跑了）！我還看到另一些人站在懸崖旁邊俯瞰風景，而我則是愣在一旁佩服他們的膽量。就在那時，我發現自己怕高怕得不太尋常，也很怕會掉下去摔死。我試著運用自己學到的調整行為技巧，一步一步靠近懸崖，想克服自己莫名的懼高症，然而效果不佳，第二天我又得把整個過程重複一次。

於是我靜靜坐下，把自己的恐懼告訴基督。我也仔細想了各種不讓自己掉下去的辦法，例如用爬的接近它，到時候再緊緊抓住一棵樹等等。我在基督懷裡休息片刻，認真看看祂會怎麼做，也讓自己生起對天父的信心，相信祂不會讓懸崖突然崩塌，也感謝祂能讓我無畏、穩健地踏出每一步。我站起來向懸崖邁出三步，但恐慌再度襲來，我又跌坐在堅實的地上。這樣看來，光是告訴自己不會掉下去，還不足以消弭我的恐懼。

隔天我又跑回來，離懸崖廿呎遠。這一次是懸崖下的車水馬龍嚇到了我，我又坐下來，跟基督分享被車子撞到的恐懼。跟昨天不同的是，我這次知道恐懼的原因何在了——我以前出過車禍。於是我直接開始祈禱，想像那次車禍的畫面，直到我能由衷感謝自己僥倖生還，並從中得到了一些恩賜。回去之後，我請我的神父弟兄與我一同祈禱，好治療我對死亡的恐懼。

隔天我又回到斷崖邊，這次又是另一種恐懼浮上心頭：要是我靠近懸崖時突然山崩怎麼辦？這個恐懼其實有點杞人憂天，別人都敢在懸崖邊上慢跑了，我還離懸崖十五呎呢！這樣的話，我為什麼還是這麼怕會掉下去？我試著集中精神感受墜落的滋味，卻還是想不起自己有什麼跟墜落有關的不好回憶。於是我開始仔細思考，想像有什麼災難最接近我對墜落的恐懼。

這種恐懼似乎是對未來死亡方式的恐懼，我怕飛機失事、怕電梯纜線斷掉、怕自己開車掉下懸崖。開車掉下懸崖的恐懼，似乎最接近我現在的感受，於是我想像自己開車掉下山谷，但運氣不錯掉進雪堆裡，毫髮無傷地生還。

這樣想像舒服多了，於是我再次想像自己開車掉下山谷，但這次的結局是粉身碎骨，被基督慈愛地迎進永恆之中。這種結局也頗能讓人接受。於是，我又開始想像更可怕的結局：這一次，我開車衝下懸崖，雖大難不死，卻多處重傷、全身癱瘓。我在想像中與基督一同度過了五個階段，最後終於能說：「謝謝祢讓我癱瘓，這讓我知道自己多依賴祢，也讓我更深刻地體驗了祢的愛。我還是希望能夠痊癒、不再癱瘓，但我更期待祢用祢的方式、祢的步調來醫治我。」

最後一天，我能走到離懸崖邊八呎遠的地方，但那股熟悉的恐懼感依舊襲來，讓我想趕快往回跑。我不禁開始想：我為什麼還是這麼怕死呢？不過，我害怕的似乎不是痛苦地死亡，因為從這麼高的懸崖掉下去，一定當場斃命，不太會有什麼痛苦。於是我慢慢發現，在內心深處，我最大的恐懼可能不是死亡，而是離開自己深愛的人——那些會為我的死感到痛苦無比的人。我為他們每個人感謝上主，並且試著把他們交在上主手中，鬆開自私的執著。我發現自己在跟基督討價還價（「主啊，祢可以帶走我生命裡的任何東西，但請別帶走我的父母、兄弟……」），承認這點後，我馬上停止跟祂談條件。一股新的解放感淹沒了我，於是，我又能向前一步，這樣就離懸崖只有四呎之遙了。這種距離似乎不錯，因為我還是得在某種程度上怕死，才會好好愛惜生命，不冒不必要的險。就在這天，我不再怕接近懸崖了。

想體驗一下治療未來嗎？那就跟基督分享恐懼吧！什麼恐懼都行，不管是怕高、怕流言蜚語、怕孩子發生意外，或是怕至親好友過世，不管你最害怕的是什麼，都可以把它交託給基督！你不必從最難的開始，先選一件恐懼來試看看，我相信你一定體會得到自己的進步，就像我在懸崖上一樣。你要做的只是靜下心來，讓基督進入你最恐懼的情境，然後吸收祂的指引，如此一來，這些情境會逐漸變得不那麼可怕，於是你也能慢慢想像自己效法基督的榜樣，以祂的方式處理這些問題。只要不斷這樣練習，你就能越來越依靠祂的愛與大能，越來越能面對自己的恐懼，並離你的懸崖更近一步，即使那時你又生起了新的恐懼，也只要放心地將它交給基督。某些嚴重的恐懼症，可能需要專業人士協助，但你若能同時與基督合作，一定能讓這些專業協助的效果加乘，讓你更專注於祈禱。

很多人在與基督分享恐懼之後，都覺得恐懼感獲得了抒解。有位七十五歲的女士原本很怕搭飛機，甚至因此無法探望遠方的姊妹。但她試著正視恐懼，將它交給耶穌來治療。就這樣，她的飛行恐懼症消失了！她登上了飛機，想像耶穌就坐在她旁邊，整趟飛行過程中，她專心去想基督的愛，而不死攀著飛行恐懼不放。於是，這趟飛行成了一次深層祈禱經驗，她的飛行恐懼就這樣被治癒了。現在，她還想飛遍世界各地。

治療恐懼永遠不嫌晚。即使我們害怕在水面行走，也能看見基督平靜地伸出祂的雙臂，對我們說：「放心！是我。不必害怕！…來吧！」（瑪竇福音 14:27-29）

第15章　透過夢境治療未來

你有連續祈禱七小時的經驗嗎？你相不相信，連續祈禱七小時，就跟睡覺一樣簡單。聖依納爵要避靜者在入睡前、起床後，都集中意念在一個祈禱念頭上，這樣能訓練你的心，讓你即使睡著，也能在潛意識裡不斷祈禱。很多參加過我們工作坊的人都說，他們的關鍵記憶是在睡著時浮現的——不只在聽我說話聽到睡著時如此，晚上睡覺時也一樣。

在就寢前，我常會祈禱說：「耶穌，請治癒我。在我睡著時，請讓我像海綿一樣浸在祢的愛裡。請賜我一個治癒之夢，用它掃除阻礙我吸收祢的愛的一切。」然後，我就在耶穌的大能中放鬆每一吋肌肉，直到我覺得自己像海綿般漂浮在祂的愛中，吸飽祂的活水。隔天起床時我總覺得煥然一新，也往往還記得昨夜的夢——那個解開我的心結、讓我不怕接受治療的夢。

治療夢境是治療潛意識的穩當辦法，因為在夢境中，我們可以看見正掙扎要浮上意識表層的東西，並因此獲得治療。[1] 清早醒來時，我不會馬上跳下床，而會繼續躺著、不睜開眼睛，盡可能回想夢裡的細節，然後起身把它記錄下來。把夢當成「朋友」記在紙上，常常能治好清醒時沒意識到的東西。由於在獲得治癒之前，夢會彼此相關、不斷重複，所以寫下今天的夢也有助於瞭解明天的夢。

我會特別留心夢裡的感受，還有跟這些感受相關的畫面與念頭。夢裡的很多畫面，常常是我昨夜帶入夢鄉的一些活動（例如睡前看的電影）。然而，夢裡的每個人、事、物，往往都代表了某部分的自己，它們像是鏡子一樣，透露了我所否認的感受與恐懼。夢境裡出現的狗，也許只反映了我養的小狗，但更可能反映了我像兇猛德國牧羊犬的一面，或是我空虛、死板的一面。我會這麼問自己：對我來說，這個夢代表了什麼？然後，我會試著認真探索其中意義。

雖然我記下的夢境不少，但找出意義的卻不多。如果我夢到自己陷入困境，感到恐懼、焦慮、憤怒或罪惡，我往往會藉著祈禱重新回到夢裡，像治療記憶一般地治療那場夢。夢裡的每個角色通常都反映了我的某一面，所以我會去想夢裡每個人的感受。接著，我會想想自己什麼時候也有類似感受，然後想辦法仔細體會那種感受，直到自己能與基督分享這個感受，並看祂怎麼回應。有些時候，我會想像耶穌進入夢裡或夢境引起的記憶裡，然後再看看祂會對我怎麼說、怎麼做。另一些時候，我會專注閱讀一段聖經，或專心默想基督受難苦路[2]裡的某一處，直到自己能深入基督的心神，明瞭祂會怎麼反應。

我大多數的夢境都反映了清醒時不敢面對的事，要處理這些問題，我非請基督和我一起面對不可。我會把自己的感受告訴祂，然後看看祂會怎麼避免問題發生，或是幫我從中獲得什麼成長。舉例來說，有一次在工作坊開始前，我夢見自己在演講時把內容忘光，可是我繼續硬講下去，講到自己都不知所云。最後我一講完就溜了出去，怕聽到每個人都在說我講得多失敗。然而，辦工作坊時我從沒出過這種狀況，也一點都不覺得自己在擔心即將舉辦的工作坊。於是我一邊記下夢境，一邊疑惑自己為什麼會做這種夢。

當時我住在陽光充足的加州一所避靜院裡，所以我決定，治療這場夢的最佳方式，就是去戶外拜苦路[3]。我開始回憶那場夢，尤其是夢裡那些焦慮、困惑的感受。這種感受跟犯錯、被嘲弄、出醜的感覺好像有點類似，不過，我好像沒那麼在意犯錯，反而比較在乎被朋友嘲笑，那會讓我全身緊繃。我什麼時候有過這種經驗呢？

我祈求基督給我深入的洞察，但沒有獲得回應，於是我專注體會被嘲弄的感受。突然，我腦子裡閃過了一個畫面，我以前從沒想過那件事，更沒想過它需要治療，但它讓我夢裡困惑、被嘲弄的感受變得更加強烈。我看到自己在七年級時讀過聖母瑪利亞的事蹟，因此能代表學校

---

1 關於夢的世俗性詮釋，請參考Carl Jung, *Memories, Dreams, Reflections*, recorded and edited by Aniela Jaffe (New York: Pantheon, 1963); *idem*, *Dreams*, tr. R. Hull (Princeton: Princeton U., 1974). 關於夢的基督教詮釋，請參考Morton Kelsey, *Dreams and Revelation* (Minneapolis: Augsburg, 1974); Louis Savary and Patricia Berne, *Dreams and Spiritual Growth* (Mahwah: Paulist, 1984).

2 譯注：「苦路」為耶穌被定死罪至被安葬的十四處場景，有時還會加上第十五處「耶穌復活」，在紀念基督受難之餘，亦歡慶其征服死亡。分別為：(1)耶穌被判死刑；(2)耶穌背十字架；(3)耶穌第一次跌倒；(4)耶穌遇聖母；(5)西滿助耶穌背十字架；(6)婦女為耶穌拭面；(7)耶穌第二次跌倒；(8)耶穌安慰痛哭的婦女；(9)耶穌第三次跌倒；(10)耶穌被剝去衣袍；(11)耶穌被釘十字架；(12)耶穌死於十架；(13)卸下耶穌遺體；(14)耶穌被安葬；(15)耶穌復活。

3 譯注：天主教會的教堂內常有苦路畫像或浮雕，有時也會在戶外豎立苦路十四處雕刻。

參加蓋爾神父（Fr. Gale）的電視問答節目。我一直表現得不錯，直到被問到跟露德（Lourdes）朝聖地有關的問題時，我卻回答了法蒂瑪（Fatima）朝聖地的相關資訊[4]。我記得我答完之後，蓋爾神父尷尬地試著解釋露德和法蒂瑪的不同，結果我漲紅著臉說道：「我就是那個意思啊！」（還好那時沒彩色電視，不然大家都會看到我臉有多紅）我羞憤不已地拖著腳步走回家，覺得自己給家人、學校丟了好大一個臉。

有時候夢境就像這樣，迂迴地幫我想起過去的創傷，讓被掩蓋的記憶浮上檯面。但另一些時候，無論我多努力祈求發現惡夢背後的傷，還是什麼都想不起來，沒辦法像這次一樣，把在講台上忘詞的惡夢，跟在電視上丟臉的往事連在一起。如果我真的沒辦法透過夢境聯想起什麼往事，那我就會用處理其他記憶的方式來處理這場夢境。也就是說，如果這次惡夢沒讓我想起上電視丟臉的事，我就會專心處理夢裡因為忘詞而不知所云的罪惡感、還有夢裡被人嘲笑的憤怒感，我會仔細體會這兩種感受，直到自己能把整場夢當成恩賜。在我能將這場夢當成恩賜之後，這場夢所象徵的種種創傷與恐懼，也能隨之痊癒，即使我想不起來上電視丟臉的往事，還是能從中獲得解脫。

為了治療當下困惑、被嘲弄的恐懼感，我開始感謝上主在過去的歲月裡，曾多次出手治療我的困惑與被嘲弄的感受。我特別記得，有那麼幾次，祂幫我在考試或講道前消除了困惑感。我深深感謝祂在那些時候回應了我的祈禱，也請祂再拉我一把，把我從這次的恐懼感裡拯救出來。我確信，不管我多困惑、被嘲弄得多嚴重，祂都一定能帶我走出困境，不讓這些挫折擊垮我。不過我也同時發現，有些時候，祂似乎就是要我學會忍耐。我花了一個多鐘頭拜苦路，慢慢默想基督怎麼克服了我所恐懼的困惑與嘲弄，並從中得到了成長。

在苦路第一處，耶穌被判死刑，我想起猶太王黑落德（希律）將王袍披在耶穌肩上，惡意嘲弄他，也看到羅馬士兵故意碰撞耶穌身上的傷，叫他「扮扮先知」、「救救自己」。我感受到了他們的惡意有多歹毒，更感受到了我主的痛苦。到了苦路第八處，我感受到耶穌所忍受的強烈困窘和嘲弄，那是我在夢裡所恐懼的，也是那次我在電視節目中所感受的。

苦路第八處，是耶穌安慰為她哭泣的耶路撒冷婦女。到了這戶外苦路的這一處，我發現它的標記不見了。突然間，一種感覺擊中了我，我赫然發現，就像耶路撒冷的婦女一樣，我可以選擇專注於嘲弄的群眾、內心充滿恐懼，也可以選擇專注在耶穌身上、心中充滿憐憫。當我像那群婦女一樣憐憫地專注在耶穌身上時，我聽到了群眾對耶穌和那群婦女的嘲笑聲，就像我在夢中恐懼那些嘲笑我的人一樣。

我試著想聽清楚耶穌對她們說了什麼，他似乎看穿了她們也怕被嘲弄，所以直接安撫她們的恐懼：「我也被黑落德和士兵們嘲弄，所以我更能同情那些被遺棄的人。我會好好走完這程，將我孤獨的母親託付給若望（約翰），我也準備好要接納被遺棄的右盜，讓他和我一起進入樂園。同樣地，因為妳們現在被人嘲弄，所以妳們會更同情我，以後那些孤獨、被遺棄的人。別為我哭泣，要為那些害怕嘲弄、沒人同情的人哭泣！」

4 譯注：兩者皆為著名聖母顯聖地。露德位於法國西南，法蒂瑪則位於葡萄牙中部。

或許，苦路第八處標記的遺失，是因為耶穌要我來當這第八處，把祂曾經給過那些婦女的機會，也同樣贈予我：讓那些不是我應得的凌辱，成為滋養同情心的恩賜，而能充滿憐憫地關懷那些孤獨和被遺棄的人。我再次想像自己在台上不知所云，心裡絕望、困窘，而台下的人都在竊笑，但這一次，我不再覺得害怕了。因為我現在知道，即使工作坊舉辦時真的發生這種事，神也會好好運用我困窘、羞恥的感覺，讓我能更親近參加工作坊的人，特別是那些跟我有相同恐懼的人。這時候，我已準備好和耶穌一同經歷羞辱，也打從心底覺得無拘無束，就好像突然掙脫了一張羅網一樣。那次工作坊，是我第一次不看著稿子演講，我不再小心翼翼、彷彿講錯一句話天就會塌下來一樣，反而做好準備，要從錯誤中獲得成長。

因為耶穌治好了我的夢，於是我之後都能從容地上台演講，也可以順利地講完，台下打瞌睡的人也越來越少了。從某方面來說這還真是損失，因為以前有不少人就是聽我演講聽到睡著，在夢裡經驗了治癒。有位怕狗的老兄就是這樣，在我演講時他呼呼大睡，結果夢到自己六個月大時，有隻小狗跳進他的搖籃裡。驚醒之後，他請另一個人幫忙他，跟他一起邀請基督的愛進入那個創傷場景，於是成功克服了對狗的恐懼。

我們不必對夢境的作用大驚小怪，因為在聖經裡，神也常常透過夢境跟人溝通。例如在〈創世紀〉裡，因為亞巴郎（亞伯拉罕）說妻子撒辣（莎拉）是他妹妹，所以阿彼默肋客王（亞比米勒王）娶了她（創世紀 20:1-18）。結果神透過夢境告訴阿彼默肋客王：撒辣是亞巴郎之妻，娶她有罪，除非他把撒辣還給亞巴郎，並請亞巴郎代求醫治，否則阿彼默肋客王會因此而死。於是，阿彼默肋客王歸還了撒辣，「亞巴郎懇求了天主，天主就醫好了阿彼默肋客，他的妻子和他的眾婢女，使她們都能生育」（創世紀 20:17）。也就是說，要不是做了一場夢，阿彼默肋客王根本不會知道自己娶了人家的妻子，也根本不會知道這會讓自己死亡、婢女不孕。

在聖神降臨之後，神還是常常透過夢境，對我們訴說治癒的話語（宗徒大事錄／使徒行傳 2:17），如此一來，我們的人生才能被聖神指引，而非被潛意識裡埋藏的恐懼、焦慮、憤怒與罪惡感所誤導。神曾藉著夢境警告阿彼默肋客王犯了罪，也曾藉著夢境治好我上電視出糗的傷。現在，祂還是希望能藉著夢境提醒、治療我們的創傷。我們發明了電視、收音機，懂得怎麼接收空氣中隱形的電波，然而我們的感官卻逐漸遲鈍，在夢境中傾聽上主治癒話語的能力也急速喪失。透過夢境傾聽上主，是一種細膩、精巧的藝術，失去這種能力是莫大的悲劇，〈約伯傳〉也提醒了我們夢境的重要性：

> 他既不答覆你說的一切話，你為何還同他爭辯？原來天主用一種方法向人講話，人若不理會，他再用另一種方法：天主有時藉夢和夜間的異像，當人躺在床上沉睡的時候，開啟人的聽覺，用異像驚嚇他，使人脫離惡念，使人剷除驕傲，阻攔他陷於陰府，救他的性命脫離溝壑。（約伯傳 33:13-18）

第十六章　起而行：獨自祈禱與一起祈禱

你是否曾眼見深愛的人在嚥下最後一口氣時，仍舊不斷抱怨、咒罵上主，或是充滿對死亡的恐懼？很多人直到生命的最後一刻，都未能進入接受階段。有些人甚至會先簽好契約，讓人把自己的遺體冷凍起來，等科技夠進步了，再藉著科學讓自己重新「復活」。為什麼有些人能坦然接受死亡，而另一些人卻是在憤怒、否認中迎接死亡到來？

庫伯勒－羅絲醫師的合作研究者之一，駐院牧師穆瓦利木・伊瑪拉（Mwalimu Imara）發現，能快速邁向接受階段的臨終病患，往往都能坦誠地分享生命經驗與人生觀：

調查顯示：在發現罹患絕症之後，較少否認現實、也更能順利走過五個階段的人，通常都有幾個特質：(1)願意敞開心胸，與自己在意的人談談死亡，也談談當下的感受；(2)能與別人進行真正的對話，亦即，對話雙方能分享彼此對人生、對生命中重要之事的想法；(3)能接受生命裡好事與壞事都會發生。他們心中有個框架，能為過去與現在的好事與壞事找到意義，讓生命顯得有方向感，也整全而圓滿。[1]

伊瑪拉牧師總結道：這三種特質不僅對接受死亡很重要，對日常生活中的成長也相當重要。事實上，我們每天都會經歷死亡與重生：在我們受傷，或是被呼召拋下舊我而成長時，便是在體驗死亡。

你看，這三種特質跟第四部中的三步驟是多麼相似！簡單說來，這三種特質就是覺察生命經驗、與重要的人對話，以及從善與惡中獲得成長，它們正好對應了度過每一階段的三個步驟：⑴把自己的感受告訴基督；⑵仔細傾聽基督的話語，換上祂的心神；⑶依基督的指引而行。

獨自祈禱

人之所以能在獨自祈禱中獲得治療，是因為基督讓我們與祂分享感受、也對我們付出愛。幾乎每個聖徒都有某種獨自祈禱的方式（例如良心省察），讓他們能在創傷發生時立即進行治療。不過，我通常會需要別人幫我一把，才能釐清自己的感受、認識基督的愛與想法，或是發

1 Mwalimu Imara, *op. cit.*, 160.

掘創傷之中的恩賜。有些時候因為創傷太深，甚至在祈禱之後我都覺得心裡非常絕望，這時，我如果沒辦法馬上找個人談談，我就會寫下自己的感受以及基督給我的指引，好為進一步的治癒鋪路。不論我們比較喜歡獨自祈禱，還是偏好和他人一起祈禱，我們都必須學著在禱告中發現基督的心神。

能讓我們發現基督心神的祈禱，便是能為創傷帶來內在醫治的祈禱。就我來說，我最常用的祈禱方式是告訴耶穌我的感受，然後問祂，如果是祂受到這種創傷，祂會怎麼說、怎麼做？我也會問，如果祂身在我的處境，祂會用什麼方式、什麼心情來念〈天主經〉（主禱文）？在參與彌撒時，感恩聖事怎麼讓我更能效法基督？耶穌在苦路哪一處的遭遇與感受跟我現在的創傷最像，他那時又是怎麼回應的？〈玫瑰經〉的哪一端奧蹟[2]，最接近我現在的感受？如果基督受到了跟我一樣的傷害，祂會用哪篇〈聖詠〉（詩篇）或是聖經裡的哪一段來祈禱？又會唱哪首聖詩？如果祈禱能契合我當下的感受，並幫助我體會基督的感受，便能開啟內在醫治。

無論是獨自祈禱或和他人一起祈禱，都要以最能經驗到基督的愛的方式來開始。即使只是簡單地祈求上主帶走罪惡、伸出援手，都能為創傷帶來內在醫治。有些時候，你甚至只要誠心祈禱：「主啊，我對小孩沒耐心。請賜給我祢的耐心，讓我別再那麼沒耐性。」上主就會為你治療創傷。不過如果我有時間，我不只會這樣祈禱，還會仔細想像小孩大吵大鬧的樣子，然後再想像基督走進他凌亂不堪的房間。我會靜靜地看耶穌對我、對小孩怎麼說、怎麼做，然後再想像自己效法基督的榜樣。簡單來說，只有三個步驟：(1)想像一個畫面；(2)讓耶穌走進那個畫面治療我和別人；(3)效法耶穌的舉動。

「創造性想像」（creative imagination）的祈禱很簡單，也非常有力，不管是過去的嚴重創傷，或是對未來的種種恐懼，都可以透過這種祈禱來獲得治癒。[3]有位女士一直很擔心丈夫會喝個爛醉回家，對她暴力相向。她花了好幾天想像那種場面，並邀請基督進入那個場景，看看祂會怎麼對待丈夫和她自己。最後，她終於發現可以從中獲得什麼成長，也不再困於這個恐懼之中。總之，只要讓基督進入我們恐懼的畫面、觀察祂怎麼做，並努力學著跟祂一樣做，無論是過去、現在、或是未來的創傷，都能被祂治癒。

然而，否認的心理機制常會拖延我們的腳步，讓我們不馬上獨自祈禱來處理創傷，一直拖到與朋友相聚、參加祈禱會或懺悔時，才勉強開始面對創傷。不過，雖然和他人一起祈禱可以敦促我們處理問題，但除非在懺悔和參加祈禱會時，我們熱切地尋求寬恕與付出寬恕（通常要在克服憤怒與沮喪後，才會自然流露這種熱情），否則在懺悔和祈禱會裡尋求治癒，其實是相當膚淺的嘗試。懺悔的治癒力量，不只是靠與神父一同祈禱五分鐘，更要靠長期與基督共處、檢驗創傷、向祂悔罪，並感謝祂對我們伸出援手。同樣地，治療記憶不只是靠與別人一起祈禱，更要靠你預備好與基督相遇，並追隨祂的腳步。

---

2 譯注：〈玫瑰經〉奧蹟共四類二十則，隨祈禱日不同，每日默想五則。這四類分別是：歡喜五端、痛苦五端、榮福五端、光明五端。

3 關於這種簡單、有力的祈禱的進一步介紹，請參考Ruth Stapleton, *The Gift of Inner Healing*, op. cit.

和他人一起祈禱

神的治癒與寬恕不僅限於悔罪的那一刻，不過，悔罪的確能深化治癒。在和好聖事時向神父告解罪過與痛苦，常能讓我們更清晰地意識到自己的成長與失足。聽自己把話說出口，可以讓我們更清楚自己是真的後悔、真的想改變，或者只是虛應故事、繼續否認。聽告解神父的話和祈禱，也能讓我們更親近對我們最重要的那個人——耶穌，我們緊緊擁抱祂的愛與大能，也緊緊被祂的愛與大能擁抱。懺悔之所以能帶來深深的治癒，不只是因為聖事發揮了作用，更是因為在那當下，我和另一個人奉基督之名相聚，不僅道出了自己的心聲，更進入了上主的心神。藉著與另一個人在基督裡對話，舊我終將死去，而我也終將接受基督無條件的愛與接納，到了那時，我相信自己值得被愛，也能對那些傷害我的人付出同樣的愛與接納。

朋友溫暖的傾聽與瞭解，也能讓我們經驗到基督的愛，讓我們進一步接納自己，並同樣接納傷害我們的人。有些時候，我們會暫時跨不過情緒障礙，需要別人用他們的恩賜來幫助我們，那可能是一次諮商、一張處方、一句一針見血的話、一場讓我們發現自己的恩賜的交談，或是一次釋放祈禱，幫我們除去兇惡，讓神的愛填滿我們的空虛。[4] 創傷越深，就越需要別人幫助，才能獲得成長。最理想的情況，是在一個充滿愛的基督徒團體裡生活、祈禱。[5] 但無論是獨自祈禱或和他人一起祈禱，目的都是經驗上主的愛，知道自己被深深愛著，並在面對挫折、恐懼時付出同樣的愛。

請別人傾聽我的感受、陪我一同祈禱治療創傷，常讓我有麻煩別人的感覺。然而，請別人傾聽我的感受，未嘗不是以另一種形式幫他們的忙，就像有人來找我辦告解，也是在幫我的忙一樣。對我來說，聽告解最能讓我成長，因為這些分享自己困境的人，不但提醒我自己是個神父，必須誠實面對自己的困境，也激勵我要進一步尋求成長。陪伴別人度過困境，對雙方都有幫助。戒酒無名會之所以能大獲成功，也是因為他們深刻體認到了這點。在需要和人分享感受的時候，千萬不要覺得這是在打擾別人，因為「我不想麻煩別人」的想法，常常是沮喪的偽裝：「我都是個大人了，居然還會受傷、需要人家幫忙！這真是丟臉，要是跟人家講，人家會怎麼看我呢？」

不過，對別人訴說自己的掙扎，還是多少有些風險。我們要找的傾訴對象，要能夠為我們保密。有太多的人和朋友傾訴之後，受到進一步的傷害。他們在傾訴之後發現，連陌生人都知道他只想和那位朋友分享的秘密。此外，傾訴對象不僅要能尊重我們的隱私，還應該要有溫和、謙卑的特質。因為我們有時還太過脆弱、無法面對創傷，要先經歷一段時間的否認，才能有足夠的力量處理問題，在這段時間，如果傾訴對象硬是戳破我們的防衛機制、逼我們立刻面對創傷，只會讓創傷更加嚴重。簡單來說，即使傾訴對象完全掌握問題核心，也不該戳人痛

4 只有在內在醫治祈禱後，才能進行釋放祈禱。關於釋放祈禱的運用及注意事項，請參考Matthew & Dennis Linn, *Deliverance Prayer* (Ramsey: Paulist, 1981).

5 理想上，內在醫治祈禱需要祈禱團體（或其他追求心靈成長的團體）的協助與持續支持。

處、給人家當頭一棒；相反地，他們應該要能配合上主的步調，溫和地傾聽，如果要提出自己的觀點，也該用開放性的問題輕輕提點。舉例來說，即使你完全瞭解一個人，也知道人家的問題在哪裡，還是不該直接地說：「妳十二歲那年跟父親亂倫。」而是要好好地問：「妳和令尊的相處情況如何？」

要獲得治癒，與其依靠洞察力，還不如依靠被耶穌憐憫地所愛的經驗那麼奏效。朋友之所以能為我們帶來成長，並不是因為他們很瞭解我們的缺點，而是因為他們能發現、鞏固我們的恩賜。每個人都有罪人的一面，連自己都未必喜愛，但若是有朋友能像天父一樣，不管我們是不是罪人都一樣深愛我們，那他就能像天父一樣地治癒我們。

如果有朋友太過直白地給予勸告，讓我們感到有罪惡感、而不是感到被愛，那我們應該要小心。有些愛下判斷的朋友在宣講福音時會說「你不該那樣感覺……」，而不是幫助我們認識自己真正的感覺，也不是像基督那樣，接受我們原有的方式。還有人會阻礙治癒地說：「我瞭解你的感受，我有一次也是這樣……」但這只會讓你沒機會好好訴說、接受自己獨特的經驗。我們傾訴的對象要能溫和地接受我們的感受，也要能敦促我們成長，讓我們看到基督會如何處理這些感受。

如果有人要你陪他祈禱、伴他度過創傷，你該怎麼做呢？不要緊張，一個人不必精研死亡學，也能陪伴臨終的人；同樣地，不是只有心理醫師，才能助人面對創傷（不過，我們也不必排斥專業心理治療）[6]。只要我們愛一個人，也能坦承面對自己的感受（尤其是憤怒和罪惡感這兩種感受），就能幫助別人面對情緒與創傷。這不是什麼難如登天的複雜問題，我們不需要什麼都知道，也不需要先成為聖徒，只要有一雙能夠認真傾聽的耳朵，一顆能同情、瞭解別人的心，便足以向他人伸出援手。只要**祈禱懇切**，就能治好病人（雅各伯／雅各書 5: 16）。

不知道我是不是把事情講得太過複雜，但總而言之一句話：**凡是能讓你經驗神愛你的祈禱，便是適合你的祈禱**。比方說，在與人一起祈禱時，我會試著像基督一樣地愛他，接納他的一切感受，而無論是獨自祈禱或和他人一起祈禱，都能讓我慢慢走過五個階段，或只是靜靜地在基督懷裡休息。要注意的是，五階段並不是什麼治癒魔法，而是一種協助工具，幫助你向上主敞開心胸，不再對祂封閉。只要能將自己的心神交託給基督，並換上祂的心神，創傷的內在醫治便會到來。也就是說，凡是能讓你換上基督心神的方法，便是能帶來內在醫治的方法。耶穌曾教人用〈天主經〉祈禱，但在厄瑪烏（以馬忤斯）時，他並沒有特別指示該怎麼為治療創傷祈禱。然而，他還是留下了治療創傷的典範：以心會心。

起而行

知易行難，我知道記憶治療好幾個月後，才真正付諸行動。一開始時，我覺得或許別人需

6 若有意接觸結合祈禱與治療的專業人士，請與以下組織聯絡：Association of Christian Therapists, 14440 Cherry Ln., #215, Laurel, MD 20707.

要治療記憶，但我應該不需要。因為我一直覺得自己很少受傷、也很少傷害別人，我也覺得自己很少生氣，頂多是比較容易緊張而已。我覺得寬恕別人不難，用不著辛苦地熬過五個階段。雖然我知道自己不是什麼聖人，但基本上，我對自己還算滿意。

我後來之所以想試試，是因為我覺得親身體驗一下，應該更能幫助那些真正需要治療記憶的罪人。但我越是治療自己的傷，越是發現有更多記憶需要治療。我也開始發現自己的寬恕有多膚淺。我發現自己總是在討價還價，總是希望別人先改變，自己才願意對他踏出一步。我也看到自己正在傷害從前傷害過我的人，實在令人沮喪。這到底是怎麼回事呢？

在帶領一次避靜時，我自己說出了答案。當時有位避靜者遇上瓶頸，跑來找我談，我想辦法堅定她的信心，跟她說這些問題正好說明了她有長進：正因為她對自己跟別人的錯誤更敏感，她才會以為自己是退步而非進步；她跟神的蜜月期之所以結束，是因為她變得更愛上主，也更能發現自己被愛，於是驚喜變少了，反而對神變得冷淡。以前她遇上這些問題，可能會直接偷懶不祈禱、不尋求與基督相遇，但她現在既已在祈禱中經驗了祂的愛，她也發現冷淡、不祈禱是錯的，所以才會意識到自己遭遇瓶頸，並為此困擾不已。總之，她現在之所以痛苦，並不是因為她沒好好過活，而正是因為她更渴慕上主的愛——我朋友也是這樣說我的！我剛開始治療記憶時，雖然不斷發現自己有諸多不是，朋友們反而說我變得更好相處、更敢嘗試新事物、也更有力量從困境中獲得成長。記憶治療讓我日有長進，但在那段時間，我反而看不到自己的成長。

治療記憶的深層進步，往往是隱而不顯的。「進步」的衡量標準，並不是需要治療的記憶變少、治療進行得更快、更不容易受傷，因為在治療有所進展之後，深層傷痕會不斷浮上檯面，它們的治療過程通常也會更慢，而在此時，因為我變得更敏感、更有同情心，所以也更容易感受別人的傷。雖然治癒能讓我對犯罪更加敏銳，讓我比較不會傷到別人，但是，我未必會發現自己的這項改變。

那麼，我到底該怎麼確定自己是否有所長進呢？你可以問自己一些問題：我是不是更能意識到自己的軟弱（例如被否認的憤怒、討價還價，還有罪過）？是不是能更快把它們交給基督？在受傷之後，我是否能更快釐清自己的感受？我是否更有人性、活得更真實？我是否更能發現傷害別人的人，以及被自己傷害的人？我有沒有不斷發掘新的方式，來活出基督的心神？我今天有沒有嘗試新事物、主動認識新朋友（即使失敗也沒關係）？我是否對接受愛與讚美更加感恩？看到別人的成功（特別是看到我曾原諒的人成功），我是否更加感恩？最後，也是最準確的問題——面對困境的時候，我是否變得更加感恩？如果你對這些問題的回答都是肯定的，那麼，雖然你未必意識到自己進步了，但你的確已從記憶治療中獲得成長！繭裡的蛹也是這樣，雖然它們已經慢慢蛻變為蝴蝶，馬上可以自由自在地展翅飛翔，但悶在繭裡時，它們一定也以為自己快死了。

幾年來的經驗讓我有種體悟：記憶好似冰山，而無條件的愛就像陽光。在陽光融化冰山表面之後，下層的冰就會浮現出來，接受陽光的照拂。在每天治療記憶的過程中，我也覺得潛意識裡更深的部分一層層浮現出來，接受上主的溫暖與慈愛。陽光會不斷融去冰山，治療記憶也會慢慢不再是挖掘、探索舊傷的過程，而是在祈禱中，讓上主輕柔地將某些事物托上水面，然後我們再將它們託付給祂。在上主溫暖的照拂下，我們的冰山終將融為璀璨、甘美的活水，灌溉全新的生命。

聖神和新娘都說：「你來罷！」凡聽見的也要說：「你來罷！」凡口渴的，請來罷！凡願意的，可白白領取生命的水。（若望默示錄／啟示錄 22:17）

附錄

一、每天治療一則記憶

放鬆、深呼吸，吸進聖神，在心中尋找上主。

◆否認：主啊，請讓我看見祢如何看待我這一天

- 神怎麼愛我，又怎麼透過我來愛人？
- 向上主獻上感謝，特別要為了成長而感謝祂。

◆憤怒：主啊，帶走我的創傷

- 我對什麼較不感恩？
- 我希望什麼事改變？
- 什麼事讓我受傷？
- 我責怪誰？
- 我有什麼感受？
- 在此之前，我什麼時候的感受跟現在最接近？
- 想像那個曾讓我受傷的場景，並與基督分享我的感受。

◆討價還價：主啊，請讓我能像祢一樣，無條件地付出寬恕

- 我是否希望能像神一樣地思考、感受這些創傷，並獲得治癒？
- **見基督之所見**：看看傷害我的人有什麼壓力，看看他好的一面，完整而不帶偏見地看看整件事。
- **言基督之所言**：基督對祂最親密的朋友—罪人—說了些什麼？
- **行基督之所行**：基督會怎麼做，好讓傷害我的人得到他所需要的愛？
- 不斷練習基督之所見、所言、所行，直到自己不再設定改變的條件，並能依基督在祈禱中的指引而行。

◆沮喪：主啊，請寬恕我

- 乞求上主寬恕，原諒我跟傷害我的人犯了同樣的錯，原諒我反應過度、自我封閉、落落寡合，讓問題越來越嚴重。
- 乞求上主寬恕以往類似的傷，因為它們讓我現在更加封閉。[1]
- 感謝基督不僅寬恕了我，也寬恕了傷害我的人，對我們一體付出了無條件的愛。

1 有時這會讓你想起另一則記憶，並重新走過上述步驟，治療讓你封閉的更根本原因。

◆**接受：主啊，我感謝祢**

●感謝基督藉著治癒帶來成長與成長的可能性（讓我對神、對他人、對真我更開放）。

二、治療記憶的詳細步驟

以下所述並不是一套僵化的程序。請以最能幫助自己的方式進行，亦可自行添加一些對你有效的方式。

◆**否認**

1. 在基督面前放鬆。祂看得到你的過去，也願意治好過去在你身上留下的創傷。

●請基督用祂的眼光來看過去，並以祂的步調、方式來治療它。

2. 感謝上主。為了你曾愛人、被愛、寬恕人、被寬恕的時刻感謝上主。

●為那些因苦難而帶來重大治癒的時刻感謝祂。

●在左頁的種子圖中，至少寫下十項你為耶穌所用的天賦、能力與優點。感謝祂賜給你那麼多成長的潛能。

3. 釐清創傷。

●為你身體的每一個部分感謝造物主。

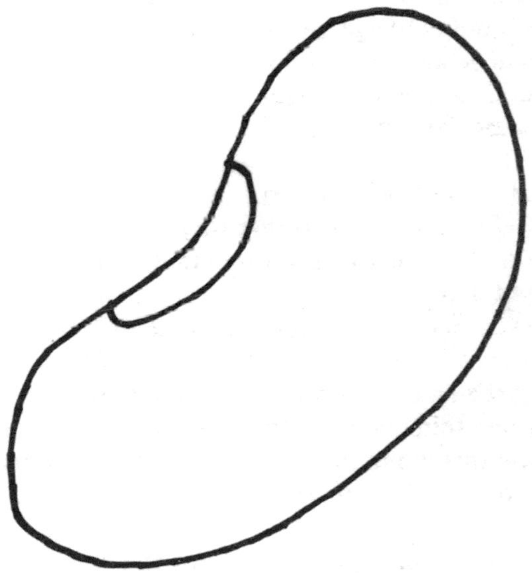

治療否認：挑選成長的種子。

- 你最不感恩的是**什麼**？
- 你希望過去什麼事能夠改變？
- 若想讓一切都很完美，得付出什麼代價？
- 你什麼時候受傷最深？
- 你覺得生命裡可能發生最糟的事是什麼？
- 綜合以上問題，你最責怪的人是**誰**？
- 哪個人讓你恐懼、想逃避、愛挑他毛病、不想理會、疏於感謝？
- 如果你有能力改變人，你會想改變誰？
- 看到誰功成名就，會讓你最難感謝上主？
- 把他的名字也寫進你的種子裡，因為很多成長將來自這個創傷。

4. 把你對創傷的感受告訴基督。
- 你什麼時候最有這種感受？
- 請基督讓你想起那時的場景，直到你能清晰地重溫那種感受。
- 請基督進入那個場景。祂對你說了什麼、做了什麼？

5. 請基督幫助你依祂的指引而行。
- 基督已提供了一些指引。現在，你會做什麼事來效法祂的榜樣？
- 把你要做的事寫在種子的邊緣上，好提醒你自己。

以〈聖詠〉（詩篇）一〇三首祈禱，感謝天父以種種方式愛你。選一顆種子來種。這種子代表了這次創傷裡的成長潛能。

◆ **憤怒**

1. 想想你曾受傷的時刻（請參考「否認」）。你什麼時候的感受和那時最像？你想責怪誰？
   - 把他的名字寫在種子裡。
2. 請基督幫你回想，想出你的對手是怎麼傷你的。盡量想起每個細節，直到你能看見傷你的人的臉、聞到那地方的味道、聽清楚他說的話，並感受到當初湧上心頭的感受。
   - 把你的感受告訴基督。坦承向祂道出一切，好讓這些感受都能獲得治療。
   - 不斷這樣做，直到你憤怒的言詞顯得空洞又誇大其詞。告訴基督，那個人是怎麼傷了你、傷了自己，也傷了別人，而被他傷害的人又會去傷害其他人。
   - 你希望有什麼治療、什麼改變？
   - 你希望傷害你的人能得到什麼治療、什麼改變？把它們列出來，寫在種子右下方的土壤裡。
   - 你希望自己能得到什麼治療、什麼改變？把它們列出來，寫在種子左下方的土壤裡。
   - 祈求獲得這個治療。

治療憤怒：把種子播在陰暗的土壤裡。

3. 基督什麼時候的感受跟你當時最像？對受到你這種傷害的人，祂又是怎麼對待他們的？

- 以祈禱的心情閱讀一段聖經，直到你能開始像基督一樣思考、一樣感受。

4. 現在，請基督進入你受傷的場景，仔細看祂怎麼做。

- 祂對你做了什麼、說了什麼？
- 祂對傷害你的人做了什麼、說了什麼？
- 對傷害你的人做基督對他做的事、說基督對他說的話。
- 用幾個關鍵字歸納一下基督的舉動，把它們記在種子底下。

5. 基督會希望你怎麼做，好效法祂的榜樣？

- 做一件正面的事。
- 簡單用一兩個字，在種子上方寫下你要做的這件正面的事，好讓種子得到新的成長。

祈禱〈聖詠〉一三九首全篇：「上主，你鑒察了我，也認清了我……」
把種子播進土壤裡。

◆討價還價

1. 想像一個畫面，憶起它帶給你的痛苦，把你的感受告訴基督。
2. 你希望傷害你的人有什麼改變？

- 坦承告訴基督你希望傷你的人怎樣？改變？道歉？也狠狠受一次傷？或是得到教訓？
- 把這些討價還價的條件都列在左頁的陽光光線上。
- 告訴基督你為什麼想被治療，以及你希望自己有什麼改變。
- 問問基督為什麼想治療你？
- 跟基督說一、兩個理由，解釋你為什麼覺得自己很難接受治療（例如：高高在上輕視別人感覺不錯、覺得看不起自己、覺得自己不需要做新嘗試）。
- 問問基督為什麼接受治療很難。
- 祈禱自己能像基督那麼渴望治療你一樣，也同樣渴望自己能被治療。

3. 基督什麼時候的感受跟你現在最像？祂怎麼對待像你這樣遭遇的人？
   - 靜下心來，恭敬、緩慢地閱讀一段聖經，直到你能開始像基督一樣思考、一樣感受。
4. 讓基督進入你受傷的畫面，靜靜地看祂會怎麼做。
   - 祂對你做了什麼、說了什麼來治療你？
   - 祂對傷害你的人做了什麼、說了什麼來治療他？
   - 基督看到了什麼益處？祂怎麼祈禱來讓這益處成長？
   - 傷你的人承受了什麼壓力？他對其他創傷的反應又是如何？
   - 基督怎麼給了傷你的人改變的力量，而非強求他成長？

治療討價還價：讓種子接受陽光的照拂。

- 基督多愛傷你的人，甚至容許他犯錯，並從錯誤中獲得成長？

5. 像基督一樣地去幫助傷害你的人，直到你覺得已做完所有基督會對他做的事，說完所有基督會對他說的話。

- 若想檢驗一下自己有沒有到這個層次，可以想想自己是否還希望傷你的人改變，問問自己：我可以不再討價還價了嗎？
- 請基督幫助自己不再強求人家改變。不斷這樣祈禱，直到你覺得即使那個人依然故我、對你的態度還是一點沒變，你還是想寬恕他、愛他，滿足他被愛的需求。
- 當你每劃去一個討價還價，就在圖上劃一條太陽光線，把它轉化為和煦、有益生命的陽光。
- 祈禱傷你的人能有更多的力量。
- 在每個你劃去的討價還價旁邊，寫下你為傷你的人祈禱成長之後，他所發展出的優點。

6. 基督還會希望你效法祂的什麼舉動？

- 秘密地幫傷你的人一個忙。
- 這樣做完之後，用一兩個字把這件事寫在種子裡。

祈禱聖方濟〈和平禱詞〉（見第九章）。讓陽光照拂播下的種子。

◆沮喪

1. 想像受傷的場景，把你的感受告訴基督。

告訴基督你多希望自己當時別那樣做：

- 你怎麼容許自己與人為敵？
- 你怎麼無法像基督一樣想、一樣做？
- 傷害是你自己造成的。

把你所造成的傷害告訴基督：

- 在受傷之前，你原本可以怎麼對待傷你的人？
- 在受傷之時，你原本可以怎麼回應傷你的人？（你原本應該說什麼？做什麼？）
- 在受傷之後，你原本可以怎麼面對傷你的人？（你原本可以跟他重新建立關係，而非不斷拖延寬恕）
- 你批評人家傷害了你，但你是否也用同樣的方式傷害過別人？
- 你那些討價還價的條件，是否也暴露了你其實需要改變？（你把自己的軟弱及長處投射在別人身上）
- 把你感到懊悔、抱歉的事，寫在下頁的雨滴上。
- 向十字架上的基督懺悔，請祂寬恕你傷了在你、在別人之中的祂。告訴祂你多希望自己改變，好更加愛祂。

治療沮喪：灌溉種子。

2. 基督什麼時候的感受跟你現在最像？祂怎麼對待像你這樣遭遇的人？
- 靜下心來，恭敬、緩慢地閱讀一段聖經，或是拜苦路、凝視十架苦像，直到你能開始像基督一樣思考、一樣感受。

3. 讓基督進入你受傷的畫面，靜靜地看祂會對你怎麼做。
- 耶穌做了什麼、說了什麼來治療你？
- 祂看到了你什麼優點，並祈禱那能成長？
- 哪些創傷或壓力導致你傷害別人？基督又怎麼治療這些傷害？
- 基督寬恕你五百倍而不是五十倍的債時，是怎麼微笑的？
- 祂有沒有告訴你你現在比以往離祂更近？
- 祂怎麼擁抱你現在的樣子，不強求你改變，但要你給祂一個愛你的機會？

4. 讓基督照顧你，直到你覺得自己深深被愛，不用基督再多說、多做什麼了。
- 你若覺得自己已能像基督愛你一樣地愛自己了，試著想想你曾希望改變自己什麼地方。
- 要是這些地方都改變不了，你還是能接受基督的愛，像祂愛你一樣地愛你自己嗎？
- 不斷祈禱，直到你覺得即使自己這些地方無法改變，基督還是願意為你而死（祂之所以愛你，是為了給你改變的力量，而不是因為你已改變）。
- 祈禱你的力量能日益茁壯。
- 在種子裡寫下三種基督讓你發現的力量。

5. 不斷吸收基督對你、對傷你的人的寬恕，直到你能像基督一樣，對你、對傷你的人付出同樣的寬恕。

- 你已能像基督寬恕你一樣，原諒自己缺乏愛的舉動，把種種懊悔一筆勾消。現在你已預備好了雨水，可以將生命帶給你的種子。

6. 基督還會希望你效法祂什麼舉動？把這寫在種子上方。

祈禱〈聖詠〉三十二首，感謝神的寬恕。開始灌溉種子。

◆接受

1. 重新想像前述場景，把你的感受告訴基督。

- 感謝基督，祂不只讓場景變得不一樣了，也讓你的感受產生變化，不再像剛開始想像它時那麼大受衝擊。每一項改變，都是因為祂在祈禱中賜下了治癒。

2. 閱讀真福八端的問題（二七二～二七四頁），向上主祈求每一種真福，請基督藉著每一個問題，告 訴你已經得到了什麼治癒，或是還可以得到什麼治癒。

- 為已經領受的治癒感謝基督。
- 請基督進入未來，告訴你因為祂的治癒，你的未來會有什麼改變。
- 為過去、未來、以及你此生無法覺察的治癒，感謝基督。
- 把你從創傷之中獲得的恩賜，寫在左頁的花瓣上。

治癒與接受：為種子的成長獻上感恩。

3. 活出基督的治癒

請基督賜福傷害你的人，正如祂賜福了你。

- 基督最希望透過你帶給他什麼恩賜？
- 把這些恩賜寫在花葉上。

請基督幫助你與他建立關係，即使他毫不回應也沒關係。

- 基督會透過新生的你為他做些什麼？
- 把這些寫在花莖上——你的恩賜花瓣和他的恩賜花葉之間。
- 若你不斷發現隱藏的新恩賜，把它們寫在地底花根上。

> 在向上主獻上感恩時，誦念聖母瑪利亞的〈讚主曲〉（路加福音 1:47-55）。感謝神讓種子成長，因為那代表聖神逐漸在你之中成長。務必要為地底下隱而不顯的成長感恩。

三、恩賜與努力的練習

1. 在「創傷」那一列裡，列出你受過的十次創傷（你希望生命裡哪些事可以不一樣？）。
2. 在「恩賜」那一列裡，列出十種神運用你的方式（你喜歡做什麼？有什麼長處？最快樂的時刻？最瞭解誰？……等等）。

3. 創傷常常能帶來恩賜，或強化恩賜。把創傷及其帶來的恩賜畫線連起來（例如：失去孩子的痛苦，能讓人更同情失去孩子或親友的人）。

創傷	恩賜
1.	1.
2.	2.
3.	3.
4.	4.
5.	5.
6.	6.
7.	7.
8.	8.
9.	9.
10.	10.

與恩賜連起的創傷，便是已獲治癒的記憶，因為你已能不只注意傷痛，也能珍惜它所帶來的恩賜與成長。看看沒有（或最少）連上恩賜的是哪個創傷，並開始治療它。

四、十架七言：衡量寬恕的量尺

要像基督一樣深刻地寬恕人，你就要讓基督的心擴大你的心，直到你也能像祂一樣，說出他的臨終七言，付出他在最後為了寬恕所付出的努力。如果有人傷了你，基督還是會像以前一樣，希望透過你說出同樣的話，即使你要跟他一樣付出痛苦與死亡的代價。

◆步驟

一、挑一個傷過你的人（或是你不想感恩、希望他改變的人）。

二、回憶他傷害你的場景，越仔細越好，直到你能再次感受當時的憤怒、恐懼與其他反應。把這些感受全告訴基督。

三、反思十架七言的第一句，請基督寬恕你的不足，寬恕你無法付出和祂一樣的寬恕。

四、凝視十架苦像，反覆說出他的這句遺言，直到你能像你心中那個受傷的基督一樣，平靜、誠懇地說出這句話。在獲得能與基督說同樣的話的恩賜之後，在左頁的十字架上做記號，然後再試著說出下一句話。這樣不斷進行，直到那十字架上填滿感恩的記號，感謝你生命中沈

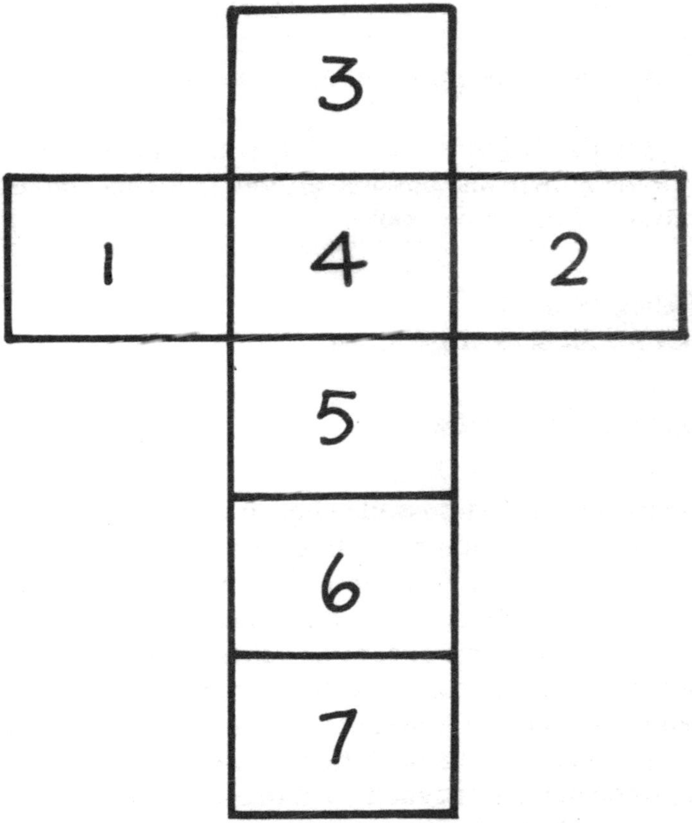
3
1
4
2
5
6
7

重的十字架，已被轉化為基督救贖的十字架。

1. 父啊，寬赦他們吧！因為他們不知道他們做的是什麼。（路加福音 23:34）
- 上主，求祢垂憐！因為我有時憎恨別人或自己之內的罪人，沒有愛那罪人，祈求天父看顧他。
- 上主，求祢垂憐！因為我沒注意到人家也有壓力、曾受過傷，所以才會無意間傷了我。
- 上主，求祢垂憐！因為我更在意人家怎麼傷了我，卻忽略他們怎麼傷害天父。
- 上主，求祢垂憐！因為我沒有像基督一樣主動寬恕人，反而等著人家改變，才想付出寬恕。

2. 今天你就要與我一同在樂園裏。（路加福音 23:43）
- 上主，求祢垂憐！因為我竟想靠自己努力到達接受的樂園，卻沒有祈求祢的幫助，仰賴祢的大能。
- 上主，求祢垂憐！因為我讓痛苦、挑剔蒙蔽了自己，還把自己的過錯投射出去，以致看不見別人的優點。
- 上主，求祢垂憐！因為我沒有立即付出寬恕，反而一拖再拖。
- 上主，求祢垂憐！因為我封閉自己、不讓別人靠近，不與人分享自己的一切。

3. 女人，看，你的孩子！孩子，看，你的母親！（若望／約翰福音 19:26-27）

- 上主，求祢垂憐！因為我只注意自己的傷痛與孤寂，卻沒發現自己得為別人的傷痛與孤寂負責。
- 上主，求祢垂憐！因為我冷淡待人，沒有愛人如己——我總是在評斷別人，忽視人家的需要，不仔細聆聽別人的感受，也很少請人幫忙。
- 上主，求祢垂憐！因為在面臨攻擊、羞辱、創傷時，我總是轉身就逃，不願感恩地在加爾瓦略山（髑髏地）與基督同苦，以祂的愛回應凌虐。
- 上主，求祢垂憐！因為我沒有試著改變社會結構、善用他人的恩賜，或是建立一套可長可久的制度，好讓我離世之後，仍能繼續付出愛。

4. 我的天主，我的天主，祢為什麼捨棄了我？（瑪竇／馬太福音 27:46）

- 上主，求祢垂憐！因為我不斷耽溺於懊喪之中，沒有將低潮化為轉機，讓自己更信靠、接近祢。
- 上主，求祢垂憐！因為我沒有看到自己的侷限，反而被過去的創傷束縛，不僅反應過度、言行冷酷，也始終不願與人建立關係。
- 上主，求祢垂憐！因為我誤以為有安全感便是親近祢，沒有藉著親近鄰人來親近祢。
- 上主，求祢垂憐！因為我把自己不想面對的憤怒、恐懼、沮喪……通通對祢隱瞞起來，只是高喊「我的天主，我的天主……」，卻什麼感受都沒告訴祢。

5. 我渴。（若望福音 19:28）

- 上主，求祢垂憐！因為我沒有飢渴地追問基督的看法。
- 上主，求祢垂憐！因為我飢渴地想逃避痛苦，卻沒飢渴地去愛，也沒飢渴地不斷承擔愛的風險，對受傷甘之如飴。
- 上主，求祢垂憐！因為我沒飢渴地追求正義，別人才會繼續遭受我受過的傷害。
- 上主，求祢垂憐！因為我讓基督對愛更為飢渴—我封閉了自己的心，以致別人也封閉了他們的心，讓這世間充滿了不信任。

6.
完成了。（若望福音 19:30）

- 上主，求祢垂憐！因為我劃地自限，一旦自己覺得好過點了，就覺得寬恕已經完成了，卻沒想到要同情別人的痛苦、治療他們的創傷、彌補自己造成的傷害，才算是完成寬恕。
- 上主，求祢垂憐！因為我以為請上主寬恕別人的罪過，就算完成了寬恕，卻沒發現自己也犯了同樣的罪，也沒像基督寬恕我那樣地寬恕別人。
- 上主，求祢垂憐！因為我在跟別人建立關係、營造出更友善的環境之前，就匆匆結束了寬恕。
- 上主，求祢垂憐！因為我沒有在一天結束時治好那天的傷，不斷帶著舊傷走向另一天，結果一直沒有方向感，也沒有愛的能力。

7.
父啊！我把我的靈魂交託在祢手中。（路加福音 23:46）

- 上主，求祢垂憐！因為我沒有將我的靈全然交託給祢，讓祢治療唯有祢才能治癒的傷。
- 上主，求祢垂憐！因為我沒發現基督仍在我生命裡受難，沒發現我和基督一同面對苦難的時候，天父的手總會從苦難中帶出更美好的事。
- 上主，求祢垂憐！因為我沒讓自己的手成為祢的手，去改變應該改變的事；也沒將那些無法改變的事，全都交託在祢手中。
- 上主，求祢垂憐！因為我沒發現祢的手無所不在，也沒感謝祢藉著讓我愛祢、愛人、愛自己，賜下了好多好多成長。

五、以苦路治療記憶

◆治療多則記憶

苦路幾乎能對照出每一種創傷。[2]舉例來說，如果你被偽善所傷，那你對苦路第一處應該特別有感觸——比拉多（彼拉多）昧著良心判耶穌死罪，卻又洗手把責任推得一乾二淨。這時，如果你能深刻體會耶穌的痛苦，並效法祂的舉動，那你的創傷一定能獲得治癒。苦路哪一

2 譯注：關於苦路各處的內容，請參考第十五章注二。

處讓你更感痛苦，你就該多花些時間停留在那裡，好好吸收基督的感受與舉動，好讓與此痛苦有關的創傷能得到治癒。同樣地，如果苦路哪一處讓你想趕快跳過去，那你更該停下來思考一下，因為那可能觸動了你需要治癒的部分。如果你跟媽媽關係不好，你可能會想趕快跳過苦路第四處——耶穌遇見聖母，然而，你其實是很需要仔細體會這處苦路的。苦路哪處特別吸引你、或特別讓你反感，你就該稍停片刻，尋求治癒。在每一處苦路問自己三個問題，這通常很有幫助。

1. 基督這時感受到哪種傷害？
2. 我什麼時候也感受到這種傷害？
3. 我能像基督原諒了每個人一樣，也原諒傷害我的人嗎？我的言行舉止能不能像基督那時一樣？

◆治療一則記憶

在默想每一處苦路時，專心體會基督那時如何處理我感受到的創傷，可以讓創傷記憶得到更深層的治療。因此，如果我專心體會基督在每處苦路如何處理羞辱，我七年級上電視出糗的羞辱感就能獲得治癒。過程就是將感受交託給基督，並效法祂的榜樣。

1. 我什麼時候受了傷？（我希望什麼事可以改變？）
2. 重溫這則創傷回憶時，我的感受是什麼？
3. 開始拜苦路，並在苦路每一處仔細思考：基督是否也有過相同的感受？祂怎麼對待跟我感受相同的人？
4. 拜完苦路後，花幾分鐘重溫那則記憶，看看基督會在那場景裡說什麼、做什麼。效法祂的言行舉止。
5. 依基督的指引而行。

六、治療未來

1. 閱讀〈路加福音〉廿二章三十九～四十六節（基督在山園祈禱，憂悶不已）。
2. 請基督助你一臂之力，幫助你想像你最怕會發生的事，或是你希望自己將來能處理好的事。
3. 好好面對那種恐懼或創傷，直到連身體都產生反應。把你的感受與基督分享。
4. 請基督讓你吸收祂的思、言、行。
   - 基督會想怎麼做來避免害怕的事發生（讓這杯離開我吧）？
   - 如果天父的旨意是要我經歷我最恐懼的事，基督應允這能帶來什麼成長？

- 基督會怎麼處理這件事？祂會怎麼說、怎麼做？一邊想像，一邊學習基督的舉動。
- 這樣練習之後，你覺得哪個部分還是很難面對？基督會怎麼在這個恐懼裡發掘恩賜？

5. 基督的言行舉止，踏出面對恐懼的第一步（例如：如果你怕高，就向懸崖走近一步；如果你怕死，就試著動筆寫遺囑……等等）。

- 為祈禱中發生的一切感謝基督，在祂的大能裡休息。

後記

十五年後

各位讀者，我們由衷期盼你在閱讀前面章節時，會偶爾對我們的觀點不盡贊同，因為你所身處的世界，一定已與一九七五年的世界大不相同——我們（丹尼斯、瑪竇）就是從那年開始寫這本書的。當時，天主教神恩復興運動拒絕我們出版《*Healing of Memories*》（1974），因為他們覺得那本書「太心理學取向」。有些神恩復興領袖抨擊那本書的主要立論：「心理學與靈修可以攜手合作，透過克服情緒來尋找上主。」然而，即使受到種種批評，我們的經驗還是肯定，心理學與靈修可以合作無間。

在那時，我們一邊擔任心理診所治療師，一邊照依納爵《神操》帶三十天避靜，而不論是在求診患者身上，或是在避靜者身上，我們都看到了同樣的記憶治癒過程。不過，我們那時覺得有些勢單力孤，因為放眼望去，不知道還有哪位治療師會藉著和病患一起祈禱，來治療他們的創傷？但十五年後的今天，我們很多基督徒治療師朋友都會這樣做了。

在寫作本書時，我們也不知道有哪位進行治療祈禱的牧者，夠瞭解治癒發生的過程。雖然我們聽說有人會祈禱治療記憶，但他們似乎只是把記憶像流水帳般記下而已。而且他們一旦生起負面感受（如憤怒），祈禱的牧者就會馬上為他們祈求平安，好盡快把這些「危險的」負面感受趕走。當受傷的人想起一件創傷回憶時，牧者們通常只會為他們祈禱一次，然後就要他們付出寬恕，繼續往前走。

對那些深陷悲痛、無法只靠一次祈禱就付出寬恕的人，當時的人並不知道該怎麼幫助他們。悲痛的人被當成弱者，在甘乃迪葬禮上一滴淚也不掉的賈桂琳（Jacqueline Kennedy），才是眾人欽佩的典範。雖然庫伯勒—羅絲當時已發表了臨終階段的研究，說明了臨終時的悲痛過程是人的天性，卻沒人依此類推，將它應用在創傷、失落後的悲痛過程上。我們關於身、心、情緒密切相關的主張，曾被很多醫師嗤之以鼻，但醫界如今也接受了這種觀點，伯納德・西格爾（Bernard Siegel）醫師暢談癌症前後及治療中哀悼失落的必要性，許多醫師亦大表贊同。

簡單說來，我們當時是在一個否認上主、心理學、醫學之間有任何關連的世界，倡言祈禱中的心理哀悼過程能讓人重生、再次整全。不過，近年來的一些運動，進一步更新、深化了我們既有的觀點，基督徒女性主義及受虐者十二步復原團體（12 Step Recovery for abuse survivors），給我們的啟發尤多。寫這本書時，我們的世界只接受心理學能治療創傷，不相信祈禱也能達到相同效果，為了矯正這種偏見，我們大聲疾呼只有跟神合作，才能治癒創傷，但沒想到這樣似乎有點矯枉過正，把重心全放在依靠上主，卻低估了朋友、支持團體與治療師在治癒創傷上的作用。

基督徒女性主義

本書原本深受男性西方靈修傳統影響，基督徒女性主義則修正了這種偏狹立場。我們在序言裡提過，這個改變是莎依拉帶來的，她在一九八一年加入了我們這兩個男人的行列，為我們帶來了新的視野。這項改變不僅讓我們對一些明顯的議題更加敏感（例如性別歧視用詞），也讓我們對內、外在世界的認識大為改觀。我們現在知道女性有其獨到視野，[1] 於是在我們熟悉的男性觀點之外，我們也學著傾聽女性觀點。

在過去十五年裡，我（丹尼斯）最感謝基督徒女性主義的一點，是它讓我發現：我們心中的神的形象一旦改變，治癒往往也隨之而來。就我自己來說，在我改變心中的上主形象之後，很多創傷自然痊癒了。在我發現、親近神的女性面之後，這一點尤其明顯。[2]

寫到這裡，我想我最好跟大家稍微說明一下我的背景，這樣大家可能會更好瞭解，為什麼發現神的女性面可以讓我獲得治療。我是兩個家庭撫養長大的：一個是原生德裔家庭，另一個是耶穌會。雖然他們都給了我美好的禮物，卻也都用同樣的方式傷了我。德裔家庭律己極嚴，但也自以為是，不僅蔑視情緒，更常常妄下論斷；至於耶穌會的陶成過程，則是讓我變得太神職中心（我想你一定有發現，這本書把獨身、貧窮、服從說得很崇高；「呼召」、「志業」等概念也常常窄化為「神職」；提到治癒，則往往太強調懺悔等聖事的優越性，忽略其他的治癒經驗）。我大半輩子都活在男性中心的世界：揚名立萬、為自己著想、在「彼岸」尋找上主。我幾乎從沒想過要簡簡單單過日子、感受得更深刻、或是在自己之內尋找上主——在此之前，我跟女性價值幾乎絕緣。

我剛開始為自己欠缺女性面祈禱時，也運用了書裡提到的五階段方式，但我沒什麼改變。然而一年之後，當我再運用五階段祈禱這件事時，卻有了深刻的變化。仔細想想，我覺得自己之所以能改變，是因為那一年裡，我心中的上主形象也發生了變化。我們會不自覺地模仿家人的習性，同樣地，我們也會不自覺地模仿心中的上主形象，而不幸的是，我心中的上主是個獨身、自以為是的德國男性。一般說來，不管一個人多努力祈禱，至多也就是變得跟他所敬拜的神一樣健康而已，不太可能超越自己為神所劃的圈圈。所以，唯有當我不只向耶穌、天父祈禱，也能自在地對神的女性面祈禱時，我男性中心的創傷才能順利通過五個階段，獲得治癒。

艾瑞克・艾瑞克森的論文〈女性與內在空間〉（*Womanhood and the Inner Space*）大幅拓展了我對自身經驗的認識。[3]艾瑞克森提到，男性不管生理、心理都較為著重外在空間，女性則較重內在空間。他也指出，男性化的上主形象是超越、全能、在「彼岸」的神；女性化的上主形象則內在於人，無論我們當下經驗到什麼，祂都與我們同在。教宗若望保祿二世提及「慈悲」的兩個希伯來文時（hesed和rahamim），也強調不管是神的女性面或男性面，都是不可或缺的。[4]

1 關於男性與女性本質差異的開創性討論，請見Carol Gilligan, *In a Different Voice* (Cambridge: Harvard University Press, 1982).

2 關於改變心中的上主形象也能帶來治癒，相關討論請見Linns, Belonging: *Bonds of Healing and Recovery*, *op. cit.*

3 Erik Erikson, "Womanhood and the Inner Space," in *Identity, Youth and Crisis* (New York: W.W. Norton, 1968), 293-94. 亦可參考James B. Nelson, "Male Sexuality and Masculine Spirituality," *SIECUS Report*, 13:4 (March, 1985), 2.

4 John Paul II, "Rich in Mercy," footnote #52. 關於神有父性亦有母性，以及以超性別語彙描述神的重要性，請參考Sandra Schneiders, *Woman and the Word* (Mahwah: Paulist, 1986)，以及Elizabeth Johnson, "The Incomprehensibility of God and the Image of God Male and Female," in Joann Wolski Conn (ed.), *Women's Spirituality* (Mahwah: Paulist, 1986), 243-260 (originally published in *Theological Studies*, 45 [1984], 441-465).

我問自己：如果我想重寫這本書的話，我該怎麼把神的女性面與男性面都寫進去呢？當初寫這本書時，在五階段裡的每一階段，我們都會邀請讀者與基督分享自己最真的一面，也請他們體會基督的臨在。在請讀者這樣做的時候，我們隱含的前提是：我們應該進步、改變，變得更像基督——嚴格來說，變得更像我們心中那個「理想」的基督。現在從女性主義觀點來看，我們這種做法其實也稍嫌男性中心，因為我們希望能拋下自己，追尋一個超越的神，而這個神也在不斷邀請我們改變、成長。雖然這樣詮釋神人關係沒什麼大錯，但要是我今天重寫這本書，我想我會多花些篇幅來寫神的女性面，亦即她始終愛著我們，不論我們是喜是憂，祂都與我們同在。

我在介紹五階段的時候，其實也不自覺地帶入了男性偏見：我選了蕩子回頭、慈父設宴的故事（路加福音 15:11-32），來解釋臨終與寬恕的五個階段，卻沒發現就在這則寓言前面，正好就是婦人重新找回錢幣，邀鄰人一同慶祝的故事（路加福音 15:8-10）。[5] 天父在尋找我們，等著設宴款待我們，但「天母」又何嘗不是如此呢？可惜我那時太男性中心，竟然完全忽略了這則寓言！

總之，如果我能重寫這本書，我不僅會在措辭上更留意性別問題，更會多引一些說明神的女性面的經文（例如：戶籍紀／民數記 11:12 ；依撒意亞／以賽亞書 49:15 ；聖詠／詩篇 131:2），我希望藉此表明我多希望整合自己的內、外在世界，讓五階段的治癒過程更加深刻。

受虐與復原

除了基督徒女性主義之外，十二步復原運動也讓我們三人獲益良多，他們啟發我們寫了另一本書《歸屬感：治癒與復原的結合》（*Belongings: Bonds of Healing and Recovery, 1993*），這個運動讓我們認識到共依附（co-dependency）之害——只為別人而活，極在意別人的需要，卻忽視自己的需要。此外，它也讓我們更注意自責（shame）[6]及受虐的其他後遺症。

我（莎依拉）第一次讀《記憶治療》這本書是一九七八年，我那時是一個治癒牧靈訓練計畫的副主任。我跟丹尼斯和瑪竇一樣，也發現祈禱的人不瞭解心理運作過程，精通心理學的治療師則對祈禱持保留態度。讀完這本書後，我有兩個感想：首先，我覺得它將靈修與心理學整合得真好，一定可以成為治癒領域的經典之作！（後來事實證明的確如此）而且，它也正滿足了我在牧靈工作中的需求。然而，我的第二個感覺卻是：裡面有些部分似乎不適合我。我隱約覺得它跟我的內在經驗有些距離，那種似有若無的疏離感，就跟我在神學院讀書時的感覺很像，這本書跟神學院的靈修氛圍，都瀰漫著男性中心色彩。十五年後，我終於弄懂自己當時為

5 譯注：〈路加福音〉15章8-10節：「或者那個婦女，有十個『達瑪』（按：銀幣），若遺失了一個『達瑪』，而不點上燈，打掃房屋，細心尋找，直到找著呢？待找著了，她就請女友及鄰人來說：你們與我同樂罷！因為我失去的那一個『達瑪』又找到了。我告訴你們：對於一個罪人悔改，在天主的使者前，也是這樣歡樂。」

6 譯注：在本書中，「shame」一詞有其獨特指涉意義：「一個人覺得自己就是錯誤，而非自己犯了錯誤。」

什麼會有那種疏離感：第一個原因丹尼斯剛剛已經提過——他不自覺地帶著男性偏見來寫這本書；至於第二個原因，則是出在我自己身上：我曾受虐，且已內化了有害的自責。

我小時候曾遭性虐待，而我也跟其他受虐者一樣，開始責怪自己。我覺得自己一定是有什麼問題，才會招來這麼殘酷的禍事。我不停地這樣想，最後自責成了尾大不掉的毒瘤。自責（shame）跟罪惡感（guilt）並不一樣，自責是覺得我很壞，罪惡感則是覺得我做了壞事。然而對受虐兒來說，他們既不須自責，也不必有罪惡感，因為就受虐來說，他們根本沒做錯什麼，產生這兩種情緒並不健康。一九七八年翻開這本書的我已經成年，但即使在那時，我都沒學到這個道理。不過，雖然我沒有這種心理覺察，在讀到沮喪階段那一章時，我還是能直覺感到那些建議絕對不適合我、甚至對我有害，因為就受虐這件事來說，我最沒必要做的事，就是祈求上主寬恕我「參與」了這場虐待。相反地，我應該像序言裡提到的琳達一樣，明白耶穌絕對尊重我對施虐者的憤怒。

受虐經驗及其造成的長期自責，讓我不斷否認自己的女性認同，而事實上，不管是神學院或其他地方，我覺得我們的整體文化也都在否認女性價值。我們的社會鼓勵女性犧牲自己的正常需要，變成一個只為別人服務的「共依附者」，而且男性價值成為「正常」的判準，讓女性總是覺得自己「不對」、「有問題」。神學院裡也是一樣，教授們說人類最根本的罪是驕傲，也就是過份誇大自己的重要性——可是，我從來不覺得自己很重要啊！我還記得讀到安．烏拉諾夫（Ann Ulanov）的一句話時，自己有多震驚又鬆了一口氣，她說：「……就女性來說，罪不是驕傲、自我抬舉，而是拒絕領受神所賜予的那個自己。」[7]回過頭來說這本書，當它提到「罪」時，它也預設罪就是驕傲，所以它所提出的治癒之道，也是為了別人修正自己。然而，對我這個曾經受虐的女人來說，治療罪過的方式應該是領受失去的自我，並尊重自己的憤怒與需要。我也相信，這份處方不僅適用於我，也適用於那些長期受虐、長期否認自我的男性。

在五階段裡與感受共處

在發現不論男女，都有可能變成忽視自己需要的共依附者後，我（瑪竇）發現自己也有這種傾向，這種領悟深化了我的治癒。我當年試著走過五階段來原諒葛斯時，根本沒發現自己有這種傾向。現在，寬恕五階段仍是我治療創傷的主要方法，但我做了些修正，開始用不同方式走過每個階段。

現在，在否認階段，我會多花點時間愛自己，不會在還沒做好準備之前，就趕著去面對創傷。換句話說，我現在更尊重自己抗拒面對問題的心情。十五年前，我把這種抗拒當成需要克服的缺陷，沒有想過這也能幫我遇見上主——但這就是我現在常有的經驗，當我認真傾聽自

7 Ann Belford Ulanov, *Receiving Woman* (Philadelphia: Westminister Press, 1981), 134. 本書以另一篇論文為基：Valerie Saiving Goldstein, "The Human Situation: A Feminine Viewpoint," in Simon Doniger (ed.), *The Nature of Man in Theological and Psychological Perspective* (New York: Harper & Row, 1962), 151, 153, 165.

己的身體時，上主常常會與我相會。舉例來說，在我隱約感到否認帶來的焦慮時，我會專注聆聽身體如何承載焦慮，慈愛地與那種感受共處，不試著修正或改變它。接著，我就能自然感覺到一些契合身體感受的畫面、言語。像現在，我感受到一股模糊但強勁的焦慮，壓得我喘不過氣，我停下來細細體驗它：我覺得生命在流失，精力也在流失，我好像撐不下去了，我沒辦法繼續熬夜寫完這裡。當我能明確點出自己恐懼失去精力之後，我的身體也不再焦慮了，因為在這時，我已不再否認恐懼。

我現在也會用不同方式處理憤怒。回頭再讀憤怒階段的那章，我發現，關於讓自己休息、領受治療創傷所需的一切，我才寫了短短兩句。其他提到休息的地方，似乎都是為了養精蓄銳改變葛斯、看見他所受的傷。我把太多心思擺在傷了我的人身上，卻忽略了我自己的需要，我讓自己變成共依附者。現在，我會多花點時間看看耶穌對我的行徑多生氣，因為他愛我，不希望我傷害自己。接著，我會再花點時間想想自己需要什麼，然後請耶穌或別人幫我一把。現在的我，甚至有可能直接去找葛斯，跟他說我很氣他。

我也希望當年在討價還價階段時，可以多留意一下自己的需要。多年過後，我已發現討價還價是在表達我們的正義感與骨氣，而且有些討價還價應該好好講出來，不應以「無條件的愛」之名硬是擋下。我真希望當初能老老實實告訴葛斯，我真的需要他做些改變：「我第一次教書已經很忐忑不安了。所以我如果有什麼事做得還不錯，我真的很需要被鼓勵一下。你如果對我說的、做的有什麼意見，也請你第一個告訴我。這裡的人實在太愛在背後說人閒話，這讓我很困擾。」如果我當初有這樣講的話，我應該更能照顧好自己的恐懼，不用總是擔心自己是不是在哪方面做錯了，而沒有機會改進。討價還價往往透露了需要，所以越是能請耶穌或別人幫忙滿足這些需要，創傷就越能獲得治療。雖然我也希望自己能付出無條件的愛，無論葛斯能不能依我的需要做改變，我都寬恕他，但對自己的需要，我還是應該予以尊重。

看看自己當初怎麼度過沮喪階段，也讓我十分驚訝：原來我以前對自己那麼求全責備，那麼愛用「我應該如何如何」來折磨自己，怪自己不愛葛斯、怪自己不夠成熟、怪自己心眼太小。當年我視為「罪過」的一些反應，我現在都覺得很正常、沒什麼大不了的，畢竟我也是人，被那樣傷害之後，出現那些反應是很自然的。我當初其實應該早點找葛斯解開我的心結，但我實在拖了太久，等到我終於去問他這件事時，他已經把整件事都忘了，不僅不記得他說過什麼，也把我那場座談忘得一乾二淨。除了對自己這麼求全責備之外，還有一件事讓我很訝異：我當初竟然那麼壓抑抗拒面對問題的心情，即使一點都不想悔罪、寬恕，卻還是硬逼自己那樣做。如果當初能老老實實跟耶穌說：「我實在不想寬恕葛斯，更不覺得自己該跟他悔什麼罪。」說不定對自己還更有幫助一點。在我沒有寬恕、懺悔的感覺時，通常是因為我埋藏了更強烈的感受，比方說在這件事上，我可能就埋藏了憤怒。我當時其實應該多花點時間傾聽憤怒，而不是硬把它壓抑起來，強迫自己對葛斯好一點。抗拒面對問題的感受亦有其價值，它就像疼痛一樣，能警告我哪裡有傷需要治療，也能提醒我要誠實面對耶穌。

另一件讓我驚訝的事情是：無論是沮喪階段，或是整個過程，對於我多需要耶穌會弟兄及其他老師的幫助，以及他們給了我多少支持，我都很少著墨。可是他們真的幫了我很多，尤其是其他老師還選我當那年的模範教師！這份鼓勵以及其他許許多多的幫助，都推了我一把，助我安度沮喪階段。我必須感恩地承認，我不僅需要在祈禱中得到耶穌的愛與肯定，也需要在生活中得到旁人的愛與肯定。[8] 簡而言之，承認上主會在我需要幫助、抗拒面對問題時靠近我，讓我在每個階段更能獲得生命。

總結

本書出版十五年後的今天，我們三人對這套方法甚至比當時還更有信心：藉著與耶穌、他人一同度過五個階段，哀悼創傷、付出寬恕，再大的創傷也終將痊癒。在此同時，我們現在對這個過程也瞭解得更加深刻：唯有尊重自己的真實樣貌及一切情感，寬恕才能帶來治癒，強顏歡笑只能暫時否認、埋藏憤怒及其他需要，讓傷害繼續蔓延。如果我們能與基督（或「天母」）分享我們的心事，將祂當成親密的朋友，讓祂擁抱我們的痛苦，並在這痛苦之中愛我們，我們便能經驗治癒的愛與大能，有力量改變自己、讓自己更肖似自己敬愛的上主。然而，如果我們忽視自己的需要，強求自己要跟耶穌一樣，那我們便是在踐踏真實的自我，讓自己變成耶穌的共依附者，而非接受祂的呼召，成為祂的共創造者（co-creator）。成為共創造者的人，不論何時何地都能與造物主相遇：在祈禱時，他們能遇見上主；在與他人同在時，他們能遇見上主；

在創作時，他們能遇見上主；更重要的是——在最深、最深的自我之內，他們也能遇見上主。

一九七五年來所做的研究，已經證明：哀悼、處理創傷是身體健康的關鍵。舉例來說，詹姆斯・潘尼貝克（James Pennebaker）博士的研究指出，配偶過世之後，獨自承擔傷痛的人較容易生病；會跟別人傾吐哀痛的人，則較不會有健康問題。[9] 此外，哀悼創傷也是心理健康的關鍵。艾瑞克・林德曼（Erich Lindemann）博士發現：精神病患生命中需要哀悼、處理的傷痛，比正常人高出六倍之多。[10] 還有一項研究是針對老年人做的，研究者想知道，為什麼很多人成長得很痛苦，另一些人的成長則充滿愛與溫暖，晚年豐富圓融？結果發現：越能好好哀悼生命中的失落的人，越能自在面對年老。他們固然對年華不再也覺感傷，但他們哀悼之後便

---

8 本章討論的男性偏見，是過份強調獨立（覺得只要靠神就能滿足自己的一切需要，亦屬此類），並小覷自己多需要別人的愛與肯定。喬安・沃斯基・孔恩（Joann Wolski Conn）說道：「一如敏感的女性與男性最近所指出的：這種偏見的結果，是喜歡『分化』（differentiation）（典型男性思維），貶抑『聯結』（attachment）（典型女性思維），偏好『成長』、『發展』等概念，卻將『聯結』貶為『依賴』、『不成熟』……然而，如果女性更傾向揉合（fusion）……不也代表她們更能建立親密感？……反過來說，如果男性更易趨向心理獨立——亦即，不與人性整體成熟（human maturity）混同，不也代表他們更難達到更成熟的依存感（mutuality）與關係性互賴（relational inter-dependence）？」見Joann Wolski Conn, "Spiritual and Personal Maturity," in Robert J. Wicks, et al. (eds.), *Clinical Handbook of Pastoral Counseling* (New York: Paulist, 1985), 37-57. 亦可參見Robert Kegan, *The Evolving Self* (Cambridge: Harvard University Press, 1982).

9 James W. Pennebaker and Robin C. O'Heeron, "Confiding in Others and Illness Rate Among Spouses of Suicide and Accidental-Death Victims," *J. of Abnormal Psychology*, 93:4 (November, 1984), 473-476.

10 Erich Lindemann, "Grief and Grief Management: Some Reflections," *J. of Pastoral Care*, 30:3 (September, 1976), 198.

灑脫放手，不會停滯在憤怒與沮喪之中。[11]所以我們相信：如果你在這本書裡發現了生命，你在匆匆而逝的歲月裡也會發現生命；如果你曾治癒了創傷，並從中獲得成長，那未來的創傷，一定也能為你帶來成長。到那時，諾貝爾和平獎得主、前聯合國秘書長達格・哈瑪紹（Dag Hammarskjöld）的名言，必將迴盪你心：「所有往事，由衷感恩；一切未來，積極迎接。」

11 Scott Sullender, *Grief & Growth: Pastoral Resources for Emotional & Spiritual* Growth (Mahwah: Paulist, 1985).

致謝

若無左列諸君提供專業意見、通讀初稿、提出建言，本書斷無付梓之可能，在此謹致謝忱：耶穌會威廉・康諾立神父（Rev. William Connolly, S.J.）、本篤會大衛・傑瑞茲院長（Abbot David Geraets, O.S.B.）、耶穌會神父詹姆斯・吉爾醫師（Rev. James Gill, S.J., M.D.）、莫頓・凱爾西博士（Morton Kelsey, Ph.D.）、伯納德・克萊梅奇醫師（Bernard Klamecki, M.D.）、伊莉莎白・庫伯勒－羅絲醫師（Elisabeth Kubler-Ross, M.D.）、耶穌會威廉・克爾茲神父（Rev. William Kurz, S.J.）、聖若瑟修女會瑪莉・珍・林修女（Sister Mary Jane Linn, C.S.J.）、馬丁・林區博士（Martin Lynch, Ph. D.）、道明會方濟・麥格納神父（Rev. Francis MacNutt, O.P.）、蘇珊・米契爾（Susan Mitchell）、羅賓・米契爾博士（Robin Mitchell, Ph. D.）、賴瑞・山繆斯醫師（Larry Samuels, M.D.）、精神科護理師瑪格麗特・許連茲（Margaret Schlientz）與芭芭拉・許勒蒙（Barbara Shlemon）、耶穌會威廉・司內克神父（Rev. William Sneck, S.J.），以及瑪希・朵利小姐（Ms. Marie Towley）。最後，我們也要感謝父母，他們不僅帶我們來到世間，更不斷鼓勵我們、協助打字，讓本書得以問世。

國家圖書館出版品預行編目資料

記憶治療：釋放你的記憶枷鎖,讓創傷轉化成生命的奇蹟 / 林瑪竇(Matthew Linn), 林丹尼斯(Dennis Linn)作；朱怡康譯. -- 二版. -- 臺北市：啟示出版：英屬蓋曼群島商家庭傳媒股份有限公司城邦分公司發行, 2024.05
面； 公分. --(Talent系列；21)

譯自：Healing life's hurts : healing memories through the five stages of forgiveness

ISBN 978-626-7257-37-1 (平裝)

1.CST: 基督徒 2.CST: 信仰治療 3.CST: 記憶

244.92 113005414

線上版讀者回函卡

Talent系列021

記憶治療：釋放你的記憶枷鎖，讓創傷轉化成生命的奇蹟（初版書名：治癒生命的創傷）

作　　者／林瑪竇（Matthew Linn）、林丹尼斯（Dennis Linn）
譯　　者／朱怡康
審 訂 者／吳柏仁
總 編 輯／彭之琬
責任編輯／周品淳、白亞平

版　　權／吳亭儀、江欣瑜
行銷業務／周佑潔、周佳葳、林詩富、賴正祐
總 經 理／彭之琬
事業群總經理／黃淑貞
發 行 人／何飛鵬
法律顧問／元禾法律事務所王子文律師
出　　版／啟示出版
台北市南港區昆陽街 16 號 4 樓
電話：(02) 25007008　傳真：(02)25007759
E-mail:bwp.service@cite.com.tw
發　　行／英屬蓋曼群島商家庭傳媒股份有限公司城邦分公司
台北市南港區昆陽街 16 號 8 樓
書虫客服服務專線：02-25007718；25007719
服務時間：週一至週五上午09:30-12:00；下午13:30-17:00
24小時傳真專線：02-25001990；25001991
劃撥帳號：19863813；戶名：書虫股份有限公司
讀者服務信箱：service@readingclub.com.tw
城邦讀書花園：www.cite.com.tw
香港發行所／城邦（香港）出版集團有限公司
香港九龍土瓜灣土瓜灣道86號順聯工業大廈6樓A室
電話：(852)25086231　傳真：(852)25789337　E-MAIL：hkcite@biznetvigator.com
馬新發行所／城邦（馬新）出版集團【Cite (M) Sdn Bhd】
41, Jalan Radin Anum, Bandar Baru Sri Petaling, 57000 Kuala Lumpur, Malaysia.
電話：(603) 90578822　傳真：(603) 90576622
Email: cite@cite.com.my

封面設計／王舒玗
排　　版／極翔企業有限公司
印　　刷／漾格科技股份有限公司

■ 2012 年 12 月 27 日初版
■ 2024 年 5 月 2 日二版

Printed in Taiwan

定價 480 元

Original Title: *Healing Life's Hurts: Healing Memories Through the Five Stages of Forgiveness*

Published by Paulist Press, Inc.
997 MacArthur Boulevard
Mahwah, NJ 07430
 ISBN 978-626-7257-37-1